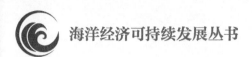
海洋经济可持续发展丛书

教育部人文社会科学重点研究基地重大项目（16JJD790021）

基于人地关系的海岛可持续发展研究
以长山群岛为例

孙才志 曹威威 / 著

科学出版社

北 京

图书在版编目（CIP）数据

基于人地关系的海岛可持续发展研究：以长山群岛为例 / 孙才志，曹威威著. —北京：科学出版社，2019.7

（海洋经济可持续发展丛书）

ISBN 978-7-03-061717-0

Ⅰ. ①基… Ⅱ. ①孙… ②曹… Ⅲ. ①岛－区域经济发展－经济可持续发展－研究－中国 Ⅳ. ①F127

中国版本图书馆 CIP 数据核字（2019）第 120825 号

责任编辑：石 卉 吴春花 / 责任校对：张晓霞
责任印制：徐晓晨 / 封面设计：有道文化

科 学 出 版 社 出版

北京东黄城根北街 16 号
邮政编码：100717
http://www.sciencep.com

北京建宏印刷有限公司 印刷

科学出版社发行 各地新华书店经销

*

2019 年 7 月第 一 版 开本：720×1000 B5
2020 年 3 月第二次印刷 印张：16 3/4
字数：306 000

定价：98.00 元
（如有印装质量问题，我社负责调换）

"海洋经济可持续发展丛书"
专家委员会

丛　书　序

浩瀚的海洋，被人们誉为生命的摇篮、资源的宝库，是全球生命保障系统的重要组成部分，与人类的生存、发展密切相关。目前，人类面临人口、资源、环境三大严峻问题，而开发利用海洋资源、合理布局海洋产业、保护海洋生态环境、实现海洋经济可持续发展是解决上述问题的重要途径。

2500 年前，古希腊海洋学者特米斯托克利（Themistocles）就预言："谁控制了海洋，谁就控制了一切。"这一论断成为 18～19 世纪海上霸权国家和海权论者最基本的信条。自 16 世纪地理大发现以来，海洋就被认为是"伟大的公路"。20 世纪以来，海洋作为全球生命保障系统的基本组成部分和人类可持续发展的宝贵财富而具有极为重要的战略价值，已为世人所普遍认同。

中国是一个海洋大国，拥有约 300 万平方公里的海洋国土，约为陆地国土面积的 1/3，大陆海岸线长约 1.8 万公里（国家海洋局，2017）；面积大于 500 平方米的海岛 7300 多个，海岛陆域总面积近 8 万平方公里，海岛岸线总长约 1.4 万公里（国家海洋局，2012）。

我国辽阔的海洋国土蕴藏着丰富的资源。根据《全国海洋经济发展规划纲要》（国发〔2003〕13 号），已鉴定的海洋生物 20 000 多种、海洋鱼类 3000 多种；滨海砂矿资源储量 31 亿吨；滩涂面积 380 万公顷，水深 0～15 米的浅海面积 12.4 万平方公里，为人工养殖提供了广阔空间；海洋石油资源量约 240 亿吨，天然气资源量 14 万亿立方米；海洋可再生能源储量丰富，理论蕴藏量 6.3 亿千瓦；沿海共有 400 多公里深水岸线、60 多处深水港址，适合建设港口来发展海洋运输；滨海旅游景点 1500 多处，适合发展海洋旅游业；此外，在国际海底区域我国还拥有 7.5 万平方公里多金属结核矿区，开发潜力巨大。

虽然我国资源丰富，但我国也是一个人口大国，人均资源拥有量不高。根据《全国矿产资源规划》（2001 年），我国矿产资源人均占有量只有世界平均水平的 58%。我国土地、耕地、林地、水资源人均水平与世界人均水平相比差距更大。我国土地、耕地、林地、水资源人均水平与世界人均水平相比差距更大。陆域经济的发展面临着自然资源禀赋与环境保护的双重压力，向海洋要资源、向海洋要空间，已经成为缓解我国当前及未来陆域资源紧张矛盾的战略方向。开发利用海洋，发展临港经济（港）、近海养殖与远洋捕捞（渔）、滨海旅游（景）、石油与天然气开发（油）、沿海滩涂合理利用（涂）、深海矿藏勘探与开发（矿）、海洋能源开发（能）、海洋装备制造（装）以及海水淡化（水）等海洋产业和海洋经济，是实现我国经济社会永续发展的重要选择。因此，开展对海洋经济可持续发展的研究，对实现我国全面、协调、可持续发展将提供有力的科学支撑。

经济地理学是研究人类地域经济系统的科学。目前，人类活动主要集聚在陆域，陆域的资源、环境等是人类生存的基础。由于人口的增长，陆域的资源、环境已经不能满足经济发展的需要，所以提出"向海洋进军"的口号。通过对全国海岸带和海涂资源的调查，我们认识到必须进行人海关系地域系统的研究，才能使经济地理学的理论体系和研究内容更加完善。辽宁师范大学在 20 世纪

70 年代提出把海洋经济地理作为主要研究方向，至今已有 40 多年的历史。在此期间，辽宁师范大学成立了专门的研究机构，完成了数十项包括国家自然科学基金项目、国家社会科学基金项目在内的研究项目，发表了 1000 余篇高水平科研论文。2002 年 7 月 4 日，教育部批准"辽宁师范大学海洋经济与可持续发展研究中心"为教育部人文社会科学重点研究基地，这标志着辽宁师范大学海洋经济的整体研究水平已经居于全国领先地位。

辽宁师范大学海洋经济与可持续发展研究中心的设立也为辽宁师范大学海洋经济地理研究搭建了一个更高、更好的研究平台，使该研究领域进入了新的发展阶段。近几年，我们紧密结合教育部基地建设目标要求，凝练研究方向、精炼研究队伍，希望使辽宁师范大学海洋经济与可持续发展研究中心真正成为国家级海洋经济研究领域的权威机构，并逐渐发展成为"区域海洋经济领域的新型智库"与"协同创新中心"，成为服务国家和地方经济社会发展的海洋区域科学领域的学术研究基地、人才培养基地、技术交流和资料信息建设基地、咨询服务中心。目前，这些目标有的已经实现，有的正在逐步变为现实。经过多年的发展，辽宁师范大学海洋经济与可持续发展研究中心已经形成以下几个稳定的研究方向：①海洋资源开发与可持续发展研究；②海洋产业发展与布局研究；③海岸带海洋环境与经济的耦合关系研究；④沿海港口及城市经济研究；⑤海岸带海洋资源与环境的信息化研究。

十八大报告提出，要提高海洋资源开发能力，发展海洋经济，保护海洋生态环境，坚决维护国家海洋权益，建设海洋强国。当前，我国经济已发展成为高度依赖海洋的外向型经济，对海洋资源、空间的依赖程度大幅提高，今后，我国必将从海洋资源开发、海洋经济发展、海洋科技创新、海洋生态文明建设、海洋权益维护等多方面推动海洋强国建设。

"可上九天揽月，可下五洋捉鳖"是中国人民自古以来的梦想。"嫦娥"系列探月卫星、"蛟龙号"载人深潜器，都承载着华夏子孙的追求，书写着华夏子孙致力于实现中华民族伟大复兴的豪迈。我们坚信，探索海洋、开发海洋，同样会激荡中国人民振兴中华的壮志豪情。用中国人的智慧去开发海洋，用自主创新去建设家园，一定能够让河流山川与蔚蓝的大海一起延续五千年中华文明，书写出无愧于时代的宏伟篇章。

"海洋经济可持续发展丛书"专家委员会主任
辽宁师范大学校长、教授、博士生导师
韩增林
2017 年 3 月 27 日于辽宁师范大学

前　　言

　　21世纪是海洋的世纪，海洋资源环境的开发、利用和保护已成为国内外广泛关注的焦点。现阶段，世界各沿海国家均将海洋开发提升到国家战略的高度，并加速向海洋进军的步伐，促使世界海洋经济进入一个新的发展阶段。中国是世界上重要的海洋大国，大陆海岸线长达1.84万公里，地跨热带、亚热带、温带三大气候带（吴传钧，1998）；11个沿海省（自治区、直辖市）的面积仅占全国陆地面积的13%，却集中了全国50%以上的大城市、40%的中小城市，以及42%的人口和60%以上的GDP（骆永明，2016）。同时，海洋经济正以年均20%的速度快速发展，2015年海洋生产总值已高达64 669亿元，约占GDP的9.4%（国家海洋局，2017）。

　　中国也是一个拥有众多海岛的国家。根据《2017年海岛统计调查公报》，我国共有海岛11 000余个，海岛总面积约占我国陆地面积的0.8%。海岛作为海洋的重要组成部分，因其空间特殊性和资源独特性，成为发展海洋经济、促进社会进步、保障海防安全和维护海洋权益的重要依托。作为我国的国防前沿和海洋生态系统的重要组成部分，我国海岛及其周围海域蕴藏着丰富的渔业、旅游、港口、矿产、能源、海洋化工等资源，具有极高的战略安全、经济发展、资源开发及生态服务价值。然而，海岛的自然生态环境相比内陆环境更具脆弱性与敏感性，同时因全球气候变暖导致的气候变化、海平面上升、海洋自然灾害频发，以及随着海岛经济的不断发展，海岛资源环境被低效开发、生态环境被破坏等问题，导致海岛人地关系矛盾日益凸显，因此实现海岛的可持续发展变得尤为迫切。

长山群岛位于辽东半岛东侧黄海北部海域，东与朝鲜半岛相望，西部和北部与大连市城区、普兰店区和庄河市毗邻，不仅是我国地理分布最北的群岛，也是东北地区距离日本、韩国最近的区域。长山群岛包括 3 镇（大长山岛镇、王家镇、獐子岛镇）、4 乡（广鹿乡、海洋乡、石城乡、小长山乡），原属辽宁省大连市长海县管辖。2003 年 6 月 1 日以后，石城乡、王家镇划归辽宁省大连市庄河市（县级市）代管。因此，为保证数据的可获得性及统计口径的一致性，如无特殊说明，本书中 2003 年以后的长山群岛所涉数据不含石城乡和王家镇。长海县是东北地区唯一的海岛县。根据《2017 年长海县国民经济和社会发展统计公报》，长海县户籍人口 71 453 人，全年实现地区生产总值 103.3 亿元，其中第一产业增加值 55.3 亿元，第二产业增加值 7.5 亿元，第三产业增加值 40.5 亿元。但限于海岛经济的单一性及海岛生态系统脆弱性等因素，海岛经济的发展受到较大制约，人地矛盾不断恶化。在此背景下，开展基于人地关系的海岛可持续发展研究，对于正确认识和处理海岛经济与生态环境保护，实现海岛社会经济的可持续发展具有重要意义。

本书共十一章。第一章为绪论，主要内容为研究背景、相关研究进展、研究内容、研究方法与路线。第二章为基础理论，主要包括人地关系理论、海岛可持续发展理论、海岛资源环境承载力理论、海岛产业经济发展理论及海岛经济脆弱性。第三章为基于供需的海岛人地关系地域系统构建，主要概述海岛人地关系地域系统的概念、属性特征和演变结构，从供需关系角度构建海岛人地关系地域系统，并分析海岛人地关系地域系统的功能与特征，以及影响因子与驱动机理。第四章为长山群岛概况，主要围绕长山群岛自然地理概况、资源环境概况、社会经济概况、海岛特征与功能展开。第五章为长山群岛人地关系地域系统供需平衡分析，主要是根据能值生态足迹理论，分别从需求端和供给端估算长山群岛人类活动占用的能值生态足迹及资源环境的生态承载力，进而分析长山群岛人地关系地域系统供需平衡状态。第六章为长山群岛人地关系综合评估，从生态足迹效率、生态安全及人地关系脱钩等方面评估长山群岛人类活动与资源环境的耦合协调状态。第七章为长山群岛生态经济系统发展效率评估，结合能值分析理论，利用 SBM 超效率模型分析海岛人地关系地域系统协调发展能力。第八章为长山群岛海岛经济脆弱性评价与分析，主要是基于海岛经济系统脆弱性的内涵，评价海岛经济脆弱性，并分析海岛经济脆弱性演化及其扰动因素。第九章为长山群岛产业优化升级分析，结合长山群岛当前经济发展现状，通过产业结构中心轨迹分析其产业结构优化升级路径，并对长山群岛产业结构优化升级提出对策及建议。第十章为长山群岛可持续开发模式与路径选择，主要是利用 SWOT 方法，探讨长山群岛可持续开发模式与路径选择。第十一章为基于人地关系的长山群岛可持续发展对策及建议，主要从长山群岛可持续发展原则和导向出发，提出长山群岛可持续发展理念和新时期海岛振兴策略。

本书为教育部人文社会科学重点研究基地重大项目——"中国海洋经济可持续发展基础理论及实证研究"（16JJD790021）的阶段性成果。全书由孙才志、曹威威统稿，硕士研究生曹强、汤艳婷、王中慧、朱云路、张换伟等在部分研究专题中参与了相关的模型运算、资料整理、文稿编排等工作。硕士研究生林洋洋、孟程程、靳春玉参与了本书校对工作。

本书在写作过程中参阅并借鉴了相关领域专家学者的宝贵成果，在此对他们的工作和贡献表示诚挚的谢意。同时，感谢科学出版社在本书出版过程中给予的大力支持与配合。

由于作者水平有限，研究仍有不足和疏漏之处，敬请读者批评指正。

孙才志

2019 年 1 月

目　　录

第一章

绪　论

第一节　研究背景

一、世界海洋经济发展背景

15～17 世纪，随着大航海时代的到来和新航路的开辟，葡萄牙、西班牙、英国、荷兰等沿海国家充分利用海洋资源，不断迈出征服世界的脚步，先后成为海洋强国，乃至世界经济强国。这些国家通过海洋将世界联系在一起，形成"陆地-海洋"一体化的经济格局。20 世纪中期以来，随着全球人口数量增长、工业化和城市化进程加快，人类对资源、能源的需求急剧加大，发达国家逐渐将目光转向海洋，制定海洋政策和开发计划，以全新的姿态向海洋进军，人口、产业向海洋移动的趋势不断加速（黄英明和支大林，2018）。美国早在 20 世纪60 年代就开始制定一系列的海洋政策、计划、法律、制度等，使得海洋发展战略成为美国国家战略中的重要一环。英国、法国等传统海洋大国在海洋环境保护、科技建设和海洋立法等方面制定了详细的规划制度、指导方案和法律法规，并且通过欧盟这一平台，加大与其他国家间的合作，建立起完善的海洋信息共享平台，为自身的海洋战略发展提供更多的信息支持。日本政府于 1990 年出台《海洋开发基本构想及推进海洋开发方针政策的长期展望》，提出以海洋技术为先导，着重开发包括海洋卫星、深潜技术、深海资源开发技术、海洋农牧化技术、海洋空间利用技术等海洋高新技术，用以加强日本海洋开发能力并提高其国际竞争地位。1982 年，第三次联合国海洋法会议正式通过《联合国海洋法公约》，此后三十多年，人类对海洋和海洋问题的关注均超过了过去任何一个时代（田星星，2014）。进入 21 世纪，世界上越来越多的沿海国家已开始将重心向基于海洋资源开发利用的发展模式转移，依托海洋资源、能源中蕴藏的巨大潜力，海洋资源开发已逐渐成为沿海国家经济发展新的增长极（王敏，2017）。世界 75%的大城市、70%的工业资本和人口集中在海岸带地区，海洋经济已成为世界经济新的增长点，而且将会以更快的速度发展。20 世纪 60 年代末，世界海洋经济 GDP 仅为 130 亿美元，1980 年为 3400 亿美元，1990 年已近 5000

亿美元，2006年已达约1.5万亿美元。在三十多年里，海洋经济GDP每十年就翻一番，增长速度远远高于同期GDP的增长。海洋经济在世界经济中的比重，1970年为2%，1990年为5%，目前已达到10%左右，预计到2050年，这一数值将上升到20%（张耀光等，2017）。

二、中国海洋经济发展背景

我国在20世纪90年代开始重视海洋开发，并于1996年制定了《中国海洋21世纪议程》，提出要根据海陆一体化的战略，统筹沿海陆地区域和海洋区域的国土开发规划，坚持区域经济协调发展的方针，逐步形成不同类型的海岸带国土开发区。1998年，国务院发布的海洋白皮书《中国海洋事业的发展》中明确宣布把发展海洋事业作为国家发展战略。

十六大在规划我国未来20年经济与社会发展规划蓝图时，将"实施海洋开发"作为一项重要战略部署提出来。随后，《中华人民共和国国民经济与社会发展第十一个五年规划纲要》首次将"合理利用海洋和气候资源"单列为一章进行规划部署。《国家中长期科学和技术发展规划纲要（2006—2020年）》也将海洋科技列为我国科技发展五大战略重点之一。

2012年十八大报告中明确提出，提高海洋资源开发能力，发展海洋经济，保护海洋生态环境，坚决维护国家海洋权益，建设海洋强国。自此，"海洋强国"正式上升为国家战略。2013年习近平主席出访东盟，进一步提出加强中国与东盟及世界各国联系的21世纪海上丝绸之路建设，体现出我国对统筹海陆、实现海陆经济一体化的战略思想的重视。在党和国家海洋经济开发战略部署下，海洋产业蓬勃发展，海洋经济总值保持稳步增长，对国民经济和社会发展的贡献越来越突出。根据《中国海洋统计年鉴》（2002~2016年）和《中国海洋经济统计公报》（2016年、2017年），2001年全国海洋生产总值为9518.4亿元，海洋第一、第二、第三产业增加值占海洋生产总值的比重分别为6.8%、43.6%和49.6%；2017年全国海洋生产总值达到77611亿元，比2001年增长了715.38%，海洋第一、第二、第三产业增加值占海洋生产总值的比重分别为4.6%、38.8%和56.6%（图1-1）。2017年海洋生产总值占GDP的比重为9.4%，较2001年增长了9.43个百分点。

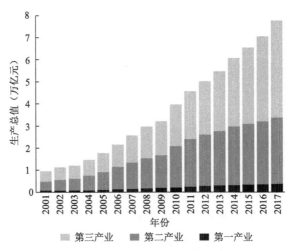

图 1-1　2001～2017 年中国海洋经济发展

资料来源：《中国海洋统计年鉴》（2002～2016 年）和《中国海洋经济统计公报》（2016 年、2017 年）

三、海岛开发与保护背景

海岛因其特殊地理位置而被认为是实施海洋战略的"桥头堡"，同时，海岛作为海洋和陆地的"天然桥梁"，在海洋资源开发中起着基地和中转站的作用。另外，海岛本身也是海洋经济开发中重要的"增长极"，对海洋渔业、海洋工业、海洋旅游业等方面的贡献巨大（张然，2016）。海岛是发展海洋经济、维护海洋生态环境的重要平台，也是捍卫国家权益的战略前沿（吴涛，2013）。

海岛作为特殊的、独立的生态系统，兼有陆地生态系统和海洋生态系统的特征，是区域生态环境系统中最敏感、最脆弱的地区。因此，在对海岛的开发利用中，对其可持续开发与保护也日益受到各领域的广泛关注。日本、英国、西班牙等传统海洋强国对海岛已进行了长期的科学研究及合理的开发利用和保护；同时，国际上一些岛屿国家和地区也十分关注其自身的可持续发展，在长期研究和实践过程中，对海岛保护和开发等方面的规划相对完善，已形成多种相对成型的海岛开发模式，并建成旅游型、交通型、工业型等功能型海岛，如新加坡、巴哈马、马尔代夫、夏威夷等。

我国海岛资源相对丰富，全国海域海岛地名普查结果显示，我国共有海岛11 000 余个（自然资源部，2018）。全国 500 平方米以上的海岛有 7300 多个，岛屿岸线长约 1.4 万公里，岛屿总面积约 8 万平方公里，占全国陆地总面积的0.8%，占全球海岛总面积的 1/15（国家海洋局，2012；张耀光，2012a）。

20 世纪 70 年代以来，我国逐渐加强了对海岛的开发利用（孙湫词等，2018），80 年代始，海岛开发与保护步入快车道，一批规模较大的群岛行政区（如舟山市、长岛县、长海县等），通过开发利用海岛的区位、渔业、景观、民俗文化等优势，建立特色鲜明的海岛产业体系，生产生活基础设施得到改善，居民生活水平稳步提高，经济社会长足发展。1988 年我国开展了首次全国海岛资源综合调查。其后，海岛的战略地位逐渐被重视起来，开发海岛、科学利用海岛已经成为我国当前一项重要的发展战略，各项海岛开发、保护政策纷纷出台，越来越多的政府管理机构和专家、学者将目光转向海岛的可持续发展。"十二五"规划提出，强化海域和海岛管理，健全海域使用权市场机制，推进海岛保护利用，扶持边远海岛发展。"十三五"规划又提出，壮大海洋经济；优化海洋产业结构，发展远洋渔业，推动海水淡化规模化应用，扶持海洋生物医药、海洋装备制造等产业发展，加快发展海洋服务业。发展海洋科学技术，创新海域海岛资源市场化配置方式。2017 年，全国 12 个主要海岛县（市、区）（浙江省定海区、普陀区、玉环市、嵊泗县、洞头区、岱山县，上海市崇明区，辽宁省长海县，广东省南澳县，山东省长岛县，福建省平潭县、东山县）海洋产业总产值约 3557 亿元，财政总收入约 484 亿元，固定资产投资总额约 2399 亿元（自然资源部，2018）。

在加快开发的同时，海岛保护日益受到重视。2009 年 12 月，第十一届全国人民代表大会常务委员会第十二次会议通过《中华人民共和国海岛保护法》，并于 2010 年 3 月 1 日起正式施行，这是我国首次以立法的形式加强对海岛的保护与管理，标志着海岛科学管理进入一个新阶段。2012 年国家海洋局发布了《全国海岛保护规划》，对有居民海岛和无居民海岛在保护与开发利用方面制定了具体目标及区划，并将海岛资源和生态调查评估、海岛典型生态系统和物种多样性保护、领海基点海岛保护、海岛生态修复、海岛淡水资源保护与利用、海岛防灾减灾等列为重点建设工程，海岛管理的系统化、科学化水平进一步提高。

根据《2017 年海岛统计调查公报》，截至 2017 年底，我国已建成涉及海岛的各类保护区 194 个。其中，按照保护区等级划分，国家级保护区 70 个，省级保护区 58 个，市级保护区 30 个，县级保护区 36 个；按照保护区类型划分，自然保护区 88 个，特别保护区（含海洋公园）75 个，水产种质资源保护区 13 个，湿地公园 7 个，地质公园 2 个，其他类型保护区 9 个。全国共划定 68 个领海基点保护范围，保护范围总面积约 130.7 平方公里。中央财政累计投入资金约 52 亿元，地方投入配套资金约 36 亿元，企业出资约 3 亿元，用于支持海岛生态整治修复项目 198 个；共修复海岛岛体面积约 336 公顷，种植植被约 70 公顷，种植红树林约 3.3 公顷，整治修复海岛岸线约 39 公里，修复海岛沙滩约 74 公顷，海岛周边海域清淤近 3000 万立方米，清除海岛岸滩垃圾约 8.5 万立方米（自然资源部，2018）。

第二节　相关研究进展

一、地理学视角的人地关系理论研究

从人类社会发展初期一直到后工业化社会时期，人类与资源环境之间的关系一直随着经济社会的发展而变化（郑度，2002）。在不同历史阶段，人类发展需求变化导致人地关系在人类对资源环境要素开发利用方式转变过程中不断演进（李小云等，2018），人类与资源环境间的需求供给矛盾日渐显现。20 世纪末期以来，人地矛盾从局部扩展到全球，人地系统内部过程失控导致一系列生态环境问题，人地关系被社会各界高度关注（李小云等，2018）。

（一）国外相关研究进展

从 19 世纪开始，在近代地理学中，西方人地关系思想不断涌现，德国地理学家 F. 拉采尔（F. Ratyel）受达尔文"进化论"生态学的影响，于 1882 年出版《人类地理学》一书，系统地将地理环境决定论引入地理学。法国启蒙思想家 C. L. 孟德斯鸠（C. L. Montesquieu）认为，在一定的地理环境下形成一定的人文现象是必然的。他强调人是自然的产物，人类活动必须受制于地理环境。德国地理学界，A. 赫特纳（A. Hettner）、A. 魏格纳（A. Wegener）、O. 施吕特尔（O. Schlter）等都是这一理论的支持者（程钰，2014）。20 世纪初期，法国地理学家维达尔·白兰士（Paul Vidal de la Blache）及其学生 J. 白吕纳（J. Brunhes）根据区域观点来研究人地关系，提出或然论，并且认为：人类在利用自然方面具有选择的权力，人地关系不是绝对不变的而是相对的，有时"天定足以胜人", 而有时"人定也足以胜天", 并预见人类改变自然愈甚则二者的关系就愈密切(蔡运龙, 1996)。1906 年施吕特尔提出文化景观论(culture landscape theory), 倡导将文化景观当作从自然景观演化来的现象进行研究。继施吕特尔之后, 1925 年美国地理学家 C. O. 索尔(C. O. Sauer)在其著作《景观的形态》一书中, 将文化景观定义为由人类活动添加在自然景观上的形态, 认为人文地理学的核心是解释文化景观(刘桂春, 2007)。20 世纪 50 年代以来, 由于生态环境问题日益严重, 地理学从人地关系研究出发, 再次引申出人类生态的概念, 注重与人、与环境的相互作用机制和全球的生态效应研究, 逐步形成以现代生态学理论为基础, 以人类经济活动为中心, 以协调人口、资源、环境和社会发展为目标的现代理念。1962 年美国生态学家蕾切尔·卡逊(Rachel Carson)出版《寂静的春天》一书, 开始唤起人们对生态环境污染的警惕。1972年, 罗马俱乐部发布研究报告《增长的极限》, 用系统动力学模型分析人口的快速增长、工业化的快速推进与水土资源、粮食生产、矿产资源的极度紧张关系, 提出了零增长的悲观结论(陈金华, 2015)。同年, 联合国在瑞典首都斯德哥尔摩召开的联合国人类环境会议上通过了《联合国人类环境宣言》, 这是联合国组织首次把环境问题与发展联系起来。人们已经意识到发展与环境协调一致的重要性。1980 年, 世界自然保护联盟和全球多个国家的政府、专家制定了《世界自然保护大纲》, 提出应该把资源保护和人类发展统一起来考虑, 第一次较明确地表述了既要发展又要保护的思想。1982 年, 美国学者 L. R. 布朗(L. R. Brown)发表《建设一个可持续发展的社会》, 提出以控制人口增长、保护资源基础和开发再生能源来实现可持续发展(Brown, 1982)。1987 年, 世界环境与发展委员会(WCED)的布伦特兰夫人(Gro Harlem Brundtland)发布报告《我们共同的未来》。报告指出, 我们需要一个新的发展思路和方向, 一条能持续人类进步的道路, 人们寻求的不只是局部地区的短暂发展, 而是在整个地球遥远将来的发展。

进入 21 世纪以来, 人地关系研究被赋予新的时代内涵。在认识上, 通过地理学环境研究与学科内、学科间的融合和交叉, 拓宽了人地关系研究的视野, 依托现代技术的方法综合, 在复杂系统科学的背景下, 建构以关系思考为主的评价模型, 从全球到地方尺度开展了以人文关怀和尊重自然环境为重点的贫困与可持续发展等问题的研究及实践(韩勇等, 2015)。例如, Turner 等(2007)、Makita 等(2010)、Fernández-Caliani(2012)从宏观或者中观角度研究了人类活动的因素对城乡接合部的影响，开展了土地利用/覆被变化的监测与模拟、驱动力分析、生态系统的演变与调控、环境污染等领域的研究。

（二）国内相关研究进展

早在中国古代，"天人合一""天人相关"等思想就反映了人类对人地关系的深入思考，但一直到 20 世纪初期，对于人地关系的探索都是以定性描述为主，缺乏系统性（李扬和汤青，2018）。随着人类生产力水平的提高，中国古人对"地"的认知先后经历了"混沌未知、天人合一、人地相称、人定胜天、人地和谐共生"的演变历程，中国人地关系思想经历了从萌芽到以土地为核心的一元化关系，再到以土地、水、能矿等资源为核心的无序多元化关系，以及现如今重新探索有序多元化人地关系的总体历程（李小云等，2018）。我国人地关系科学化研究起步于 20 世纪初期，但受到历史环境的影响，人地关系研究始终未能取得突破性发展且以定性描述为主（李扬和汤青，2018）。20 世纪 80年代，国内人地关系研究开始活跃，人地关系在理论体系的构建和科学体系的建立等方面得到了较好的发展（程钰，2014）。李旭旦（1983）提出，人地关系是人文地理学的基本理论，人类应和自然交朋友。李振泉（1983）认为，人类社会在向前发展过程中不断地改造与利用地理环境，同时地理环境又深刻地影响着人类活动的地域特征和地域差异。90 年代开始，地理学者对人地关系地域系统展开了综合研究，吴传钧（1991）提出，人地关系地域系统是地理学的研究核心，以此为标志，中国人地关系研究开始进入现代科学研究体系，向科学化、系统化、定量化方向发展，在理论思辨、方法创新、实证研究等方面取得了丰硕成果。王恩涌（1992）和蔡运龙（1996）从环境决定论到和谐论的思想转变，对各种人地关系思想做了概括的阐述和评价。龚建华和承继成（1997）论述了人地关系及其矛盾的内涵与外在表现，提出实现区域可持续发展的一般原则。申玉铭（1998）总结了人地关系的原始型—掠夺型—协调型演变阶段，分析了人地系统的特点、结构和功能，提出基于区域人口、资源、环境与社会经济发展协调发展的人地关系优化模式。进入 21 世纪，中国人地关系学科队伍持续壮大，理论研究不断深入和完善，人地系统研究方法趋于多元化（方创琳，2004）。伴随着人地关系地域系统内涵的不断演变，人地系统脆弱性评价、人地系统耦合度评价、人地系统动力学模型等成为新时期人地关系研究的重要内容。人地关系地域系统的研究方法也在不断发展，目前，以能值分析、生态足迹、资源环境承载力（carrying capacity）等综合表征手段为代表的集成研究逐渐发展起来，也成为近年来中国人地关系地域系统研究的热点领域，推动了人地关系研究的不断深化发展。

二、海岛人地关系研究

海岛地区作为独立的自然、社会综合体，受到区位条件和资源环境的限制，往往具有经济结构单一、生态系统脆弱等特征，是人地系统矛盾最为尖锐的地区，因此成为研究人地关系的典型代表（孙兆明等，2010；王广成等，2009）。

（一）国外相关研究进展

国外早在 20 世纪 60～70 年代就已经开始关注和研究海岛人地关系（Schweinfurth，1965），这一时期主要关注海岛开发，如 Pryor（1967）分析了海岛农村土地开发的问题，Robertson（1973）总结了大坎布雷岛（Great Cumbrae Island）20 年的人口发展趋势，并分析了影响人口数量的因素。80～90 年代，海岛开发进程的加快，尤其是旅游业的发展，对海岛环境带来了一定的影响，相关学者开始了人类活动对地理环境的影响研究，尤其是经济开发对海岛生态系统的影响、资源环境承载力等问题的研究。例如，Parsons（1981）研究了人类对加那利群岛（Canary Islands）松树和月桂树林的影响；Wilkinson（1989）认为发展旅游业是海岛发展经济的必要之路，但也会带来一定的环境问题，应当认真规划，采取相应措施，以最大限度地增加利益，同时尽量减少环境、经济和社会文化代价。Nunn（1990）阐述了太平洋岛屿在人类最初定居前、定居后至 1840 年及 1840 年以后的 150 年三个历史时期环境的变化，重点讨论了过去 150 年的变化，包括土地退化问题，并对人类和非人类因素的作用进行了评估。Rees（1996）、Yount（1998）分别从社会要素和人口要素的角度探讨了海岛生态承载力与可持续发展的关系。进入 21 世纪，区域规划、生态经济学、行为科学等理论与方法不断成熟和完善，推动了人类活动对海岛资源环境的影响、人地关系相互作用的动态过程，以及人地关系的调控方法和途径等方面的研究。例如，Newton 等（2007）利用生态足迹方法评估了 49 个海岛国家珊瑚礁渔业的生态平衡状况，指出人类过度捕捞活动是影响海岛渔业可持续发展的重要因素；Lagabrielle 等（2018）以印度洋留尼汪岛（La Réunion Island）鲨鱼与人类的相互作用为例，研究了鲨鱼咬人事件在 2005～2016 年的变化，探讨了人类对日益严重的鲨鱼咬伤危险的潜在成因，以了解捕食者和人类之间相互作用的环境驱动因素。从国外海岛人地关系的发展历程来看，20 世纪 90 年代以来，海岛人地关系研究进展加快，尤其对人类活动与海岛资源环境的交互影响研究日渐受到关注。在研究视角上，从自然的单一角度转向自然、人文相结合的综合方向；在理论基础上，从传统地理学理论向与管理科学、生态学、经济学等理论相结合的系统研究转变；在研究方法上，从定性分析向资源环境承载力、生态足迹、物质流模型、生态效率、能值分析、综合集成评价、系统动力学等定量模型和方法转变。

（二）国内相关研究进展

我国海岛人地关系理论研究在 20 世纪 80 年代中后期逐步展开，以海岛经济开发为主要研究内容，重在"人"对"地"的开发利用。夏东兴等（1986）从我国海岛环境特点和海岛开发功能出发，初步分析了我国海岛开发存在的问题，并提出相应对策。张耀光（1988）评价了辽东湾西部海域菊花岛的地理位置和环境条件，分析了菊花岛产业结构和人文活动的变化状况，提出开发利用菊花岛的对策。顾朝林（1989）根据海岛的自然和经济特征，提出从传统农业及农副产品加工子系统、水资源综合开发子系统、供给充足的能源生产子系统、对外开放的贸易出超子系统，以及吸引外资、引进技术的资本供求子系统等方面构建海岛经济开发系统的思想。80 年代末期，海岛生态环境也开始受到关注，顾世显（1989）从生态学角度详细论述了我国海岛生态建设的几个重要方面，指出海岛生态建设的主要内容和特点，认为在海岛的生态建设中必须做好环岛浅海滩涂渔业生态建设、海岛陆域农业生态建设和建立海岛自然保护区等几项工作，使海岛的开发利用和环境保护有机地结合起来，同时也为海岛的资源综合调查和环境管理提出重要建议。90 年代开始，我国海岛开发进入了快速发展时期，海岛生态环境受到一定程度的影响，研究者开始关注海岛资源开发与保护。乐志奎（1996）论述了舟山群岛水资源与海岛经济发展、人民生活的密切关系，分析了海岛水环境的污染现状和加强环境保护的紧迫性，并提出海岛水污染防治和水资源环境保护的具体对策、措施。楼朝明（1999）提出在开发海洋资源的过程中，始终坚持经济、社会、生态效益相互统一，做到开发与保护并重，进而实现海洋的可持续利用。进入 21 世纪，随着可持续发展观念深入理论的研究和社会实践，人类活动对海岛资源环境的影响得到重视，人地关系协调发展成为海岛人地关系研究的重点，海岛生态安全、海岛生态系统服务价值、海岛生态保育等成为海岛人地关系研究的重要内容。

肖荣波等（2004）以海南岛为例，从资源依赖性、生态环境状态和生态系统服务功能三方面探讨了区域生态安全的评价指标及方法。孙会荟等（2018）在人类对海岛开发日益剧烈的背景下，通过主成分投影法对平潭岛2005～2015年的生态安全状况进行了动态评价。赵江等（2016）基于海岛区域的特殊性对其服务价值当量进行修订，在此基础上评估了金塘岛1986～2014年各生态系统的服务价值，意在探究城镇化、工业化背景下，海岛地区的生态系统服务价值时空动态变化。赵素芳等（2018）在梳理海岛生态修复发展现状和压力-状态-响应（pressure-state-response，PSR）模型在生态评价领域应用现状的基础上，从海岛生态胁迫、海岛周边海域健康状态和海岛资源环境管理机制三个层面介入，提出了生态保育海岛评估指标体系，研究了海岛生态整治修复与管理的方法。综上所述，国内学者对海岛人地关系研究从"人"对"地"的主观能动性开发研究，到"人"与"地"的关系协调发展研究，海岛人地关系的认识不断深化，人地关系的内涵不断延伸扩展，开始注重在经济地理、区域经济等学科框架基础上对海岛经济的内涵、特征及发展演化，海岛经济发展模式，以及海岛经济发展的人地关系及资源环境变化等方面进行研究，但对海岛人地关系演化机制、人地关系系统要素及其相互关系、作用机制等方面的研究仍不够系统。

三、海岛经济与产业研究

海岛作为一个特殊的封闭地域单元，具有开放性与封闭性兼备的发展特点，也拥有自身特有的发展路径与模式。近年来，随着海洋国土意识的提高，海岛经济和产业的研究，日益受到国内外学者的关注。

（一）国外相关研究综述

从学科划分上来看，海岛经济属于区域经济学相关领域研究，是区域经济一般理论在海岛经济和产业领域的具体运用。海岛经济和产业研究包括海岛资源开发、海岛产业选择、海岛产业布局、海岛经济可持续发展和海岛资源环境保护等内容。

对于海岛经济的研究既有岛屿国家层面的研究，也有发展中国家海岛产业的案例研究。1949年，多米尼加农业经济学家Chardon（1949）对加勒比海岛进出口、制糖工业和农业多样性进行了研究。1970年，Cermakian等（1970）对法属圣皮埃尔和密克隆群岛（Saint-Pierre-et-Miquelon）的渔业发展和海岛经济运行机制进行了研究和分析。1990年，Baker（1990）对海岛国家斐济的经济规模问题进行了探索性研究。1994年，第一届联合国小岛屿国家会议在巴巴多斯（Barbados）举行，会议通过了《巴巴多斯宣言》和《小岛屿发展中国家可持续发展行动纲领》。2005年1月，联合国主持召开了小岛屿发展中国家可持续发展国际会议，优先讨论了小岛屿国家如何防御海啸、风暴等自然灾害，以及在印度洋建立海啸合作预警机制，协调各方立场，争取国际援助等问题。

世界范围内对于岛屿的研究，主要集中在海岛资源开发研究、海岛经济可持续发展研究、海岛经济与地理信息技术研究、海岛产业发展研究等方面。

（1）海岛资源开发研究

海岛资源的研究主要以岛屿资源基金会（Island Resources Foundation，IRF）的成立为开端，对英属维尔京群岛和托尔托拉岛两大岛屿的海洋生物资源统计、海洋自然灾害分析、海岛污染防控等做了大量细致的研究。1972年，其创始人爱德华（Edward）提出，在一个小岛屿内，没有任何问题或研究领域可以独立存在，任何生命都不会孤立；每个生物和非生物都是不可或缺的。类似地，岛链是一个脆弱的网络系统，代表着一系列高度相互依存的关系，包括岛屿到岛屿、系统到子系统、岛屿到海洋。1976年以来，岛屿资源基金会一直参与英属维尔京群岛的综合研究，当时它为英属维尔京群岛的发展制定了第一份环境指南。到20世纪90年代末，加拿大达尔豪西大学（Dalhousie University）与岛屿资源基金会密切合作，在英属维尔京群岛执行了多项长期计划，并对其中的托尔托拉岛进行了广泛而深入的研究（Georges，2006）。

（2）海岛经济可持续发展研究

海岛经济的可持续发展主要围绕合理开发利用海岛规划与管理、海岛资源开发的社会效益、海岛市场运行、海岛应对全球气候变化等多方面展开。Elahee（2010）研究了毛里求斯在小岛屿经济背景下，国家开展可持续岛屿项目，应对严重依赖化石燃料问题，提出的一系列能源管理方案。Anderson（1998）发表了《岛屿经济：探索爱尔兰岛和平与和解的长期经济与社会影响》一文，探讨了爱尔兰国家冲突和解后国家经济融合的问题。Demetriades等（1993）基于计量经济模型，研究了塞浦路斯岛经济增长机制及小岛屿经济中的经济账户问题。Barnett（2001）研究了气候变化的科学不确定性问题，并对太平洋岛屿国家海平面上升加速和气候变化规划进行研究，提出了岛屿社会生态系统复原的应对策略。

（3）海岛经济与地理信息技术研究

海岛经济研究的技术手段多样性，主要体现在海岛经济和海洋环境的演变方面。Wolcott 和 Conrad（2011）建立了适合的两态和三态模型，将三态模型叠加到稳定的两态模型，用于观测孤岛的人口定居与演变，得出模型产生的动力学特点与复活节岛的历史演进更加一致。同时，遥感（RS）、地理信息系统（GIS）技术在美国加勒比海，欧洲地中海、红海、大西洋东部海岸，以及非洲东海岸、东南亚太平洋中部等地区得到广泛应用，以监测相关地区的海岛生态环境，包括植被藻类分布、物种多样性与生物生境栖息地、土地利用与土地覆盖、海岛和礁岸变迁、海岛生态环境调查与管理评价等。

（4）海岛产业发展研究

海岛产业具有不同于一般产业的发展特点，海岛产业发展具有一定的脆弱性和单一性。对于海岛产业的研究，主要集中在海岛产业结构、主导产业选择、特定产业发展特点等方面。研究领域也涉及地中海沿岸岛屿、太平洋中部和东岸岛屿、北大西洋沿岸岛屿。在产业结构方面，Simon 和 Nardinelli（1992）将就业组合模型与卢卡斯·菲尔普斯群岛（Lucas-Phelps islands）发展模式相结合，研究了海岛产业结构与失业率之间的关系。在主导产业选择方面，海洋盐业、海洋渔业、海岛旅游业、海洋文化产业等的选择和确定，成为学者广泛讨论的议题。

（二）国内相关研究综述

随着海洋国土意识的增强，国内对海岛经济和产业的研究日益丰富。在全球海洋经济快速发展的影响下，海岛成为沿海国家及地区拓展社会发展空间、加快经济发展的重要载体。有关海岛经济和产业的研究主要集中在：海岛经济内涵及特征；海岛经济发展、转型及演变；海岛经济及海岛产业发展模式；人岛经济协调及优化发展；海岛经济脆弱性及资源环境效应等方面。

（1）海岛经济内涵及特征

海岛经济内涵界定研究始于 20 世纪 90 年代，发端于海岛经济区及经济类型的划分（张耀光，1996），并逐渐形成中国海岛经济区的研究框架。随后，相关学者在海洋经济发展的基本思路和战略，以及海洋经济演进和海洋经济可持续发展研究中，对海洋经济的内涵进行了界定。在总结前人研究的基础上，秦伟山和张义丰（2013）认为海岛经济可视为一种特殊的地域经济，海岛的地理位置、资源禀赋决定了其经济发展具有与其他地域类型不同的产业分类和产业结构，以及独特的演化、转型过程。栾维新和王海壮（2005）分析了群岛区域差异的特殊地理基础，认为差异主要体现在海岛区域陆海面积、海岛生态系统组成特点、群岛区域基础设施共享可能性、群岛区域产业竞争力四个方面。

（2）海岛经济发展、转型及演变

进入21世纪，中国海岛经济的快速增长，带来了海岛经济的转型与演变。张耀光（2011，2012b）对各海岛县（市、区）经济进行的后续研究显示，其产业已形成多元结构类型；同时，结合主体功能区划要求，考虑陆域要素与海域要素的协调发展，将地理空间思想融入分析框架中，对玉环市和洞头区海陆国土空间覆盖的主体功能区划进行了分析。佘丽敏等（2006）则将视角转向全球，对1980～2002年42个海岛国家（地区）的经济增长速度与经济增长的易变性进行比较，探寻海岛国家（地区）经济增长速度与增长易变性的关系，并对其经济增长类型进行了划分。此外，王圣云等（2009）基于海岛港口视角，探究了海岛港口地域组合形成演化的主要机制。

（3）海岛经济及海岛产业发展模式

海岛产业是海岛经济发展的重要支撑，海岛产业的演进与发展模式也受到中国学者的关注。海岛产业的发展背景、构成及变化、产业布局及机理模式等各个层面的研究聚焦到海岛经济上。张婧等（2010）以长岛县发展现状和国内外宏观背景为基础，探讨了其产业发展定位及产业布局的具体思路。楼东等（2005）探讨了舟山市产业构成变化及其经济发展过程，研究了其经济演进模式和主导产业的选择条件。王丹等（2010）基于产业功能的角度，总结出辽宁省海洋经济产业功能"支柱产业地位稳定，主导、潜导双向转移"的演变模式。张耀光等（2013）以中国海岛港口发展现状为基础，根据海岛港口规模、区位、腹地、港口"代际"、海岛与大陆连通等指标，对中国海岛港口进行类型划分，并对划分的洋山港、舟山港、地方小港三种不同类型的港口特征进行了分析。

（4）人岛经济协调及优化发展

近年来，人岛地域系统协调发展的研究，围绕无居民海岛和有居民海岛岛屿开发与保护，以及人类活动与海岛海洋环境的相互作用关系展开。在无居民海岛研究方面，刘亮等（2012）综合评价和对比了无居民海岛大娥眉岭、小娥眉岭、背风墩三个海岛，认为离岸距离和淡水资源是制约无居民海岛开发的主要自然因素；叶祖超等（2018）结合广西无居民海岛的特点，建立了无居民海岛开发利用适宜性评价指标体系，并以防城港市六墩岛为例，从生态保护重要性和经济开发可行性两个方面评价其开发利用适宜性。在有居民海岛研究方面，陈金华等（2008）指出，协调中国旅游型海岛的人地关系，应注重拓宽旅游型海岛的研究领域，重视乡、村级旅游型海岛的人地关系问题，尤其要先解决环境脆弱地区外来游客的影响和相关利益主体问题。吕祥和方忠彪（2018）基于经济与环境协调发展评价方法，以舟山群岛新区为例深入分析海岛经济与环境协调发展的情况，并提出提升其海洋生态系统稳定性的解决措施。

（5）海岛经济脆弱性及资源环境效应

海岛经济体在发展过程中受到内外部干扰所表现出的不可持续状态，即海岛经济体脆弱性。国内关于海岛经济发展及其资源环境响应的研究处在刚刚起步阶段，成果并不多见，主要是集中在海岛开发与水土资源、环境容量等效应的初步探索方面。李锋（2010）以无居民海岛为研究对象，将生态补偿机制引入无居民海岛管理领域，阐述了构建无居民海岛生态补偿机制的现实意义、基本原则和重点内容；秦伟山等（2017）构建了海岛经济体脆弱性综合评价体系，从自然本底、资源、生态环境、社会和经济五个层面选取 38 项具体指标，对2016 年中国 12 个海岛县（市、区）海岛经济体脆弱性指数值进行了测定，并对这些海岛县（市、区）脆弱性的空间分异进行了分析；杨正先等（2017）基于资源环境承载能力超载阈值的定义和内涵，分析了目前海洋资源环境承载能力评价采用的超载阈值确定方法及潜在的问题，并从海洋资源环境对于社会经济发展的限制性分析视角，探索构建区域差异性指标体系和更具科学性及管理适用性的超载阈值确定新思路。

第三节 研 究 内 容

本研究在地理学、环境科学、资源科学、经济学等学科理论基础上，以长山群岛为例，从人类与环境之间的供需关系入手，构建海岛人地关系地域系统，评价其人类-环境供需平衡状况，综合评估其人地关系状态，测度海岛生态经济系统发展效率和经济系统脆弱性，并以发展为目标对长山群岛产业优化升级进行研究，探讨长山群岛可持续发展模式和未来开发路径选择，提出可持续发展的对策及建议。主要研究内容如下。

第一章，绪论。从世界陆地-海洋经济格局的发展和我国海洋经济时代来临的宏观背景，指出研究海岛人地关系的必要性和紧迫性；总结国内外有关海岛人地关系和海岛产业发展的理论研究进展；在此基础上，介绍本书主要研究内容、研究方法与路线、研究目标、研究意义。

第二章，基础理论。从人地关系、海岛可持续发展、海岛资源环境承载力、海岛产业经济发展、海岛经济脆弱性等方面梳理海岛人地关系地域系统可持续发展的理论基础。

第三章，基于供需的海岛人地关系地域系统构建。在人地关系理论指导下，充分考虑人地关系与海岛人地关系的关联，分析海岛人地关系地域系统的概念、属性特征及演变结构。在此基础上，从人类活动需求与资源环境供给角度，构建海岛人地关系地域系统，并分析其功能与特征、影响因子与驱动机理等，为海岛人地关系的良性、可持续发展提供理论支撑。

第四章，长山群岛概况。从长山群岛自然地理、资源环境、社会经济、海岛特征与功能等方面系统总结长山群岛概况。

第五章，长山群岛人地关系地域系统供需平衡分析。根据能值生态足迹理论，分别从需求端和供给端估算长山群岛人类活动占用的能值生态足迹和资源环境的生态承载力。通过构建海岛人类活动的资源环境消费与供给账户体系，衡量长山群岛人地关系地域系统供需平衡状态。

第六章，长山群岛人地关系综合评估。从生态足迹效率、生态安全、人地关系脱钩等方面评估长山群岛人类活动与资源环境的耦合协调状态。

第七章，长山群岛生态经济系统发展效率评估。结合能值分析理论，构建长山群岛生态经济系统投入产出指标体系，利用 SBM 超效率模型评估长山群岛生态经济系统发展效率，分析海岛人地关系地域系统协调发展能力。

第八章，长山群岛海岛经济脆弱性评价与分析。基于海岛经济系统脆弱性内涵，提出海岛经济脆弱性概念，并分析海岛经济脆弱性发生机制及属性特征。在此基础上建立以胁迫性、敏感性、弹性、适应性为基础的指标体系，选用基于信息扩散技术的模糊综合评价方法对长山群岛经济脆弱性进行测度，并分析脆弱性演化与扰动因素。

第九章，长山群岛产业优化升级分析。运用层次分析法对长山群岛进行主导产业选择，结合长山群岛当前产业发展现状，通过产业结构中心轨迹分析其产业结构优化升级路径，并提出长山群岛产业结构优化升级的依据、原则、模式与路径、对策。

第十章，长山群岛可持续开发模式与路径选择。选取辽宁省长兴岛和上海市崇明岛作为案例，对比其开发模式，总结开发经验，为长山群岛可持续开发提供借鉴。同时，利用 SWOT 方法，分析长山群岛可持续开发条件，选择适合本地实际的开发路径。

第十一章，基于人地关系的长山群岛可持续发展对策及建议。在探讨海岛可持续发展原则、导向的基础上，结合长山群岛的自然人文基础及五大发展理念，提出长山群岛可持续发展理念，并系统地提出新时期海岛振兴策略。

第四节　研究方法与路线

一、研究方法

（1）多学科交叉研究

从地理学视角，根据可持续发展理论和资源环境承载力理论，运用生态学方法，构建海岛人地关系地域系统；利用能值生态足迹模型评价海岛人地关系地域系统供需平衡关系，借鉴自然灾害学中的脆弱性评价方法，评价长山群岛资源环境状况，探究人类发展和资源环境质量之间是否存在耦合关系；利用社会地理学和经济地理学方法，探讨长山群岛可持续发展模式与路径，研究产业优化升级策略。

（2）动态分析与静态分析相结合

人类社会活动是不断发展变化的动态过程，对资源环境的影响也在不断发生变化，采用动态分析方法从较长时间序列分析其相互作用、耦合联动的过程，并对具有代表性的静态时间断面进行深入剖析，补充动态分析的不足，深化动态分析的结果。

（3）定性分析和定量分析相结合

通过定性方法构建海岛人地关系地域系统，分析内在影响因子和驱动机制。在探究海岛人地供需平衡、综合评价人类活动与资源环境关系、分析海岛生态经济系统发展效率、评价海岛经济脆弱性等方面，通过定量分析得到客观评价结果。

二、研究路线

本书研究涉及地理学、经济学、生态学、资源学等多个学科，采用多学科交叉分析研究方法，从人地关系视角构建人类-环境系统；利用时间序列的动态分析和空间特征的静态分析，利用定量分析方法，分析人地关系耦合状态、分析生态经济系统发展效率、评价海岛经济脆弱性、研究长山群岛可持续开发模式与路径、探讨产业优化升级，最后对长山群岛可持续发展提出对策与建议（图1-2）。

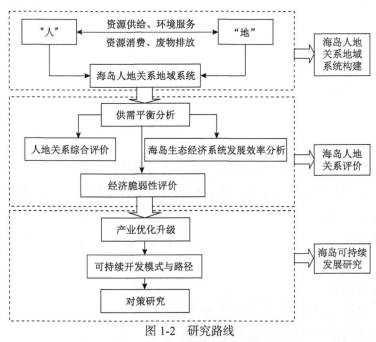

图1-2　研究路线

第五节　研究目标

海岛是陆海连接的"桥梁"，是海洋经济的重要组成部分，是拓展陆域发展空间的重要抓手，是保护海洋环境和国防战略的最前沿，海岛作为一个独立的经济系统在开发的过程中不断凸显出岛屿自身的亮点和潜力。我国海岛的开发从 20 世纪 80 年代末开始，经过 30 多年的发展取得了长足的进步，但在开发过程中由于缺乏科学的规划和指导，粗放的、无序的开发模式也给海岛的生态环境带来了严重的破坏。因此，本书从人地关系视角出发，以长山群岛为例，基于长山群岛当前的资源和生态环境状况，从海岛的人类生产生活活动对资源环境服务的需求，以及海岛资源环境服务供给能力评估出发，探究海岛人地关系地域系统中的供需平衡关系，分析海岛人地关系地域系统发展状态，进而评估海岛生态经济系统发展效率及其经济系统脆弱性，优化海岛产业结构，选择适合长山群岛的可持续发展模式与路径，提出未来长山群岛可持续发展的对策及建议，促进海岛经济、生态和社会效益的协调发展，以期为我国海岛开发提供理论指导和实践借鉴。

第六节　研　究　意　义

海岛是我国海洋国土的重要组成部分，是联系海陆的岛桥，是海洋开发的前沿和重要基地。海岛的可持续发展关系到整个海洋，甚至整个国民经济体系的可持续发展。海岛地域系统相对独立、完整，海岛四周环海，与大陆隔海相望，海岛地域空间相对狭小，由此形成独特的地理环境和生态系统。

长山群岛位于辽东半岛东侧黄海北部海域，东与朝鲜半岛相望，西南与山东省庙岛群岛相对，处于东北亚中心，具有极大的经济区位优势和广阔的发展前景（韩增林等，2008）。近年来，长山群岛在快速发展过程中遇到了诸多障碍性因素和人地关系矛盾。这些因素和矛盾限制了长山群岛生态、经济、文化和社会的协调发展，使其在全国 12 个海岛县（市、区）中处于比较落后的位置（柯丽娜和王权明，2012）。因此，对长山群岛的可持续发展进行研究显得尤为重要。

从地缘政治角度来说，海岛拥有领海、大陆架和专属经济区，是国家领土不可分割的组成部分，海岛的持续健康发展在确定领海基点和维护海洋权益方面具有重要作用。长山群岛凭借丰富的海洋资源、特殊的地理位置、独特的人文因素，在实践中探索出了具有自身特色的可持续发展之路。长山群岛的可持续发展在我国海洋生态安全、经济建设、社会主义现代化建设中起着重要作用。

从理论意义角度来说，基于人地关系理论的海岛可持续发展研究，完善了海岛可持续发展理论。以往研究多从社会经济系统、生态足迹、指标体系评价等角度探讨海岛可持续发展问题，本书进一步提出海岛人地关系地域系统理论，并利用改进能值生态足迹理论和经济脆弱性评价深入研究海岛人地关系，丰富了海岛人地关系研究的理论体系。

从实践意义角度来说，从海岛人地关系出发，基于长山群岛自身自然及人文条件，以海岛人地关系、生态经济系统发展效率、海岛经济脆弱性、海岛产业发展等为主要内容，研究长山群岛可持续发展模式与路径，可为我国海岛开发提供有益借鉴。

第二章

基 础 理 论

第一节 人地关系理论

一、人地关系相关概念

"人"是社会性的人，是由经济、社会、文化、人口等各方面因素组成的社会经济综合体，具有自然属性和社会属性，是影响人地关系最活跃的因素；"地"是指与人类活动紧密联系的，有机与无机自然界诸要素有规律结合的地理环境，也指在人的作用下已经改变了的地理环境，即社会地理环境（程钰，2014）。人地关系是指人的生存活动、生产活动、社会活动与地理环境在共同作用界面上相互影响、相互制约的关系（赵荣等，2006）。海岛因其环境的相对独立性及独特性，形成了特殊的自然资源、经济和文化特性，因而海岛人地关系是一种特殊的人地关系。海岛人地关系由自然要素及社会经济等人文要素组成，它既包括"人"对"地"的直接利用、改造利用、适应，又包括"地"对"人"的固有影响和反馈作用。

人地关系理论是人们对人地关系认识的理论概括，是对人地相互影响、相互作用程度的哲学观讨论。人地关系理论是探讨人与地相互关系的一种基本理论，是人文地理学研究的中心课题，也是人文地理学的重要理论基础。人地关系理论随着人类对地理环境的客观作用和人类主观能动作用的认识发展而发展，在不同的历史阶段形成了不同的理论体系。各理论体系虽有各自的观点和立论依据，但每一种理论体系都将"人地关系"这个客观实体作为立论的对象，试图说明人地关系的客观规律。在人地关系理论不断发展演进的大背景下，新时代人地关系理论的产物——海岛人地关系理论应运而生，并在此过程中不断演进。

二、经典人地关系理论

随着人类认识、利用、改造客观世界的深化，人地关系理论经历了一个复杂的发展历程，由最初的天命论到环境决定论、或然论（可能论）、生态论，再到适应论、文化景观论、文化决定论、环境感知论的多理论并存时期，最后到 20 世纪 60 年代，面对生态恶化、环境污染、资源匮乏等全球性问题，人类意识到应与自然和谐相处，谋求人与自然环境的和谐共生，由此和谐论开始在全世界流行，并逐渐得到专家学者的肯定。下面对经典人地关系理论进行简要介绍。

（一）环境决定论

环境决定论强调自然环境对社会发展起决定性作用，即人是自然环境的消极产物，自然环境与人类行为及文化过程的关系是单向的，自然环境强有力地决定、限制和影响着人类的行为与文化过程。从文化生态学角度看，其基本观点如下：环境（自然环境）现象对所研究文化行为的起源和发展在一定程度上起主导作用，环境以单项因果关系的过程决定着文化，环境对文化的作用是因果直链型关系。

环境决定论的思想起源可追溯到古希腊时代，希波克拉底（Hippocrates）认为人类特性产生于气候（顾朝林，2012）。亚里士多德（Aristotle）在《政治学》中提及希腊地处寒冷和炎热的气候之间，因而其民族性格兼具北方寒冷地区的"精力充沛""富于热忱"和南方炎热地区的"擅长机巧""深于理解"，因而希腊民族"既具热忱，也有理智；精神健旺，所以能永保自由，对于政治也得到高度的发展"（亚里士多德，1983）。到 18 世纪，法国政治哲学家孟德斯鸠也在《论法的精神》中提到各地区民族、政治、宗教等社会现象产生差异的原因之一是气候。其后，德国哲学家黑格尔提出世界上有三种地理环境，地理环境的差异对社会历史和经济类型的发展起决定性作用。近代环境决定论源于深受社会达尔文主义影响的德国地理学家拉采尔，他在《人类地理学》中提到，把人看作环境的产物，人和生物一样，其活动、发展和分布受环境的严格限制，环境以"盲目的残酷性统治着人类的命运"。其后，美国地理学家森普尔等相继对环境决定论的进一步发展做出贡献。

环境决定论思想自出现以来，就饱受批评，至 20 世纪 30 年代其影响力大为削弱。环境决定论既存在缺点，也兼具历史进步性。其缺点主要在于：过分强调环境的决定作用，忽视了人地系统中自然、社会、经济各方面之间的相互影响与协调发展。其历史进步性在于：①否定了自然神学目的论，将人地关系研究推向科学化的唯物主义领域，在地理学的发展史上占有重要地位。②把人与自然、人与环境在环境决定论的一般概念下统一起来，使自然地理与人文地理合二为一，开启了人地关系理论化探讨的新阶段，对完善人地关系地域系统理论研究具有重要意义。③强调了自然环境对人类活动的重要作用，为当代人类环保意识、人地协调意识的发展奠定了基础（王爱民和缪磊磊，2000）。

（二）或然论（可能论）

或然论也称可能论，它认为对于人类活动来说，环境并不是肇始因素，而只是限制的或选择的因素，它在重视自然环境对人类产生影响的同时，更强调人对环境的适应与利用方面的选择能力。从文化生态学角度看，其基本观点如下：在环境与文化的变因之间存在"作用的相互依赖性"，文化与环境是一个相互联系的因素网络，即网络型文化生态关系。

或然论的思想由法国地理学家维达尔·白兰士于20世纪初首次提出。他认为，地理学的任务是阐述自然条件与人文条件在空间上的相互关系，自然环境提供一定范围的可能性。自然为人类的居住规定了界限，并提供了可能性。但是人们对这些条件的反应或适应，则因自己传统的生活方式差异而有所不同。生活方式，是人类集团成员所学习到的传统品质，是民族的制度、风俗、态度、目的、技能的复合体。其学生白吕纳在人对环境的适应和利用的选择能力方面做出了进一步的研究与发展，并在1910年出版的《人地学原理》一书中提出，自然是固定的，人文是无定的，两者之间的关系常随时代而变化。另外他还认为，心理素质是随不同的社会和时代而变迁的，人们可以按心理的动力在同一自然环境内不断创造出不同的人生事实。

（三）生态论

生态论亦称生态调节论，是运用生态学思想，结合生态学观点分析人地关系，以人为中心命题，注重研究人类对自然环境反应的一种基本理论和方法。生态论由美国地理学家H. H. 巴罗斯（H. H. Barrows）在其《人类生态学》一文中提出。他认为，真正的地理学必须从头到尾是一种遵循人地关系正常秩序的解释性论述，地理学要研究人与其赖以生存的自然环境的相互影响，因此他将地理学称为人类生态学。他还认为，人类地理学的目的不在于考察环境本身的特征与客观存在的自然现象，而在于致力于人类生态的研究。

生态论于20世纪早期刚被提出时，并未引起地理学界的广泛支持。至20

世纪中叶开始，由于生态环境问题日益严重，地理学从人地关系研究出发，再次引申出人类生态的概念，注重人与环境的相互作用机制和全球的生态效应研究，由此引起地理学者的关注，并逐步形成以现代生态学理论为基础，以人类经济活动为中心，以协调人口、资源、环境和社会发展为目标的现代人地关系的生态学研究方向。相较于环境决定论和或然论来说，生态论破除了自然与人文的二元论观点，将人类活动、文化现象、自然环境在一定的生态系统中加以整合，避免了自然与人文的对立状态，实为人地关系理论的一大进步。

（四）适应论

适应论又称协调论，是受法国地理学派可能论的影响而产生的，该理论认为自然环境与人类活动之间存在相互作用的关系，地理学应当研究人类对自然环境的适应。该理论由英国地理学家 P. M. 罗士培（P. M. Roxby）于 1930 年首先创用，他创用的"适应"一词区别于"或然"，"适应"既意味着自然环境对人类活动的限制，也意味着人类社会对自然环境的利用和使用的可能性。罗士培认为，人文地理学是研究人地之间的相互关系，而不是研究控制问题，应从不同的侧面论述人类活动对环境的适应能力；人文地理学包括两个方向：一是人群对其周围自然环境的适应，二是居住在一定区域内的人群与其他地理区域之间的关系（赵荣等，2006）。因此，他主张地理学应当致力于研究人类对自然环境的反应，分析人类的活动和分布与自然环境之间的关系。

适应论和生态论都是借用生态学的一些观点分析人地关系的特点，注重人类对自然环境的反应和适应，以实现人类活动、人文因素、自然环境因素的协调。但两个理论也存在差别：①实现适应的主动程度范围不同。适应论强调人类要主动地不断适应环境对人类的限制，涉及范围包括所有自然环境的限制性因素；生态论虽提到应注意人类对自然环境的反应，但并非所有现象都囊括在内，其他现象只有涉及任何人类的反应时才给予说明。②适应的方式不同。适应论是通过文化发展对自然环境和环境变化的适应；生态论则更注重利用结构与功能、营养层次与连锁反馈、生态平衡等生态学观点达到人口、资源、环境和社会发展的协调。

（五）文化景观论

1906 年，施吕特尔提出了文化景观与自然景观的区别，要求把文化景观当作从自然景观演化来的现象加以研究（周尚意等，2004）。美国地理学家 C. O. 索尔则是文化景观论的积极提倡者，并被公认为文化景观学派的创立者。1925年，他于《景观形态学》中首次提出了文化景观论。他主张，应通过实际观察地面景观来研究区域地理特征。他认为，地理学是研究地球表面按区域联系的各种事物，其中包括自然事物和人文事物，以及它们在各个区域的差异，主张人地关系研究以解释文化景观为核心；文化景观就是人类的自我表现，研究文化景观就是研究文化如何烙印在大地之上。1986年，H. J. 德伯里（H. J. de Bilj）在《人文地理学：文化、社会与空间》（*Human Geography*：*Culture*，*Society*，*and Space*）中提到，文化景观包括人类对自然景观的所有可辨认出的改变，包括对地球表面及生物圈的种种改变。我国地理学家李旭旦（1984）认为，文化景观是地球表面文化现象的复合体，它反映了一个地区的地理特征。

文化景观论强调，人类居住的大地，不仅是人类活动的舞台，也是人类"塑造"的过程，这种"塑造"不仅寻求功能上的效益，也体现了人类的审美观赋予其文化上的价值。

文化景观论在当代受到普遍重视，如文化景观的形态与发展、稳定与演化、生态与环境等。对文化景观的研究也从早期的仅局限于表象的静态经验分析，走向动态的、深入景观内部不同层次的整体结构与功能的综合研究（陈慧琳和郑冬子，2013）。

（六）文化决定论

随着科学技术的发展，人们对环境的影响和利用越来越强烈。20世纪初以来，文化对环境的影响逐渐引起众多地理学者的广泛关注，从而涌现出文化决定论。文化决定论认为，在人地关系中，文化起决定作用；同时，人对地的影响和利用程度取决于文化发展的程度，人类的文化可以改变自然，每一种文化特征水平都对应某一特定的人地关系。

（七）环境感知论

每个人都生活在地理环境中，受环境及文化影响，人们的头脑中会产生某种印象，此印象为该环境中共同文化集团内的所有成员共有，而形成共同印象的过程称为环境感知。文化地理学家借心理学中的"环境感知"来分析人地关系，并由此形成环境感知论，该理论提出，外界环境在人们头脑中形成的印象就是环境感知，各种文化集团内的成员对相同环境的感觉认知都是不完全相同的，由此人们对该环境的解释、判断和选择的依据也不完全相同，从而导致人们对该环境利用和改造的决策不同（赵荣等，2006）。环境感知论认为，要了解某一文化集团在该环境中为何会产生这种不全面的误差，就必须从文化集团所产生的环境感知入手。

（八）和谐论

随着区域问题、全球环境问题等人地矛盾的加剧，如何协调人类文化生活与自然环境间的关系已成为国际地理学界面临的主要研究任务。为此，20 世纪 60 年代一些地理学家提出处理人地关系应当遵循"和谐"的宗旨。

人地关系和谐论认为，人与自然的关系是和谐共生的关系，人利用自然的同时要服从自然界发生发展的一般规律。和谐论的具体内容主要包括以下几个方面：①认为协调的目标是一个包括生态、社会、环境等多元指标的综合性战略目标；②要保持经济系统与生态系统的和谐发展；③在充分合理利用资源的同时，注意保护自然资源，实现社会生产力与自然生产力的和谐共生；④通过保护及整治自然环境，实现生态系统的良性循环。此外，和谐论认为要做到人地关系和谐：一方面，人类应当顺应自然规律，充分合理地利用自然环境；另一方面，人类应对不协调的人地关系进行优化调控，实现人地关系的和谐共生（赵荣等，2006）。

三、新型人地关系理论

人地关系着重于探讨人类活动与自然环境之间的相互作用。在不同的历史发展阶段出现了不同的人地关系理论，且在同一历史阶段也有侧重点不同的理论思想。20 世纪 80 年代以来，人地关系理论不断发展，出现了新型人地关系理论。根据侧重点的不同，新型人地关系理论主要包括人地关系调控论、人地关系危机论、人地关系目标论等。

（一）人地关系调控论

（1）人地关系地域系统理论

人地关系地域系统是人地关系理论与认识的新发展，强调了人地关系研究的整体观念和整体、部分与层次之间的辩证关系。吴传钧在认识人地系统的基础上提出了人地关系地域系统的概念，指出人地关系地域系统是以地球表层一定地域为基础的人地关系系统，也就是人与地在特定的地域相互联系、相互作用而形成的一种动态结构（程钰，2014）。人地关系地域系统将人地关系的研究推进至区域人地系统这一客观系统的演化及优化调控机理的探讨上，为区域人地关系的研究提供了基础。人地关系地域系统是一种复杂巨系统，系统内部各部分是由人地系统状态、信息环节、决策环节和控制作用组成的闭合回路。也正是由于这种反馈回路的存在，人类社会与地理环境之间才能谋求协调发展的途径。另外，人地关系地域系统将系统研究的方法引入其中，探讨人地非线性关系，揭示地理系统空间复杂性的本质特征，构建包括自然要素和人文要素在内的综合集成的系统动力学模型，发展综合集成模型体系，模拟预测不同发展模式下未来区域人地关系的走势以及政策制度的资源环境效应、调控路径等。

（2）人地关系协同论

为了将人地关系模型化、定量化，李后强和艾南山（1996）在已有人地关系理论的基础上，在系统辩证论思想的指导下，结合现代系统科学，特别是动力系统理论，提出人地关系协同论。人地关系协同论是研究人类与自然之间和谐共生、反馈与制约、利用与合作、发展与协调等关系及规律的科学（欧阳玲，2008）。人地关系协同论旨在探讨人地关系系统和谐发展的内在机制与发展方向，为深入研究现代人地关系，解决人地矛盾提供理论基础。

（3）人地协调共生论

基于耗散结构理论，人地协调共生论认为人地关系系统属于耗散结构，要实现稳定与协调共生则需要外界的能量流、物质流、信息流的支持。人地关系系统协调共生的充要条件是从外界获取负熵流。区域可持续发展战略也以人地关系协调共生为核心，力求将人类系统熵的产生降至最低，将地理环境系统为人类活动系统可持续发展提供负熵的能力提高到最高。根据熵变规律，创造协调共生人地关系系统，必须进行合理有效的环境规划。人地协调共生论也据此提出了人地关系系统协调共生的四种类型：协调共生型、人地冲突型、警戒协调型、不确定混沌型。方创琳（2004）认为，从古代的天人合一思想到近代的人地关系协调思想，升华到现代的可持续发展理论，它们均以人地和谐共生为研究主线。目前，关于人地协调共生论的研究已拓展至时间领域，即研究人地协调的发展阶段。香宝（1994）认为，人地系统的演化取决于人类与自然环境间质和量的对比关系,并据此将人地关系演化阶段分为混沌、原始协调(共生)、改造索取、改造征服和协调共生。郭跃等（2002）按不同的时间阶段划分,将人地关系表现形式与社会技术背景联系起来。科学技术手段促使人与地的相互关系发生四次异化,即历经四大阶段:顺应自然、认识改造自然、掠夺自然、可持续利用自然,而当今知识经济时代的人地关系则为人地协调共生发展。王长征和刘毅（2004）则将人地关系演化阶段分为混沌、原始共生、人类对环境的顺应、大规模改造和人地协调共生。申玉铭（1998）认为,人地关系的演变不仅与一定的历史发展阶段相联系,还与同一历史阶段经济发展的不同时期以及同一时期的不同经济活动相联系;同时,据此将人地关系发展演变的阶段划分为原始型人地系统演变、掠夺型人地系统演变、协调型人地系统演变。

（4）人地耦合论

人地耦合论是由吴攀升和贾文毓于2002年提出的。该理论借鉴了中国传统太极图的思维模式,"人"和"地"两种力量处于一个整体或体系之中,二者相互独立但又相互影响、相互渗透、相互配合,且处于积极的运动状态之中,同时在这种运动状态中呈现相对稳定状态。因此,若要保持人地关系体系稳定,就需要两者既不能相互对峙、隔绝,也不能相互吞并。人地之间关系的演进,有如《易经》的生成观:从无极、太极、两仪、四象、八卦到万物（欧阳玲,2008）。人类从开始脱离类人猿时期到工业革命前夕,可认为人地系统呈现出"无极"态;工业革命到第二次世界大战时期,由于人类自身智力和文化的发展,人地系统呈现出"太极"态;第二次世界大战至今,人地太极图的阴阳两翼震荡共生,互为进退,所以这个时期"人"和"地"两系统构成的人地太极图必定是相互耦合的,人地关系是一种太极图式的耦合关系。人地耦合论是随时代发展而产生的一种当代的人地关系理论,它是用中国传统文化的有关理念分析当今人地关系时所产生的必然结果。人地耦合论对当下及以后人们正确认识和处理人地关系大有裨益。

（二）人地关系危机论

（1）人地危机冲突论

人地关系的危机是指人与自然及地理环境之间,在"双向异化"过程中所表现出的一种不相容的对立与冲突（欧阳玲,2008）。其实质是人地关系系统中"人"和"地"之间的矛盾与对立。这种矛盾与对立是双向的，人类与自然环境在人地系统中既相互依赖又相互制约，双方的联系共同决定着系统的运行过程和演进方向，且双方联系的稳定性决定着系统整体功能的进退。长期以来，人类活动的方式、速率、规模与强度和自然系统的运行规律及演化趋势严重背离，超越了地球环境的"生态阈值"，使人类的社会意识、文化价值观念、发展战略和经济活动与地球环境的可利用方向、承载能力之间，出现巨大差异和全面失衡（张复明，1993）。因此，协调人地关系应首先缓解人地冲突，才能切实解决人地问题。

（2）人地关系异化论

在人类社会发展过程中，以工具的使用、农业文明的出现、文明社会的产生和工业革命为标志，人地关系发生了四次异化，形成了由自然环境、人类环境、社会环境和人类共同组成的、为人类所特有的人地系统（方修琦和张兰生，1996）。人地关系的每一次异化都被自身推进到新的阶段。在此过程中，资源环境问题从无到有，从小到大，从区域到全球性地发生变化。人地关系异化论认为，人类的自我中心化，导致人地关系各部分的异化加剧。

（3）人地关系错位论

人地关系错位是指人类在处理人与自然环境关系时的一种主客观颠倒的认识偏颇。夏湘远（1999）认为，人地关系的历程是从困顿、错位到危机。人与自然、地理环境的关系，在困顿与盲然中，以利用现存自然的生存方式和通过自然宗教崇拜的精神体悟方式，达成了人类与其赖以生存的地理环境之间，在原始共生基础上的朴素统一。

（三）人地关系目标论

（1）人地系统优化论

环境对人类需求的支持能力是存在自然极限的，人类在极限范围内可通过本身的文化调节实现生态系统的持续性和稳定性，可持续发展的本质即优化人与自然的关系以及人与人的关系。蔡运龙（1995）认为，可以用生产力、稳定性、恢复力、公平性、自立性、协调性等系统特性和原理来衡量人类生态系统的持续性。据此，他提出以下实现人类生态系统持续性的途径：①将人类需求控制在环境容量之下；②自然资源的社会化再生产——资源与环保产业；③建立自然资源供求平衡的经济机制——自然资源与环境的价值和价格问题；④弥补市场机制的缺陷——政府干预与公众参与。

（2）人地系统优化调控论

申玉铭（1998）认为，无论是人地关系和谐角度，还是具体到区域人口-资源-环境-发展（PRED）之间的协调发展理论，人口、资源、环境与发展都是一个时空尺度耦合的、高度复杂的动态开放巨系统。要使人口-资源-环境-发展协调发展，人类就必须自觉调控自身及系统各要素的发展，使系统总体发展轨迹与资源环境容量的限制作用相适应，最终实现人地系统的优化。方创琳（2003）认为，区域人地系统优化调控的对象结构应从人口-资源-环境-发展系统改进为 $P_DR_DE_DE_DE_DS_D$ 系统，即人口、资源、环境、生态、经济、社会六大要素相互作用、相互联动、相互协调组成的 PREEES 系统和六大要素共同得以发展而形成的发展系统（即 $D_PD_RD_ED_ED_ED_S$ 系统），这两大系统之间高度耦合。基于此，他提出人地系统优化应注重人的意识建设，优化调控的目标是追求和谐发展至上。协调优化和调控区域人地系统，必须实现区域之间人地系统的产业组织协调和空间组织协调，消除区域盲目竞争与区域冲突，实现人地系统经济社会行为对空间区位的合理占据。

（3）可持续发展理论

可持续发展是指既满足当代人的需求，又不对后代人满足其需求的能力构成危害的发展。可持续发展理论认为，应当在协调好人与自然关系的前提下，提高人类的生活质量、缓解人与自然的矛盾冲突；可持续发展强调自然、经济和社会的协调统一，即包括自然的持续性、经济的持续性和社会的持续性。可持续发展的核心理论包括资源永续利用理论、外部性理论、财富代际公平分配理论三种生产理论。王铮等（1995）提出现代人地关系的中心是人口-资源-环境-发展，他认为协调人地关系，本质上就是协调人口-资源-环境-发展问题；开展人地关系研究，重点在于研究人口-资源-环境-发展关系。

四、人地关系新课题——海岛人地关系演进

海岛地域系统因其环境的相对独立性及独特性，形成了特殊的自然资源、经济和文化特性，因而海岛人地关系是一种特殊的人地关系。根据海岛与大陆地区是否发生"物"与"人"的流动，可将海岛人地关系的演进划分为三个阶段（徐福英和刘涛，2014）。在每个演进阶段，由于海岛与大陆的要素交换方

式与类型不同，人地关系的组成要素也不同。

第一阶段：自给自足的封闭式海岛人地关系。该阶段海岛人地关系中的"人"和"地"均来自岛内。海岛原始的自然资源和自然条件构成自然要素，为海岛内经济及社会的正常运行提供基础和条件。经济和社会等人文要素对自然要素的利用程度较小，可通过自我调节实现人地关系的稳定。但是随着经济社会的发展、人类需求的提升，以及海岛资源有限性的制约，仅靠海岛自身无法满足海岛居民不断提高的生活及发展需求，因而海岛人地关系内部产生了与大陆地区进行生产生活要素交换的需求；海岛在特定资源方面相对于大陆来说有比较优势，因而海岛具备了与大陆进行要素交换的前提。由此，海岛人地关系地域系统逐渐进入第二阶段。

第二阶段：要素交换后的开放式海岛人地关系。此阶段海岛人地关系中的"人"仍来自岛内，但"物"则与毗邻大陆发生交换，并以此影响海岛的自然、经济、社会等要素，是一种开放式的海岛人地关系。其中，要素交换以获得经济利益为主要目的，经济中增加了外部要素成分；自然要素不仅满足海岛居民自身需求，而且满足出口需要；此阶段"人"的因素基本不发生改变，因此社会及经济等人文要素相对稳定。海岛可利用的土地空间有限、内部设施设备落后、资金与技术匮乏，使其出口对自然资源的依赖度极高，导致自然资源的利用强度增大，废弃物排放增多，破坏了海岛人地关系的平衡。在这一背景下，为了协调人地关系，就必须通过产业转型减少自然资源的消耗来实现海岛资源的多元利用和生态环境的保护。旺盛的市场需求、海岛旅游资源的优势以及旅游业自身的功能属性使发展旅游成为海岛产业转型的首要选择。而随着大量旅游者进入海岛，海岛人地关系地域系统进入第三阶段。

第三阶段：旅游者进入后的"旅游型"海岛人地关系。此阶段海岛人地关系中的"人"和"地"都与毗邻大陆发生交换，是一种"旅游型"海岛人地关系。发展旅游业所导致的"人"的改变，在第三阶段使海岛自然要素和经济、社会等人文要素发生了前所未有的变化，这些变化既在很大程度上促进了海岛地区经济社会的发展，又对海岛原有的人地关系、生态系统等带来诸多负面影响。因此，海岛地区要真正从发展旅游业中获益，实现海岛自然、经济和社会的可持续发展，就必须全面分析旅游要素在海岛人地关系中的作用机制，构建"旅游型"海岛人地关系，并推动这种新型海岛人地关系走向协调。

五、人地关系地域系统理论

人地关系地域系统理论最早由我国著名地理学者吴传钧提出，他将人地关系思想和系统论引入地理学研究中，认为"人"和"地"两方面要素按照一定的规律相互联系而构成的复杂开放的巨系统，即人地关系地域系统。该系统内部有一定的结构和功能机制，在空间上也具有一定的地域范围。也就是说，人地关系地域系统是以地球表层一定地域为基础的人地系统。

（一）人地关系地域系统的内容

人地关系地域系统主要包括生态环境子系统、经济子系统、社会子系统，这三个系统在发挥各自作用的同时相互紧密地联系在一起，从而构成人地关系地域系统（图 2-1）。

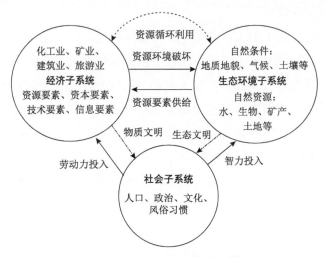

图 2-1　人地关系地域系统构成模型图

（1）生态环境子系统

在人地关系地域系统中，自然条件和自然资源是生态环境子系统的主要组成要素，主要包括地质地貌、气候、岩石、土壤、地表水、地下水、矿产资源、生物资源等；按其主要的环境组成要素，又可分为大气环境、水环境、土壤环境、生物环境、地质环境等。随着社会的发展，人类社会经济活动对生态环境子系统的影响也日益明显，人类为了不断提高自身的物质文化生活质量，创造出了生产环境（如工厂环境、农场环境）、聚落环境（如城市环境、村落环境）、文化环境（如学校、旅游风景区）等，也成为生态环境的重要组成部分。不同的要素在系统中有着不同的地位和作用。岩石圈上层作为生态环境系统的基本组成部分，主要为系统提供疏松物质和化学元素；水分不仅是物质和化学元素的搬运者，同时还能通过水分循环进行能量传输；植物和动物群落是组成生态环境子系统的核心，正是生物有机体的出现，才使无机界和有机界的联系成为可能；土壤是陆地表面具有一定肥力能够生长植物的疏松表层，是有机界和无机界物质、能量转化的重要媒介，不仅与岩石圈的上层风化壳及底土相联系，还与生物群落密切相关（任启平，2005）。良好的生态环境不仅是维持整个生物圈正常生命的前提，还是为人类提供适宜的环境、稳定的物质资源的重要条件。生态环境子系统中的要素按照自然规律变化发展着，各要素之间通过物质的机械迁移、物理过程、化学过程及生物代谢过程等，以物质流和能量流的形式有机联系成为一个统一的整体。

（2）经济子系统

经济子系统作为人地关系地域系统的重要组成部分，是人地互动最活跃的一个子系统，为其他子系统的可持续发展提供物质基础。经济子系统组成要素主要包括资源要素、资本要素、技术要素、信息要素等。与生态环境子系统不同，经济子系统中的资源要素主要是指能够投入生产和生活中的物质与能量的总称，资源要素为经济子系统提供了劳动对象，是经济子系统中财富的重要来源。资本要素主要是指能够投入产品及劳务生产过程的中间产品和金融性资本，其流动的动力源于储蓄水平，即资本要素的积累水平，资本要素的积累过程也就是资本要素的流动过程，其流动速率与区域储蓄率、投资率、资本要素总量等密切相关（邹璇，2004）。技术要素主要包括生产过程中经验形态的技术要素及知识形态的技术要素，技术要素的流动可以采取两种形式：一是商业性的有偿形式，即区域技术贸易；二是非商业性的无偿形式，即区域技术交流和区域技术援助。信息要素主要是指能够反映经济活动实况和特征的各种消息、数据、指令等，信息要素在经济系统内部，以及经济系统与外界环境之间不断流动，通过反馈来引导区域资源的配置（任启平和任建兰，2006）。劳动力是经济子系统中唯一的能动要素，正是通过劳动者的劳动才把资源、资本、技术、信息等转化为现实的生产力，从而创造出物质财富和精神财富，推动经济子系统不断向前发展。在构成经济子系统的各个要素之间存在不同的连接关系，进而组成不同的结构链，如生产链、交换链和消费结构链等。任何经济地域都是由工业、农业、交通运输业、第三产业诸多的企业和产业部门所组成，同时包括中心城市、城镇与农村居民点及通信信息网络等，进而形成复杂的地域单元。在一个经济地域内，各项物质内容相互联系，互为制约，共同促进经济地域的发展（陈才，2001）。在各个要素及要素流的作用下，要素不断在产业和地域上重新流动与组合，促进了区域经济子系统内部产业结构的升级和空间结构的不断调整优化，推动经济子系统不断向前演化发展。

（3）社会子系统

社会子系统是指为了某种共同目的，或完成某项独立的社会功能而结合在一起的群体、集团或组织，如家庭、企业、党派、国家、联合国等（陈忠和金炜，2002）。社会子系统是自然系统长期发展的产物，其中人口是最基本、最重要的要素，而其他社会要素如政治、文化、风俗习惯等都可视为附加在人口基础之上的人类生产和生活衍生物。人口作为社会主体，既有自然属性，也有社会属性，既是生产的主体，又是消费的主体，既要进行自身再生产，还要进行社会再生产，这些实践活动直接影响着人地相互作用的形式、规模以及人地关系地域系统发展的方向。不同的社会主体在社会实践活动中形成了多种社会关系，包括经济关系、政治关系和文化关系等。社会子系统是具有复杂层次结构的有机体，个人是社会子系统中最基础的层次，第二层次为家庭，第三层次为各种社会组织系统，如工厂、机关、学校、企业、军队等，第四层次为城镇、地区，第五层次为民族、国家和社会。最高层次为世界社会，由许多国家和地区组成（孙凯飞，1997）。社会子系统为了保持和发展自己结构的有序性，必须与外界环境不断交换物质、能量和信息，不同社会要素通过不同形式的联系推动了社会子系统结构的演进，通过与自然环境发生联系，导致自然环境发生变化，这也成为生态环境产生问题的原因之一。

（二）人地关系地域系统的基本结构

对人地关系地域系统结构的划分有多种方法。例如，根据系统的尺度可分为宏观尺度结构、中观尺度结构和微观尺度结构；根据系统的相对位置，可分为系统内部结构和系统外部结构；根据系统的时空演变特征，可分为时间结构和空间结构等。为了更好地表达区域发展基础、发展阶段及整体关系结构，这里主要说明以下三种类型：由自然要素结构、人文要素结构组成的二元结构；由社会结构、经济结构、生态环境结构组成的三元结构；由人口结构、资源结构、环境结构和发展结构组成的四元结构（图2-2）。

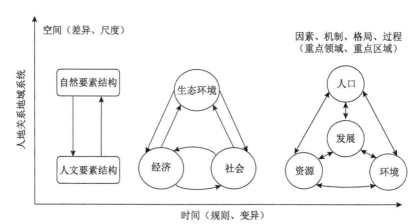

图 2-2　人地关系地域系统三种基本结构

（1）人地关系地域系统二元结构

人地关系地域系统二元结构主要由自然要素结构和人文要素结构组成。自然要素结构主要包括自然资源（水、生物、矿产、土地等）、自然条件（地质地貌、气候、土壤等）、生态环境、自然灾害等内容；人文要素结构主要包括人口（数量、质量、结构等）、经济增长、社会文化、产业布局、消费行为等内容。在人地关系地域系统二元结构中，人地关系地域系统的研究内容主要包括人类经济活动对自然要素条件的影响和自然条件对人类社会经济活动的作用等。

（2）人地关系地域系统三元结构

人地关系地域系统三元结构主要由经济结构、社会结构和生态环境结构组成，其中经济结构主要是指社会经济活动的各种成分和国民经济各个部门、社会经济运行的各个环节之间在时间和空间方面存在的内在联系，以及由这种内在联系所表现出的系统性和整体性；社会结构是指社会各要素在相互联系和相互作用中形成的组合方式及关系格局，包括协调人地关系时发生的经济关系、技术关系、管理关系等；生态环境结构是指由地质、大气、水、土壤、生物等自然要素在特定的时空条件下形成的相互关联、相互制约的有机统一体，具有自然和人文等要素的环境复合体，如聚落环境和生产环境等，也是生态环境结构的一部分（任启平，2007）。经济结构、社会结构、生态环境结构三者是相互联系、相互影响的统一整体，在人地关系中涉及最多的是经济结构与生态环境结构的关系、社会结构与生态环境结构的关系，而对于经济结构与社会结构的关系研究则相对较少。

（3）人地关系地域系统四元结构

人地关系地域系统四元结构主要由人口结构、资源结构、环境结构、发展结构组成，即人口-资源-环境-发展结构。人口结构是区域人口-资源-环境-发展结构中具有主动性、最积极与最活跃的因素；资源结构是人口-资源-环境-发展结构存在的物质能量基础，为人类的生存和发展提供物质基础，也是社会经济发展的必要条件；环境结构是人类生存和发展的场所，直接影响到人类生存的质量和资源的利用程度；发展结构是人口-资源-环境-发展结构的核心，发展包括经济增长和社会福利水平的提高，既包括人的自身发展，也包括社会各方面的发展。区域人地关系地域系统的协调程度，在很大意义上取决于区域人口-资源-环境-发展协调发展的程度，要使区域人口-资源-环境-发展协调发展，关键要处理好人口增长、资源利用、环境保护与社会经济发展之间在不同时空尺度上的发展关系。

（三）人地关系地域系统的类型

根据不同的划分依据，人地关系地域系统可划分为多种类型。例如，根据"人"的主导作用，可分为城市地域系统、农村地域系统、贫困地区地域系统等；根据"地"的主导作用，可分为人海关系地域系统、人河关系地域系统、人山关系地域系统等；根据"人地"相互作用关系，可分为生态脆弱型人地关系地域系统、破坏型人地关系地域系统、成长型人地关系地域系统等。学术界对人地关系地域系统类型的划分尚未取得一致性的结论。考虑到人地关系地域系统研究的核心目标是协调人地关系（黄秉维，1996），下面仅对生态脆弱型人地关系地域系统、破坏型人地关系地域系统、成长型人地关系地域系统进行阐述。

（1）生态脆弱型人地关系地域系统

生态脆弱型人地关系地域系统主要是指人地关系比较敏感、脆弱的地域系统。当外界环境要素或人类经济活动对其产生扰动作用时，维持生态脆弱型人地关系地域系统自身稳定的可塑性较小且缺乏相应的应对能力，从而导致其内部结构与整体功能容易受到损害。生态脆弱型人地关系地域系统的脆弱性是经济、社会、生态环境三个子系统脆弱性耦合与复合的结果（李鹤和张平宇，2011）。

随着工业文明的到来，人类对资源环境的开发力度不断加强，以牺牲资源环境为代价的唯 GDP 发展方式难以维系，在生态脆弱性地区应充分考虑资源环境承载能力，协调人地关系、合理布局生产力，是实现区域可持续发展的关键所在（方创琳等，2014）。

（2）破坏型人地关系地域系统

人类自诞生以来，就开始对自然区域施加影响，进而使得人文地理区域的范围不断扩展。在长期演变的历史进程中，人类社会的有序性依靠从自然生态环境中输入的负熵流而不断增强，这是以对生态环境系统的破坏为代价换取的。这种人类活动强度明显超过资源环境承载力的人地系统类型称为破坏型人地关系地域系统（张玉泽，2017）。早期发达国家的工业化，一般被称为传统的工业化。破坏型人地关系地域系统的形成与传统工业化道路密切相关。早期发达国家的工业化，面对的是一个广阔的国内外市场，对工业品的需求迅速增长，同时各种资源，尤其是自然资源丰富，价格低廉。因此，工业生产基本上是粗放型或资源消耗型的，工业化的不断推进建立在资源高投入的基础之上。例如，主要发达国家在工业化初期每生产 1 万美元的产值，大概要投入 7 万美元的资本，而到 20 世纪 50 年代，提供同样产值所需要的资本投入下降到 3 万~5 万美元，并且走的是一条先污染后治理的道路。再如，在英国工业化过程中，1952年 12 月的伦敦烟雾事件直接或间接造成 1 万余人死亡，直到《清洁空气法案》等立法的完善及 60 年代的环境治理，烟雾问题才逐渐好转。

传统工业化道路在提高人类生产、生活效率及给人类带来便利的同时，也造就了环境恶化、资源短缺的恶果，追求总量增长的发展理念成为世界人地关系恶化的最终思想根源。整个 20 世纪，人类消耗了 1420 亿吨石油、2650 亿吨煤、380 亿吨铁、7.6 亿吨铝、4.8 亿吨铜（陈毓川，2006）。总之，在破坏型人地关系地域系统的组成要素方面，自然资源要素以土地资源、森林资源、矿产资源为主；人文要素以普通劳动力、资本、一般技术等层次较低的要素为主；经济结构要素以耕作业、畜牧业、林业及化石能源的开发加工为主。破坏型人地关系地域系统的生态环境问题表现为生态破坏、环境污染、资源枯竭、粮食短缺、贫困加剧等，这也是导致国家或地区冲突的主要原因，成为制约地区进步和发展的主要障碍。

（3）成长型人地关系地域系统

与破坏型人地关系地域系统相比，成长型人地关系地域系统的主要要素成分发生了重大改变，表现为物质性要素地位下降，而非物质性要素（如智力、管理等）地位上升；要素流动的规模与速率加快，区域产业结构和空间结构日趋科学化、高级化；农业所占的比例降低，服务业与高端制造业逐渐占据主导地位，如中国和德国合作倡导的"工业4.0"战略，不仅对未来中国和德国的经济发展具有推动作用，而且对优化人类的生产和生活模式、实现人地关系的和谐共进具有重大意义。

合理的产业结构和空间结构减轻了生态系统的压力，人地矛盾得到不同程度的修复，生态环境向良性方向发展。但是，成长型人地关系地域系统是相对的，具有明显的区域界限。发达国家虽然在区域内部实现了人地关系的协调发展，但这种协调建立在对外资源占有和大量消费基础之上。例如，在整个20世纪，占世界总人口20%的发达国家人口排放了80%的温室气体（王红征，2012）。根据国际组织全球足迹网络（Global Footprint Network）的计算数据和世界自然基金会最新发布的《地球生命力报告2018》，近50年来"地球生态超载日"（人类在该年度的资源消耗量超过资源再生量的那一日）不断提前，2018年已提前至8月1日；在目前状态下，全球消费的资源是地球可稳定供应量的1.7倍。其中，美国和加拿大消费了稳定供应量的4.5倍，德国和法国为2.8倍左右，日本为2.7倍，都远远高于世界平均水平。这种消费方式不仅给地球资源带来了沉重压力，消费所产生的大量温室气体和废弃物等也对全球环境构成了巨大威胁。因此，要在全球尺度实现人地关系的协调发展，必须消除贫困，改变不合理的经济结构和消费方式，在世界范围内加强对人类社会经济系统的调整和维护，以达到高水平的人地关系协调。

第二节　海岛可持续发展理论

一、可持续发展理论体系

（一）可持续发展的基本含义

可持续发展的基本含义如下：可持续发展是一种当代人的需要不对后代人

满足其需求的能力构成危害，特定地区的需要不对其他地区的需要的能力构成危害的发展模式。布伦特兰夫人在《我们共同的未来》结尾部分这样阐述道：可持续发展理论的两大核心分别是"人与人之间关系的和谐"和"人与自然之间关系的平衡"，前者是人类社会可持续发展的基础，后者是可持续发展的核心（牛文元，2007）。

（二）可持续发展的主线

自然界为人们的生产生活提供了基础环境、各类资源、生态服务等。人类在自然界持续发展中不断进化，同时也面临着自然演化过程所带来的压力和挑战。如果没有人与自然的和谐相处与协同进化，没有一个资源和环境友好型的社会，就不会有人地关系地域系统的可持续发展。人类应充分认识人与自然关系的重要性，明晰人的需求和发展是与生态环境的恶化及资源的消耗紧密联系在一起的，在此情况下，就要求人类的发展要与环境保护协同起来。

可持续发展是人类文明进步的新阶段，它表现在国家和政府法律法规的约束与引导、社会有序、分配公平、良好的文化导向，必须是在和谐稳定的社会氛围中，以获得整个社会的可持续发展。一个和谐稳定的社会，才是可持续发展的根本保障。人与自然之间关系的平衡表现出的"环境与发展"和人与人之间关系的和谐体现出的"效率与公平"是可持续发展需要持续探索的永恒主题（张连波和刘锡财，2013）。只有认识到人与人之间、人与自然环境之间关系的重要性，强化主流观念的引导，增强伦理道德意识，加强政府法规、社会文化等组织约束，才能实现人与人、人与自然之间关系的和谐共生。

（三）可持续发展的内容

（1）社会的可持续发展

社会可持续发展的基本内容包括社会发展、社会分配、社会公平和利益均衡，其目标就是在经济效率和社会公平之间取得合理的平衡（牛文元，2007）。在社会的可持续发展中，最重要的就是人口的可持续发展问题，人口问题是制约可持续发展的首要因素。因此，控制人口数量、提高人口质量是当前人口可持续发展需要解决的问题。地球资源环境的承载力是有限的，所以要控制人口数量不可持续的增长，在减轻人口数量压力的同时，注重提高人口的科技教育和文化道德水平，进而完成体能、技能、智能的高度统一。

（2）经济的可持续发展

经济可持续发展的基本内容由生产力要素的统一、区域开发、生产力布局、经济结构优化和物质的供需平衡组成（牛文元，2007）。经济发展-社会进步-生态环境良好的协调发展是可持续发展的重要目标。经济可持续发展要求人类应从生产、生活、文化等方面进行经济发展理念和路径的新探索，注重产业结构调整与资源环境协调发展，优化资源利用效率，提升环境容量，积极探索生态补偿机制、公共参与机制，以优化产业发展模式。同时，应重视科技创新、协同战略对区域经济发展的支撑作用，提升经济可持续发展能力。

（3）生态环境的可持续发展

生态环境可持续发展的基本内容包括生态平衡、自然保护和资源的永续利用。生态环境是以人类为主体的整个外部世界的总和，是人类赖以生存和发展的物质基础、能量基础、生存空间基础、社会经济活动基础的综合体（牛文元，2007）。"环境保护与经济发展之间取得合理的平衡"是可持续发展的重要指标和原则。因此，生态环境的可持续发展要求：首先，要加强生态系统管理，制定生态保护与建设规划，将生态环境的保护与安全、健康、高质量的基本生产生活需求，以及良好的社会关系联系起来；其次，要加强生态环境的能力建设，从而扩大生态环境的总容量，通过提高技术效率和调整产业结构减少对生态环境的影响，实现生态环境与人类对自然索取的平衡；最后，要加强环境制度的建设，将社会的主体——政府、企业和个人有机联系起来，完善生态环境管理制度。

（4）资源的可持续发展

自然资源作为"固定资本"而存在，并不是取之不尽、用之不竭的。资源的压力主要来源于水资源、土地资源、矿产资源，在实现资源消费和能源消费速率可持续发展的同时，还要着力提高社会财富的积累。如何高效地使用更少的资源和能源，以获得更多的社会财富，将粗放型的经济转变成集约经济，是资源可持续发展需要不断思考的重要问题。资源可持续发展需要在资源的开采和使用中做到供需平衡，在资源的开采和使用中采用新思路，加强科学开采能力的建设，促进集约化生产，并构建大数据网络下的资源市场运作新模式。此外，要完善资源基础服务设施的支撑体系，从有利于全局资源整合的角度出发，加深对地球科学的研究，开创出新的勘探技术，进行超前的研究，实现资源总供给与总需求的平衡。

二、海岛可持续发展内涵

海岛可持续发展理论是可持续发展理论在海洋方面的具体体现。中国的海洋可持续发展理论与实践已走过了很长的发展阶段，在保护海洋生态环境、促进经济增长和提高人民生活水平等方面都取得了一系列的进展。1996 年，中国制定了《中国海洋 21 世纪议程》，为我国海洋可持续开发利用提供了政策指南；2010 年 3 月 1 日，《中华人民共和国海岛保护法》正式施行，为海岛的开发和保护提供了法律依据；十九大报告指出，坚持陆海统筹，加快建设海洋强国。海岛可持续发展理论的主要内容是在新时代背景下，利用先进的技术和信息手段，选择可持续的海岛发展方式和资源利用模式，用生态经济和环境保护的观点来指导海岛资源的开采使用，优化生产模式，实现海岛资源的合理利用、深度开发和循环使用，保护海岛生态环境，让海岛资源充分发挥其价值。

海岛可持续发展的内涵主要有以下几个方面。

1）岛屿人口数量与海岛可持续发展的关系。在海岛环境中，人既是生产者，又是消费者。人在生产产品的过程中消耗资源，在消耗产品的过程中产生的废水、废气又会对环境造成破坏。据测算，世界上有 3/5 的人口居住在沿海地区，全世界每天有 3000 多人向沿海地区移动（王敏旋，2012），而岛屿是一个独立的体系，生态环境脆弱，巨大的人口压力和超负荷的资源环境消耗将不利于海岛的可持续发展。因此，人们在利用海岛资源和环境获得自己生存发展需要的同时，还要注意在海岛可承载的能力之内控制人口规模，同时要将资源开采和污染物排放量控制在资源与环境容量的阈值之内，不能以破坏和牺牲海岛的生态环境来谋求发展。

2）海岛产业的升级与海岛可持续发展的关系。海岛产业的可持续发展就是要改变目前海岛产业结构不合理的现状，改善当前传统的发展模式和状态存在的缺陷。科学技术是海岛产业可持续发展的技术源泉。要推广和发展高科技，促进海岛产业的升级换代，进而推动海岛产业从第一产业向第三产业转移（胡啸等，2015）。提高海岛从业者的素质和能力，进行相关技术和能力的培训，不断提高海岛产业的技术质量。在海岛产业结构优化的过程中，运用新思路和新方法，鼓励和引导循环经济的发展。

3）海岛资源的利用与海岛可持续发展的关系。海岛及其周围蕴藏着丰富的海水资源、生物资源、海洋化工资源、油气资源、矿产资源等（孙兆明等，2010）。

按照资源性质，可将其分为可再生资源和不可再生资源。对于可再生资源要利用合理，实现永续利用，对于不可再生资源要提高利用效率，节约高效利用。要确定海岛资源最优的开发方式，在开发海洋资源的过程中要采用合理的方式，考虑到当代人的发展需求，并且对后代人的生存发展负责，进而形成人类生产生活与海岛生态环境健康循环的关系，最终实现海岛的可持续发展。

4）海岛环境的保护与海岛可持续发展的关系。在对海岛开发过程中，海岛环境直接影响到海岛可持续的开发结果，所以要对岛域生产生活产生的废物垃圾和污水进行严格处理。可建立海岛环境保护协会和组织机构，加强宣传教育，提高岛屿内外对海岛环境的保护意识，认识海岛环境保护的重要性，进而保护海岛环境，提高海岛环境质量，最终实现海岛经济、环境和社会效益的有机统一。

海岛有着特殊的地理位置和资源优势，是连接陆域国土和海洋国土的桥梁，是海洋经济和沿海地区社会发展的重要依托（苑晶晶等，2017；席小慧等，2018）。因此，海岛可持续发展有着重要的意义。海岛的可持续发展，可保护所在海岛的生态安全，提升所在区域整体的经济实力。

第三节　海岛资源环境承载力理论

一、海岛资源环境特点

海岛四周被海水包围，远离大陆，是一个独立的地理单元。各个海岛的成因、形态各不相同，气候、水文、生物、地质、地貌等条件各有差异，有相对独特的自然环境。同时，海岛面积狭小，地域结构简单，物种来源受到极大的限制，生物多样性相对较少，因而具有特殊的生物群落，保存了一批珍稀物种和宝贵的基因资源，形成了独特的生态系统，并且生态系统脆弱。例如，海岛的岛陆土壤以溶盐土为主，经过日积月累的淋溶，逐渐脱盐，草本植物生长旺盛。但是，由于不少海岛无人看护，缺乏管理，树木遭到砍伐、草本植物被烧荒，植被受到严重破坏，土壤严重流失，丘陵山地的土壤转而形成粗骨土和石质土，且土层薄、肥力极低。再如，海岛地形地貌简单，生态环境条件严酷，植被种类贫乏，优势种相对明显。海岛植被在种类组成上最显著的特点是：各群落中，往往拥有一定量的海滨或海岛特有优势种和伴生种，是海岛滨海植物区系统较丰富的反映（穆治霖，2007）。各种植被种类繁多，组成成分不同，生存的环境更加不同，有其各自的特点。例如，滨海盐生植被分布在海岛滨海潮滩，滨海沙生植被主要分布在沙质海滩，分布范围和面积均较小，沼生和水生植被分布在潮间带及岛陆水域边缘地带的滩涂泥上，水生植被仅在少数几个岛屿大面积分布。由此可见，岛陆、岛滩、岛基和环岛浅海分别构成不同类型的生态环境，具有独特的生物群落，独立的生态系统。又因海岛远离大陆，面积狭小，地域结构简单，土地贫瘠，物种来源受到限制，生物种类单一，稳定性较差，陆域自然环境呈现封闭状态，生态系统十分脆弱，极易遭受损害，并且损害后很难再恢复原状。综上所述，相比陆地，海岛地域结构独特，资源环境有限，价值珍贵，不能无限开发；同时，海岛资源环境系统敏感脆弱，毁坏后无法恢复，不能走陆地"先污染、后治理"的老路。因此，海岛资源环境的特点决定了海岛资源环境承载力的特殊性。

二、资源环境承载力概念体系

（一）承载力概念

承载力本身是指物体在不产生任何破坏时所能承受的最大负荷，最初为力学概念（高吉喜，2001）。1798年，英国经济学家 T. R.马尔萨斯（T. R. Malthus）出版了著名的《人口学原理》，提出资源有限并影响着人口的观点（Malthus，1798）。1921年 Park 和 Burgess 将其引入区域系统研究中，并将承载力概念定位为"在一种特定的环境条件下（该环境条件主要是指生存空间和营养物质以及阳光等生态要素的组合），个体存在数量所能达到的最高极限"，用以表征某一生境（habitat）所能支持的某一物种的最大数量，以衡量特定区域在某一环境条件下可维持某一物种个体的最大容量，由此其概念和意义发生了相应变化（Park and Burgess，1921；Cohen，1995；Graymore，2005）。承载力概念对于增强人们对经济活动当前及未来增长极限的公众意识与政治意识起到了极其重要的作用（Seidl and Tisdell，1999）。

20 世纪 60~70 年代，随着资源耗竭和环境恶化等全球性问题的爆发，资源短缺与环境污染问题日渐明显，人们逐渐意识到生态系统与人类之间的相互矛盾与依存关系，承载力研究范围迅速扩展到整个生态系统，资源承载力、环境自净能力、环境容量、环境总量、环境承载力等概念相继被提出，并得到了世界各国的普遍重视与广泛应用（封志明等，2017；刘容子和吴珊珊，2009）。1972 年，Meadows 等出版了《增长的极限：罗马俱乐部关于人类困境的报告》一书，阐明了环境的重要性以及资源与人口之间的基本联系，为可持续发展思想奠定了科学基础（Meadows et al.，1972）。70~80 年代，联合国粮食及农业组织（FAO）和联合国教育、科学及文化组织（UNESCO）先后组织了承载力研究，提出一系列承载力定义和量化方法（FAO，1982；UNESCO and FAO，1986）。目前，国内外承载力的研究成果主要集中在资源承载力（resource carrying capacity）、环境承载力（environmental carrying capacity）、生态承载力（ecological carrying capacity）等方面。

（二）资源承载力

资源承载力是资源系统的客观属性，是客观存在的，并且随着人类对环境的改造而发生变化。资源承载力是一个国家或者地区资源的数量和质量，对该空间内人口的基本生存和发展的支撑能力。当承载的对象由生物体或自然系统上升到人类（或人口量）时，基于人口与资源关系的资源承载力的概念就应运而生（Leopold，1941，1943；封志明，1993）。联合国教育、科学及文化组织提出，一个国家或一个地方区域的资源承载力通常是指在能够预测的时空范围内，利用本区域的能源资源加自然资源、智力资源和技术资源等一些条件，以满足国家和地区的社会文化准则以及物质生活水平为前提，能够连续供养的人口数目（UNESCO and FAO，1986）。

（三）环境承载力

与资源承载力侧重于描述资源（如土地、水）的人口承载能力不同，环境承载力在关注区域最大人口数量的同时，还着重关注与之相应的经济规模，以及人类生存与经济发展对环境空间占用、破坏与污染的耐受能力与同化能力（Arrow et al.，1995；Goldberg，1979）。环境承载力是指某一环境状态和结构在不发生对人类生存发展有害变化的前提下，所能承受的人类社会作用在规模、

强度和速度上的限制，是环境的基本属性——有限的自我调节能力的量度。在
20 世纪 70 年代，区域环境承载力被广泛应用于环境管理和环境规划中。

（四）生态承载力

生态承载力在承载力的众多衍生概念中，受到较早关注。Hadwen 和 Palmer
（1922）在美国阿拉斯加州对驯鹿种群数量变化进行观察研究时首次确切阐述生
态承载力概念，即"在不被破坏的情况下，一个牧场特定时期内所能支持放牧
的存栏量"。然而长期以来，生态承载力的概念和衡量标准一直存在很大争议，
与环境承载力和资源承载力的概念相比，生态承载力的概念在内容上更加丰富、
全面，更接近人类社会系统的特点，同时，也更加复杂和难于表达。例如，威
斯康星大学的 Leopold（1933）将承载力定义为某个物种的"最大密度"
（maximum density）或"饱和点"（saturation point）。在人类学（Anthropology）
中，承载力是指原住人群从事简单食物、生计生产方式（如刀耕火种农业）所
维持的"人-地平衡"（man-land balance）（Brush，1975；Chidumayo，1987）。
高吉喜（2001）将生态承载力定义为生态系统的自我维持、自我调节能力，以
及资源与环境子系统的供容能力及其可维育的社会经济活动强度和具有一定生
活水平的人口数量。

（五）资源环境承载力

一般认为，资源环境承载力是从分类到综合的资源承载力与环境承载
力（容量）的统称，包含资源和环境要素，与资源承载力、环境承载力二者之
间有着密切的内在联系（封志明等，2017）。广义上讲，资源承载力、环境承
载力或生态承载力不论是在研究范围、研究内容上，还是在技术方法与模型参
数上，都与资源环境承载力大同小异；狭义上讲，资源承载力、环境承载力与
生态承载力则更加关注不同资源种类、环境要素与生态因素等分类评价（封志
明和李鹏，2018）。海岛资源环境与经济发展相互制约和影响，资源环境为经
济发展提供条件，经济发展影响资源环境，二者共同构成了海岛独立而完整的
资源环境地域系统，兼有陆地、湿地和海洋三种生态系统的特征（孙兆明等，
2010）。王广成等（2009）将海岛资源环境承载力定义为：在保持海岛生态系
统一定的科研价值、艺术价值、休闲娱乐价值条件下，各种自然资源供给能力、
环境系统承纳能力以及资源和环境能够支持的经济规模能力。池源等（2017）

认为，海岛资源环境承载力是指在海岛自然生态系统不受危害并维持稳定的前提下，其资源禀赋和环境容量所能承载的人类活动规模。从海岛资源承载力的概念来看，一方面，海岛的自我维持与调节能力和资源与环境的供容能力是海岛资源环境承载力的固有属性；另一方面，人类活动的干预能改变海岛资源环境承载力的大小。另外，海岛资源环境承载力既强调系统的整体调节能力——综合能力，也注重资源与环境单要素能力，即强调整体与个体共同发展（吴海燕，2012）。

（六）海岛资源环境承载力

海岛资源环境承载力可定义为在开发利用海岛资源，作用海岛环境时，海岛的资源环境所能承受的最大容量。研究海岛资源环境承载力的意义在于确定海岛资源环境的一个上限，使海岛的经济活动在这个范围内作用，避免过度的经济作用导致海岛资源的枯竭、环境的毁坏；同时，研究海岛资源环境承载力也就是为了保护海岛，使之被合理开发利用。国外对海岛的保护多数采取立法的形式。例如，美国考虑到海岛的海洋属性，将海岛归于某类自然资源系统中，适用相应的环境保护法和自然资源法等规范。国内学者对海岛承载力也进行了很多研究，如采用门槛分析法、计量模型等进行了较多分析。研究海岛资源环境承载力不但可以保证海岛资源环境可持续的利用，避免不可逆转环境损害后果的发生，更加可以促进海岛资源环境的可持续利用及发展，使海岛在保护中得到开发，并且人类能够永续地利用海岛资源环境。

三、资源环境承载力研究方法

资源环境承载力研究不断深入，已从早期定性阐述承载力、生态环境、可持续发展、自然资源等概念和相互联系逐步发展成定性与定量相结合的模式，依托系统学、经济学、管理学、信息科学等理论和学科基础，形成了逐渐完善的评价方法和模型体系，如指标体系法、供需分析法、生态足迹法、能值分析法、系统动力学方法、多目标决策方法等，在此主要介绍以下几种方法。

（一）供需分析法

供需分析法从资源承载力和环境容量两个层次满足社会经济发展与人类各

种需求（生存需求、发展需求和享乐需求）的视角入手，通过区域现有的各种资源量与当前发展模式下社会经济对各种资源需求量之间的比较，以及该地区现有的环境质量与当前人们所需求的环境质量之间的比较，来衡量某一区域的承载状态。这一研究方法的依据是人类的生存和发展必须消耗资源，排放废物，而资源是有限的，环境的容量也是有限的。人类活动必须限定在资源承载能力和环境容量之内，即不能超过二者的承载能力，才能实现可持续发展。令 P_i 为 i 地区现有的各种资源量，Q_i 为当前发展模式下 i 地区社会经济对各种资源的需求量；EL_i 为 i 地区现有的环境质量，EL_j 为 j 地区当前人们所需求的环境质量，则根据表 2-1 判断系统的承载状态（谢高地等，2011）。就基本思想而言，供需分析法跳出了从自然资源本身分析承载力的思路，紧密结合实际的环境状况与人们需要或期望的环境需求，以两者之间的比较来说明区域承载力所处的具体状态，是一种易于理解的、直观的研究方法。该方法的困难之处在于，如何准确地量化人们的环境需求，原因是很难确定人们需求的环境状况是这样的数值，而不是其他数值。

表 2-1 承载状态判定

资源承载	环境容量	具体状态判断	状态综合判断
	$EL_i > EL_j$	资源未超载，环境未超载	未超载
$P_i > Q_i$	$EL_i = EL_j$	资源未超载，环境临界	临界
	$EL_i < EL_j$	资源未超载，环境超载	超载
	$EL_i > EL_j$	资源临界，环境未超载	临界
$P_i = Q_i$	$EL_i = EL_j$	资源临界，环境临界	临界
	$EL_i < EL_j$	资源临界，环境超载	超载
	$EL_i > EL_j$	资源超载，环境未超载	超载
$P_i < Q_i$	$EL_i = EL_j$	资源超载，环境临界	超载
	$EL_i < EL_j$	资源超载，环境超载	超载

资料来源：谢高地等（2011）

（二）生态足迹法

1992 年，加拿大生态经济学家 Rees 提出了生态足迹（ecological footprint）的概念，并将其形象地比喻为"一只负载着人类与人类所创造的城市、工厂……的巨脚踏在地球上留下的脚印"。1999 年，Wackernagel 给出了一个清断、科学而严格的定义：生态足迹是指在现有生活水平下人类占用的能够持续提供资源或消纳废物的、具有生物生产力的地域空间；它从具体的生物物理量角度研究自然资本消费的空间，计算在一定人口与经济规模条件下，维持资源消费和废物消纳所必需的生物生产面积。生态足迹理论基于两个基本假设：一是人类在生产和生活过程中消耗的资源和产生的废弃物都是可以计量的；二是这些资源和废弃物可以通过均衡因子和产量因子转换为一定的生物生产性土地。生物生产性土地是指具有生态生产能力的陆地或水体，这一概念将人类复杂的资源利用图谱综合转化为一个单一的数值，即资源利用所需的均衡土地面积。与能源、CO_2 和生物多样性相比，土地是大家更为熟悉且便于接受的概念，用土地面积表达的持续性度量结果能十分生动地揭示人类活动对自然的依赖程度（Herendeen，2000）。事实上，生态足迹模型的所有指标都是基于生物生产性土地这一概念而建立的。在生态足迹计算中，各种资源和能源消费量被折算为农地、畜牧地、林地、建筑用地、渔业空间、能源用地六类基本的生物生产性面积。在模型中，主要有代表人类需求的生态足迹占用和代表生态系统服务能力的生态足迹供给两个方面的概念。在需求方面，将人类对各种资源和能源的消费，根据生产力折算为生产这些资源和能源所需要的六种类型的生物生产性土地的面积，即生态足迹。在供给方面，以区域现有的六种土地类型面积和各自的生产能力来计算区域的生态服务，即生态承载力。生态足迹的概念模型提供了测量和比较人类经济系统对自然生态系统的需求与自然生态系统承载力之间差距的生物物理测量方法。当一个区域实际的生态足迹（占用）超过区域所能提供的生物承载力时，表现为生态（足迹）赤字，表明该区域自然生态系统所提供的生态容量不足以支撑该地区人口消费模式和水平，区域发展处于相对不可持续状态，其大小是不可持续程度的一种度量，只有消耗区域自然资源的存量或依赖区外进口才能弥补生态赤字；如果小于区域所提供的生物承载力，则表现为生态盈余。生态盈余表明该地区的生态容量足以支持其生态负荷，区域发展模式具有相对可持续性（刘某承，2014）。

（三）能值分析法

能值分析理论由著名的生态学家 Odum 于 20 世纪 80 年代后期创立，并于 1996 年出版了世界第一部能值专著 *Environment Accounting：Emergy and Environmental Decision Making*，引起了国际系统生态学界和生态经济学界的强烈反响。应用能值这一度量标准，可将生态经济系统内部流动和储存的各个不同类别的能量与物质转换为同一标准进行定量分析（蓝盛芳等，2002）。能值的定义为：一种流动或储存的能量所包含另一种类别能量的数量，称为该能量的能值。任何形式的能量均源于太阳能，所以常以太阳能作为基准来衡量各种能量的能值，任何资源、产品或劳务形成所需直接或间接应用的太阳能之量，就是其所具有的太阳能值（solar emergy），单位为太阳能焦耳（solar emjoules，sej），单位能量和物质相当的能值称为能值转换率（transformity）（蓝盛芳等，1995）。以能值为基准，可以衡量和比较生态系统中不同等级能量的真实价值与贡献。

资源环境承载力的能值分析法将生态经济系统中的物质流、能量流、人口流和信息流等不同种类，且难以比较的能量转化为统一标准的能值，再通过计算能值产出率和环境负载率之比，实现生态经济系统资源环境承载力的定量分析。能值分析法在各尺度生态经济系统中都有广泛应用，有大范围国家或地区生态经济系统能值分析，资源与经济能值分析，城市或农业生态经济系统能值分析，以及小范围的具体生产系统（如农作物、工业品生产）能值分析等（蓝盛芳和钦佩，2001）。

第四节 海岛产业经济发展理论

一、产业经济学理论

（一）产业结构理论

（1）配第-克拉克产业结构理论

配第-克拉克产业结构理论又称配第-克拉克定律，由英国经济学家威廉·配第（William Petty）和科林·克拉克（Colin G. Clark）先后于17世纪和19世纪提出。配第认为，制造业比农业获得的收入要高，而商业比制造业获得的收入要高，这种收入的差异会促使劳动力由低收入部门向高收入部门转移。在此基础上，配第通过对主要发达国家劳动力转移的实证研究，提出了三次产业的划分，并研究了劳动力在三次产业之间的转换规律。该理论认为，随着经济的发展和人均国民收入水平的提高，劳动力首先由第一产业向第二产业转移，进而再向第三产业转移；从劳动力在三次产业之间的分布状况来看，第一产业的劳动力比重逐渐下降，第二产业和第三产业的劳动力比重则呈现出增加的趋势。

（2）罗斯托经济成长阶段理论

美国经济学家 W. W. 罗斯托（W W. Rostow）在其 1960 年出版的《经济增长阶段：非共产主义宣言》一书中，提出了经济增长的起飞模型，该模型成为经济增长的主要历史模型之一。罗斯托认为，经济现代化发展主要经历六个基本阶段：传统社会阶段、准备起飞阶段、起飞阶段、走向成熟阶段、大众消费阶段和超越大众消费阶段（Rostow，1990）。在传统社会阶段，现代科学技术尚未引入，该阶段的经济具有有限的生产功能，几乎达不到最低水平的潜在产出；在准备起飞阶段，经济经历了一个变化的过程，储蓄和投资急剧增加使经济进入"起飞"阶段，为增长和起飞创造了条件；在起飞阶段，经济增长充满活力；在走向成熟阶段，随着技术的进步，新兴产业加速，老工业趋于平稳，经济的构成也在不断变化，并在国际经济中占据一席之地；在大众消费阶段，生存不是人们主要考虑的问题，人们开始专注于耐用品消费；在超越大众消费阶段，消费品变得更耐用和多样化，个人开始拥有更大的家庭，并且不会将收入视为休假日的先决条件。

（3）钱纳里工业化阶段理论

工业化阶段理论由美国经济学家 H. B. 钱纳里（H. B. Chenery）在其著作《工业化和经济增长的比较研究》中提出并阐述。钱纳里通过对 34 个准工业国经济发展的实证分析，提出任何国家和地区的经济发展都会规律性地经过六个阶段，从一个发展阶段向更高一个阶段的跃迁，都是通过产业结构转化来推动的，其主要标志是人均 GDP 的增长，劳动力由农业向非农产业转化，以及增加值在各部门之间的分配变化等。因此，产业结构的变动和升级，成为划分区域经济发展阶段的基本依据。钱纳里将第一阶段划分为传统社会，产业结构以农业为主，绝大部分人口从事农业，没有或极少有现代工业，生产力水平很低；第二、第三、第四阶段分别为工业化初期、中期和后期，是一个地区由传统社会向现代化社会过渡的阶段，其中工业化中期是关键；第五阶段为后工业化社会，制造业内部结构由资本密集型产业为主导向以技术密集型产业为主导转换，同时生活方式现代化，高档耐用消费品在广大群众中推广普及；第六阶段为现代化社会，第三产业开始分化，智能密集型和知识密集型产业开始从服务业中分离出来，并占主导地位，人们消费的欲望呈现出多样性和多变性。

（二）产业布局理论

1. 比较优势理论

（1）绝对比较优势理论

绝对比较优势理论是英国古典经济学家亚当·斯密（Adam Smith）在其1776 年出版的《国富论》一书中提出。斯密认为，国际贸易是基于各国之间生产技术的绝对差别而产生的，因此应该集中生产并出口具有绝对优势的产品，进口处于绝对劣势的产品，专业化的分工所形成的合理的国际分工体系可以提高世界总产出水平，增进世界福利。具体包括：①分工可以提高劳动生产率，增加国民财富；②分工的原则是成本的绝对优势或绝对利益；③国际分工是各种形式分工中的最高阶段，在国际分工基础上开展国际贸易，对各国都会产生良好的效果；④国际分工的基础是有利的自然禀赋或后天的有利条件。

（2）相对比较优势理论

相对比较优势理论是大卫·李嘉图（David Ricardo）在绝对比较优势理论基础上完善和突破而来。李嘉图认为，国际贸易的基础是生产技术的相对差别（而非绝对差别），以及由此产生的相对成本的差别。每个国家都应根据"两利相权取其重，两弊相权取其轻"的原则，集中生产并出口其具有比较优势的产品，进口其具有比较劣势的产品。两个国家分工专业化生产和出口其具有比较优势的商品，进口其处于比较劣势的商品，则两国都能从贸易中得到利益。也就是说，两国按比较优势参与国际贸易，通过"两利取重，两害取轻"，均可提升福利水平。

（3）资源禀赋理论

20 世纪早期，瑞典经济学家 E. F. 赫克歇尔（E. F. Hecksche）和 B. 俄林（B. Ohlin）在解释与批判比较优势理论的基础上提出了资源禀赋理论。他们认为，产品成本除劳动成本外，还应该包括资本、土地、技术等生产要素成本，进而提出，在各国生产同一产品技术水平相同的情况下，两国生产同一产品的价格差别来自生产过程中各种生产要素的价格差别，而生产要素的价格则取决于各国生产要素的丰裕程度，即资源禀赋差异，由此产生的价格差异导致了国际贸易和国际分工。一国出口密集使用本国供给丰裕的要素所生产出来的商品，而密集使用本国供给短缺的要素生产的商品则需要进口。简单来说，生产要素丰裕度决定一国的进出口贸易模式，而国际贸易解决了生产要素在国家之间不能自由流动的问题，从而提高各国的资源使用效率。

2. 区位理论

（1）杜能农业区位论

农业区位论是德国农业经济学家约翰·海因里希·冯·杜能（Johann Heinrich von Thünen）根据在德国北部麦克伦堡平原长期经营农场的经验，于1826年出版的《孤立国对农业及国民经济之关系》一书中提出。在自然、交通、技术条件相同的情况下，不同地方对中心城市距离远近所带来的运费差，决定了不同地方农产品纯收益（杜能称作"经济地租"）的大小，纯收益成为市场距离的函数。按照这种方式，形成以城市为中心，由内向外呈同心圆状的六个农业地带：第一圈为自由农业带，生产易腐的蔬菜及鲜奶等食品；第二圈为林业带，为城市提供烧柴及木料；第三圈至第五圈均为以生产谷物为主，但集约化程度逐渐降低的农耕带；第六圈为粗放畜牧业带，最外侧为未耕的荒野。杜能学说的意义不仅在于阐明市场距离对于农业生产集约程度和土地利用类型（农业类型）的影响，更重要的是首次确立了土地利用方式（或农业类型）的区位存在客观规律性和优势区位的相对性。

（2）韦伯工业区位论

工业区位论是由德国工业布局学者 A. 韦伯（A. Weber）先后在《工业区位理论：区位的纯粹理论》和《工业区位理论：区位的一般理论及资本主义的理论》中提出和完善的。韦伯认为，区位因子决定生产场所，将企业吸引到生产费用最小、节约费用最大的地点。他将区位因子分为适用于所有工业部门的一般区位因子和只适用于某些特定工业的特殊区位因子，如湿度对纺织工业、易腐性对食品工业。经过反复推导，确定三个一般区位因子：运费、劳动费、集聚和分散。他将这一过程分为三个阶段：第一阶段，假定工业生产引向最有利的运费地点，就是由运费的第一地方区位因子勾画出各地区基础工业的区位网络（基本格局）；第二阶段，第二地方区位因子劳动费对这一网络首先产生修改作用，使工业有可能由运费最低点引向劳动费最低点；第三阶段，单一的力（凝集力或分散力）形成的集聚或分散因子修改基本网络，有可能使工业从运费最低点趋向集中（分散）于其他地点。

（3）克里斯塔勒中心地理论

在农业区位论和工业区位论的基础上，德国地理学家 W. 克里斯塔勒（W. Christaller）经过实地调查，在其《德国南部的中心地原理》一书中，阐明了在社会经济发展过程中，城市的空间分布、数量和规模等级。中心地主要提供贸易、金融、手工业、行政、文化和精神服务。中心地提供的商品和服务的种类有高低等级之分。根据商品服务范围的大小可将中心商品分为高级中心商品和低级中心商品。高级中心商品是指商品服务范围的上限和下限都大的中心商品，如高档消费品、名牌服装、宝石等；低级中心商品是指商品服务范围的上限和下限都小的中心商品，如小百货、副食品、蔬菜等。中心地具有以下特点：①中心地的等级由中心地所提供的商品和服务的级别所决定；②中心地的等级决定了中心地的数量、分布和服务范围；③中心地的数量和分布与其等级高低成反比，中心地的服务范围与其等级高低成正比；④一定等级的中心地不仅提供相应级别的商品和服务，还提供所有低于这一级别的商品和服务；⑤中心地的等级性表现在每个高级中心地都附属几个中级中心地和更多的低级中心地，形成中心地体系。

3. 非均衡增长理论

（1）增长极理论

增长极理论强调，在进行产业布局时，根据地区特点，选择其主导产业，然后通过各种直接和间接措施，将所选择的主导产业嵌入该地区，形成集聚经济，产生增长极。然后通过增长极的扩散作用，逐步带动周边地区经济的发展。在增长极的建设过程中，所选的主导产业必须具有生产规模大、增长推动力强、与地区其他产业具有广泛关联，以及能够与地区现有产业很好地融合的特点。同时，在建设增长极的过程中，还应围绕增长极中心诱发和引导建立新的次一级的增长极，建立起增长极体系，不断拓展增长极的吸引范围。

（2）点轴理论

点轴理论是增长极理论的延伸。从产业发展的空间过程来看，产业特别是工业，总是首先集中在少数条件较好的城市发展，呈点状分布。这种产业（或工业）点，就是区域增长极，也就是点轴中的点。连接各点的各种交通道路、动力供应线、水源供应线等就是轴，这种轴线一经形成，其两侧地区的生产和生活条件就会得到改善，从而吸引其周边地区的人口、产业向轴线两侧集聚，并产生出新的产业（或工业）点。点轴贯通，形成点轴系统。这种布局模式适用于经济发展处于中间阶段、经济相对密集的发展中区域。

（3）网络布局理论

网络布局理论是点轴理论的拓展，区域内各层次的点轴体系相互交织，形成网络布局模式系统。通过增强和深化区域网络系统，提高各节点间、各域面间，特别是节点与域面之间生产要素交流的广度和密度，使点、线、面组成一个有机的整体，使区域经济向一体化方向发展。同时，通过网络的向外延伸，加强与区域外其他区域经济网络的联系，并将本区域的经济技术优势向四周区域扩散，从而在更大的空间范围内，调动更多的生产要素进行优化组合。这种布局模式适用于布局框架已经形成，点轴系统比较完善，经济比较发达，城市密集度大的地区。

二、海岛产业经济理论

（一）海岛产业演进理论

产业演进是指产业在发展过程中结构和内容的不断变化过程，是产业不断自我更新的过程。产业演进在数量上提高了经济规模和总量，在质量上提高了经济效益和素质。产业演进在时间上表现为产业结构的不断合理化和高级化的过程，在空间结构上表现为产业在空间上的横向扩张，包括产业整体规模的不断扩大、产业区域分布的扩张、布局优化与产业转移。产业演进是资源配置结构转换的过程，是连续性与非连续性的统一。工业化实质上是产业演进的过程，既是以农业为主的产业结构向以工业为主的产业演进的过程，也是工业内部结构演进的过程，该过程不断淘汰衰退产业，加强传统产业的技术改造，实现主导产业的合理转换，扶持和引导新兴产业（陈晓涛，2007）。从产业选择、成长所面临的制度环境和路径分析，产业演进包括三种模式：一是市场自发的发展模式；二是政府培育的发展模式；三是市场与政府共同作用的发展模式。

海岛作为与大陆相隔的封闭岛域单元，其经济发展属于市场与政府共同作用的发展模式。海岛产业发展存在其天然的脆弱性，在其产业形成和壮大过程中往往需要市场需求和政府支持共同作用，将市场与政府的优势相结合，灵活运用市场调节机制，并通过政府调控政策形成市场拉动与政府推动的合力，共同作用于海岛产业的形成与发展。这种市场与政府共同作用包括两种途径：一种是先让市场自发选择，然后政府进行培育和扶持；另一种是先由政府进行选择和培育，再接受市场的选择和检验。此发展模式实际上是在市场自发调节的同时，政府积极进行干预，主动弥补市场机制的不足，通过制定产业规划和产业政策，不断促进产业结构优化。

（二）海岛产业优化理论

（1）产业结构合理化理论

产业结构合理化是指在一定的经济、社会发展战略目标要求下，产业之间的比例安排能够有助于实现社会总供给和总需求的平稳，并取得较好的结构效益（杨盛和陈志辉，1997）。进一步来说，是指为提高经济效益，要求在一定的经济发展阶段中根据科学技术水平、消费需求结构、人口基本素质和资源条件，对起初不合理的产业结构进行调整，实现生产要素的合理配置，使各产业协调发展。

海岛产业合理化主要是指根据资源条件理顺产业结构和消费需求，在一定的经济发展阶段中，资源在配置上更加合理，并且可以得到更加有效的利用。在这一过程中，需要协调海岛各产业素质，加强各产业之间的联系，使得产业之间的相对地位处于协调状态，并最终实现海岛产业供给与需求相互适应。

（2）产业结构高级化理论

产业结构高级化是指产业结构从低度水平向高度水平发展，随着科技的发展，分工深化，产业结构不断向高技术化、高加工化、高集约化发展。具体来说，是一国国民经济的产业结构由以劳动密集型产业为主的低级结构，向以知识、技术密集型产业为主的高级结构调整和转变的过程及趋势。

海岛产业的高级化主要表现为海岛产业的高加工化发展，资源利用效率及水平能够通过海洋技术的提升得到有效提高。一方面，对资源和能源耗费多、污染严重的原材料工业进行限制，削减其生产能力，或引导其关停或转产；另一方面，对资源和能源耗费少、技术知识要求高、附加值大的技术和知识密集型产业在税收上给予扶持，实行特别折旧制度，并由政府政策性金融机构提供优惠贷款，促进这些产业的发展。

第五节　海岛经济脆弱性理论

一、脆弱性研究背景

脆弱性自 20 世纪 70 年代被引入自然灾害领域以来，广受学术界的关注（Janssen et al.，2006），这一概念随后在生态学、工程学、地理学、经济学等多个学科得到广泛应用，现已成为可持续性科学研究的前沿领域之一，其研究重点已从关注自然环境系统转向强调自然与人文系统综合作用的脆弱性研究，并呈现出多学科交融的趋势（李博等，2018）。总体来看，脆弱性概念及内涵经历了由一元到多元、由简单到复杂的演变过程。早期，脆弱性被理解为系统由于灾害等不利影响而遭受损害的程度或可能性，并主要应用于自然灾害和气候变化等自然科学领域（Adger and Kelly，1999）。随后，脆弱性概念被引入社会科学领域，脆弱性被理解为系统承受不利影响的能力，并主要应用于旅游地理、城市地理、乡村地理等领域（卢亚灵等，2010）。目前，脆弱性已经演变为包括暴露度、敏感性、弹性、恢复性、应对能力等不同要素组合形成的一种集合（杨振等，2018），但不同学科的视角差异和脆弱性研究尚不成熟，对脆弱性的理解差异较大（方创琳和王岩，2015），即使在相同领域内，对脆弱性的理解与研究也存在分歧，特别是对于脆弱性的本质、构成要素、发生机制、测度方法等方面存在诸多争议。

随着经济全球化进程的快速推进和陆地自然资源的日趋紧缺，海洋开发和利用已经成为许多国家新的经济发展方向，海洋的战略地位日益提高（秦伟山等，2017）。海岛是开发利用海洋资源的战略桥头堡，是人-海耦合系统中的重要组成部分。但随着海岛资源深入开发，海岛资源需求增长与生态平衡维护之间的矛盾也愈发尖锐，生态环境问题逐渐显现出来，海岛经济体正面临着前所未有的来自生态环境和社会发展的双重压力与挑战。海岛经济发展中凸显的社会、经济、生态、资源问题已经影响到海岛地区的平稳健康发展，也已引起各方面的关注（狄乾斌等，2007）。海岛经济相关研究成果主要集中在从宏观方面对海岛经济的发展思路和战略、产业结构调整和生态问题治理等提出调控优化措施。但同时，众多学者也意识到海岛是一个典型的脆弱系统，主张将脆弱性视角引入海岛地区可持续发展的研究中。目前的研究成果主要集中在海岛生态、环境和资源脆弱性方面，研究对象以旅游型海岛为主；主要是从生态环境的角度探讨海岛开发过程中的脆弱性表现，缺少对于海岛综合脆弱性的研究，尤其是融合社会、经济视角的综合研究（秦伟山等，2017）。

海岛经济脆弱性是在脆弱性概念基础上衍生而来，并迅速成为研究海洋/海岛经济系统重要的理论基础。国外关于海岛经济脆弱性研究的相关文献较少，但呈现出逐年增多的趋势，目前主要集中在海岸带生态环境系统、海洋渔业、岛屿经济等方面。例如，Sowman 和 Raemaekers（2018）研究了气候变化对海洋生态系统和渔业资源产生的影响；Kantamaneni 等（2017）研究开发了一种新的自然沿海脆弱性指数；Senapat 和 Gupta（2017）研究了气候变化对渔业经济脆弱性的影响；Adrianto 和 Matsuda（2002）研究了岛屿经济脆弱性。国内关于海岛经济脆弱性的研究主要集中在人海经济系统脆弱性方面，较少直接从整体对海岛经济系统脆弱性进行研究。虽然多数学者认为，海岛经济脆弱性是海岛经济系统面对内外因素扰动时，所表现出的一种不稳定和易损状态，但对于海岛经济脆弱性的来源和机制还存在争议。同时，以往学者主要将海岛经济系统脆弱性作为一种确定性的概念进行理解与研究，采用的评价方法主要为确定性方法，较少考虑脆弱性概念本身所具有的模糊性以及海洋经济本身的不确定因素。总体来看，国内外关于海岛经济脆弱性研究的文章还相对较少，理论基础有待进一步拓展与完善，研究方法也亟须创新与尝试。

二、脆弱性概念内涵

脆弱性评价是研究某一特殊系统（自然或人文）的内部结构和主体功能，遭遇外部因素威胁时，可能产生的影响及影响程度，并评估系统在遭受外部胁迫时的应对能力和遭受损失后系统的恢复能力。基于对脆弱性概念的不同理解，不同学科背景的学者对脆弱性的定义也存在差异。海岛作为一种特殊的地域单元，其人地关系系统与陆域系统具有明显差异。因此，对于海岛经济体脆弱性的定义明显有别于城市脆弱性和区域脆弱性。

综合已有研究成果和海岛经济体相对于陆域城市的差异，本书认为海岛经济脆弱性是指在海岛经济体发展过程中，因海岛特殊地域背景和人类开发活动造成的海岛人地关系地域系统在自然本底、资源、社会、经济和生态环境等方面，呈现出不同程度的可持续发展能力的易损程度。脆弱性包括适应性、敏感性和弹性三个指标。海岛经济脆弱性是海岛经济系统在各种扰动因素胁迫性影响下，触发系统的适应性、敏感性与弹性做出的反应，是海岛经济系统表现出的不稳定状态或产生风险的可能。其中，胁迫性是指海岛经济系统所面对的内外扰动因素作用强度的大小；适应性是指海岛经济系统面对扰动时，系统中的企业与政府等主体主动调整海岛经济系统结构与系统要素，从而适应扰动因素所产生影响的能力；敏感性是指海岛经济系统结构发育不成熟，导致面对内外环境扰动时，系统表现出易发生紊乱或受到破坏的倾向性；弹性是指海岛经济系统面对扰动时，系统结构所具有的维持与恢复系统稳定的能力。

三、脆弱性发生机制

海岛经济系统脆弱性的发生过程是一个原始平衡被扰动因素所打破，海岛经济系统重新建立新平衡的动态过程（图 2-3），其主要过程包括：①海岛经济系统脆弱性主要由海岛经济系统内外环境中的各种扰动因素所驱动，扰动因素一般直接作用于海岛经济系统所处的外部环境，并迫使外部环境发生改变，如改变资源、经济、生态、社会等环境，从而使得海岛经济系统受到一定的胁迫性。②当海岛经济系统中的企业与政府等主体所形成的适应机制，监控到扰动因素以及扰动因素对系统环境所产生的影响时，适应机制会做出一定反应从而适应扰动因素带来的改变，如企业调整对海岛资源的利用结构和改变内外贸比重、政府加大环境管制和人才引进力度等。③当胁迫性作用于海岛经济系统时，由海岛经济系统结构与组成要素所产生的敏感性和弹性，会对胁迫性做出反应。其中，敏感性是对胁迫性进一步的放大，而弹性则是对胁迫性的削减。④当胁迫性、适应性、敏感性、弹性相互作用，适应性和弹性不足以抵消胁迫性与敏感性所造成的影响时，海岛经济系统则会表现与释放出一定的脆弱性，而脆弱性会进一步刺激系统的内外环境，并有可能造成经济、生态、资源、社会等多方面的损失，从而诱发风险的产生。⑤由海岛经济脆弱性所产生的风险又会作为一种扰动因素对海岛经济系统产生进一步的胁迫。

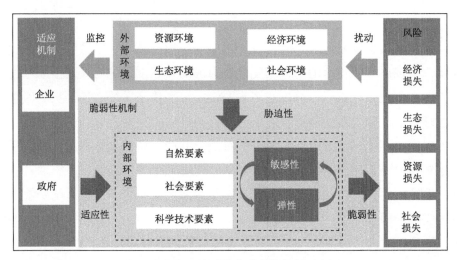

图 2-3　海岛经济系统的脆弱性机制示意图

这一由扰动因素所导致的系统稳定性的破坏，最终会驱使海岛经济系统达到一个新的平衡状态。

四、脆弱性特征

海岛经济系统是具有海岛特征的自然生态系统与位于海岸带地区的社会经济系统相互交织所形成的综合系统。本书认为，海岛经济系统脆弱性既是海岛经济系统所固有的内在属性，也是海岛经济系统状态的外在表征。海岛经济系统脆弱性的主要特征包括：①自然属性。海岛以及海岸带地区的自然生态系统自身活动或自然生态系统对人类活动的系列反应，是触发海岛经济系统脆弱性的一般原因，主要包括与海岛自然生态系统相关的自然灾害、气候变化、环境污染、资源衰退、生态平衡破坏等。②经济属性。海岛经济系统中与海岛产业相关的产业结构、资源利用结构、外贸结构等海岛经济系统结构性特征，决定着海岛经济系统的结构性脆弱，是其脆弱性的本质原因。③社会属性。海岛经济系统隶属于一定时空范围的社会系统，其系统中的组成要素与内在结构，是脆弱性驱动的主要原因，同时也是海岛经济系统应对各种扰动因素的主要机制。例如，区域社会中的基础设施水平、人口结构、需求水平、政府治理水平、教育水平、地方创新意识等。④动态性。海岛经济系统始终面对着内外环境各因素的影响，其状态始终处于旧的平衡不断被打破与新的平衡不断被建立的动态过程中。⑤不确定性。海岛经济系统是一种开放的、外向型的经济系统，在自然生态和社会综合系统中面临着诸多不确定性因素，如自然环境导致的不确定性、国际政治关系引发的不确定性、经济波动产生的不确定性等。⑥自组织性。海岛经济系统相比陆域经济系统更具独立性，其系统本身存在特有的发展规律，其系统具有一定的自组织以及创造与维持"自生自发秩序"的能力。

第三章

基于供需的海岛人地关系地域系统构建

第一节　海岛人地关系地域系统概述

人地关系地域系统是地理学研究的一个核心内容，海岛人地关系是人地关系的组成部分和延展，随着海岛的开发，海岛成为人地关系矛盾最为尖锐的区域单元（吴传钧，1991；孙兆明等，2010）。开展海岛人地关系研究，尤其是在海洋权益引起广泛重视的今天，具有丰富人地关系理论和引导海岛可持续发展的双重价值。

一、海岛人地关系地域系统的概念

基于杨青山（2002）对人地关系的经典解释，海岛人地关系可以表述为人类社会及其活动与海岛自然环境之间的关系。而海岛人地关系地域系统的界定需要明确其组成主体。在经济全球化、区域经济一体化的今天，海岛由于特殊的地理区位条件，具有以下独特的特点：海岛与海洋天然不可分割，海洋交通的便利使其具有开放性；同时，海岛作为独立的地域单元，又具有相对封闭性和独立性，经济发展易于趋向单一性（秦伟山和张义丰，2013）。考虑到海岛的开放性、相对封闭性和独立性的特征，本书将组成海岛人地关系地域系统的主体分为人、海洋、陆地三部分。在人地关系地域系统理论的指导下，充分考虑人地关系地域系统与海岛人地关系地域系统之间的关联，本书认为海岛人地关系地域系统是指在海岛空间范围内，以海岛人地关系为纽带，以海岛环境为依托，以海岛社会、经济为背景和支撑，以节约资源、改善环境为前提，实现海岛经济、社会、资源、环境协调发展的人地复合系统。海岛人地关系地域系统是由生态环境子系统、经济子系统、社会子系统相互作用高度耦合而成的复杂巨系统，是人地关系地域系统的重要组成部分。

二、海岛人地关系地域系统的属性特征

系统的属性特征是构成系统的结构、要素间相互联系及相互作用的综合表

现。人、海洋、陆地各部分的属性特征共同构成了海岛人地关系地域系统的总体属性特征。本书借鉴刘天宝等（2017）有关人海关系地域系统的研究成果，介绍海岛人地关系地域系统的自然属性、社会属性及关系属性。

（1）自然属性

自然属性是海岛直接为人类活动利用而表现出的属性，体现的是资源性特征，包括物质资源、空间资源和景观资源三个方面。人类从海岛获得的物质资源既有可以直接利用的产品（如渔业资源），也有需要进一步加工的原材料（如石油）。随着人类科学技术与生产技能的进步，海岛人地关系地域系统中越来越多的资源逐渐被发现和利用，并随之加深了海岛人地关系的复杂程度。海岛提供的空间资源是人类生存与发展的重要依托。对人类活动来说，空间资源包括静态空间和流空间两种类型。静态空间是指人类活动的"领地"，具有一定的范围、边界和明显的尺度特征。流空间是人类主体之间相互交流产生的物质、信息等要素流动构成的空间，对人类发展的作用正变得日益重要。对于流空间而言，海洋与陆地之间的一个重要差异是流动成本，如货物的运输成本，以及港口的建设成本和流通的时间成本。

（2）社会属性

在海岛人地关系地域系统中，海洋和陆地并不是自然而然地存在的，而是深受人类活动、社会的影响，使海岛人地关系地域系统表现出很强的社会属性。海岛人地关系地域系统的社会属性包括知识体系与科技进步两方面。在人类主体中，知识体系是指人类活动主体对自身发展环境和条件的判断以及相应发展政策的制定，包括对海洋和陆地属性及其功能的认定。科技进步一方面改变了人类社会自身的规模和发展需求；另一方面也改变了人类开发利用海岛的能力。在此过程中，海岛的社会属性不断增强，地域系统日益复杂。

（3）关系属性

海岛人地关系地域系统中的关系属性是指不同地域系统间的联系与互动，其具有竞争与合作、和平与暴力冲突等多样化的表现形式。关系属性的基本内容包括政治军事、经济贸易和社会文化三个基本方面。一般情况下，关系属性以海岛人类活动为主导。但某些情况下，尤其是在政治军事影响下，有可能被外部关系所控制。随着经济全球化的推进，经济贸易关系对海岛人地关系的影响愈发显著，如位于马来半岛与印度尼西亚的苏门答腊岛之间的马六甲海峡，由于海运繁忙以及独特的地理位置，被誉为"海上十字路口"。社会文化关系涉及语言、生活方式、科技教育、发展理念等，对海岛属性的影响重大，有时甚至会产生决定性的影响。

三、海岛人地关系地域系统的演变结构

根据海岛人地关系地域系统的要素构成及海岛与大陆地区的流动关系，可将海岛人地关系地域系统划分为三种演变结构：封闭式结构、开放式结构、旅游式结构（徐福英和刘涛，2014）（图 3-1）。在海岛人地关系演进的不同阶段，由于海岛与大陆的要素交换方式与类型不同，海岛人地关系地域系统的结构也不尽相同。

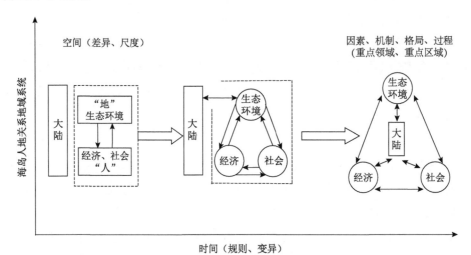

图 3-1 海岛人地关系地域系统的演变结构

（1）封闭式结构

封闭式结构是海岛人地关系地域系统早期的发展结构，在该阶段系统的构成要素基本来自岛内。海岛毗邻大陆独立发展是该发展阶段的主要特征。其中，自然资源与自然环境构成了海岛生态环境子系统，为经济子系统和社会子系统的运行提供了基础与条件，同时满足岛内居民的基本生产和生活需求。在封闭式结构中，人类对资源与环境的需求量大，且环保意识淡薄，但在该阶段由于人类的生产技能低下，对生态环境子系统的利用强度也较小，海岛人地关系地域系统的稳定性可通过系统的自我调节实现。由于海岛的生产、生活发展范围狭小，且海岛与大陆间存在资源禀赋差异，如海岛在渔业

资源、矿产资源等方面所具有的相对优势，使其具备了与大陆地区进行要素交换的前提（韩增林等，2004），即海岛人地关系地域系统由封闭式结构向开放式结构演进。

（2）开放式结构

开放式结构主要包括大陆以及海岛的生态环境子系统、经济子系统和社会子系统，该结构中"人"的要素不发生改变，但会与毗邻大陆发生物质资料的交换，并通过"物"的交换影响海岛的生态环境、经济和社会子系统。注重海岛与大陆间物质资料交换所带来的收益是开放式结构的主要特征。其中，生态环境子系统除要满足海岛居民自身的需求外，还要满足海岛外，即出口的需要；大陆则为海岛的开发投入资金、技术等要素。在此发展条件下，海岛经济子系统和社会子系统得到快速发展，但海岛内部设施设备落后、资金与技术匮乏，海岛可利用的土地空间有限，使其出口对自然资源的依赖度极高，导致自然资源的利用强度增大、废弃物排放增多，海岛人地关系地域系统的稳定性无法再通过系统的自我调节实现，海岛人地关系的平衡遭到破坏。在这一背景下，旅游业自身的功能属性使发展旅游成为海岛产业转型的首要选择。随着大量外来者进入海岛，海岛人地关系地域系统由开放式结构向旅游式结构演进。

（3）旅游式结构

在旅游式结构中，大陆与海岛的生态环境子系统、经济子系统和社会子系统之间的关系更为密切。与开放式结构不同，旅游业发展首先改变了海岛人地关系地域系统中"人"的构成。海岛旅游的发展不仅吸引了大量旅游者进入海岛，同时还引进了旅游投资者、旅游从业人员，尤其是高水平的旅游经营管理者，海岛出现当地居民与外来人口并存的局面，人口数量剧增（陈金华和周灵飞，2008）。同时，出于对经济利益的追求，经营者往往不顾环境容量，超承载力接待旅游者，造成海洋生物的过度捕捞和海岛资源的过度开发，引起海岛生态系统的失衡和生态环境的退化（黎春红，2006）。因此，实现海岛旅游与海岛人地关系的协同发展，要科学评估海岛对大陆游客的容载量，严格监控旅游业发展对海岛生态环境子系统、经济子系统和社会子系统的影响，以确保旅游业发展对海岛人地关系地域系统正效应的发挥。

第二节　海岛人地关系地域系统构建

一、海岛人地关系地域系统构建思路

近年来，从供需角度对区域可持续发展及区域生态系统的研究已逐渐受到国内外研究者的重视，并成为一个重要的研究方向（严岩等，2017）。将供需理论引入海岛人地关系地域系统研究不仅可以突显"人"作为"理性人"对人地系统演化的主导作用，还可以有效促进经济学与地理学的交叉，具有丰富人地关系理论和支撑海岛可持续发展的双重意义。

构建海岛人地关系地域系统需要明确海岛人地关系的供给侧与需求侧。海岛人地关系地域系统的复杂性和综合性导致其供给侧和需求侧并不完全等同于经济学中的供给与需求。在海岛人地关系地域系统内部，"地"具有基础承载功能，为"人"的生产和生活活动提供物质基础与空间场所，所以将生态环境子系统视为海岛人地关系地域系统的供给侧。作为供给侧的"地"，根据其内部要素供给内容的不同，主要可分为生态供给、资源供给和环境供给（刘凯等，2018）。"人"在海岛人地关系地域系统中居于主动地位，"人"对"地"的基本功能具有依赖性，并且通过能动作用和机制对"地"产生不同层次与类型的需求，所以将经济子系统和社会子系统（简称社会经济子系统）视为海岛需求侧。根据人类活动方式的不同可将人类活动分为经济生产活动和社会生活活动，在此基础上进一步将需求侧划分为资源需求、环境需求、社会服务需求（图3-2）。

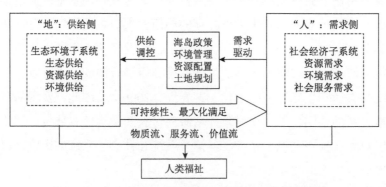

图 3-2　海岛人地关系地域系统供需关系研究框架图

综上所述，将供需理论引入海岛人地关系地域系统研究中是可行的，不仅可以充分利用经济学的研究成果，还可以借助地理学科"多维视角、综合集成和人地协调"的先进理念，以多学科聚焦探讨海岛人地关系地域系统演化的可持续发展过程和空间格局的一般规律，从而真正找到经济的、市场的、区域的和科学的途径解决人地矛盾和调控人地系统。基于此，本书从供需视角构建海岛人地关系地域系统，并分析其功能、特征、影响因子及驱动机理等。

二、海岛人地关系地域系统内容

在人地关系理论的指导下，参照杨青山和梅林（2001）的人地关系系统模型，构建海岛人地关系供需关系图（图 3-3）。海岛人地关系地域系统主要是由海岛资源环境供给系统和海岛人类活动需求系统耦合而成的复杂巨系统。在供需作用下，构成海岛人地关系地域系统的子系统与要素之间或与其周围环境之间，不断进行物质、能量和信息的交换，并以"流"的形式（如物质流、能量流、信息流、人口流等）将资源环境供给系统中的土地、水、能源、食物等供给要素不断输向海岛人类活动需求系统，以满足海岛居民与外来访客的资源需求、环境需求及社会服务需求。

经济学中，供给和需求存在有效供给及有效需求的关系。在海岛人地关系地域系统中，海岛人地关系地域系统的供给和需求也存在一个限度，尤其是在海岛的生态系统供给方面。当系统的供给和需求达到一定程度，即到达阈值时，海洋外部环境和包含毗邻大陆在内的外部系统可以为海岛人地关系地域系统提供有益的补充。例如，海洋环境不仅可以为海岛提供丰富的海洋资源及包含波浪能等在内的新能源，以缓解海岛的资源与能源压力，还可以通过海水作用调节海岛的气候，净化海岛的环境等；大陆等外部系统在为海岛输入访客并实现自身需求的同时，也会为海岛的开发带来资金、技术及劳动力等，可以大大促进海岛市场化的进程。因此，海岛居民与外来访客，以及经济代谢的生态服务需求和消费必须在海岛生态系统的环境容纳量与生态服务可持续供给范围内（谢高地等，2010）。在海岛人地关系地域系统中协调好海岛人地关系，要重点调控好供给和需求的关系，实现海岛人地关系供给和需求的相对平衡。这部分内容将在第五章进行详细介绍。

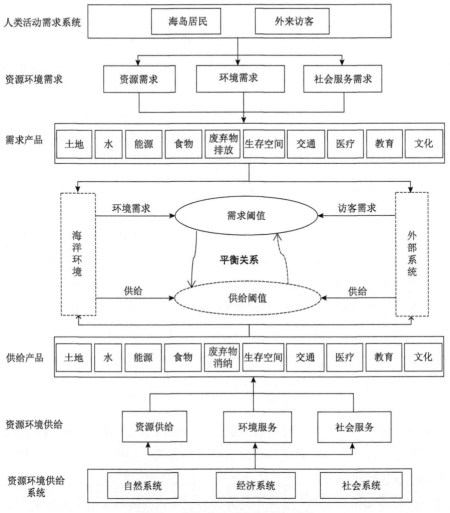

图 3-3 海岛人地关系供需关系图

（一）海岛资源环境供给系统

在海岛人地关系地域系统中，作为供给系统的生态环境子系统是以人类为主体的客观物质体系，是自然物质发展的产物，所以海岛资源环境供给系统既包括自然系统，也包括社会系统和经济系统；既包括自然资源、自然灾害，也包括各种自然要素相互作用所形成的生态关系和功能耦合，如由人类活动引起的生态破坏和环境污染等。海岛作为特殊的海洋资源与环境的复合区域，独特的地理位置和区域属性使海岛具有丰富多样的资源（图 3-4），如生物资源、土地资源、可再生资源、港口资源、旅游资源等。

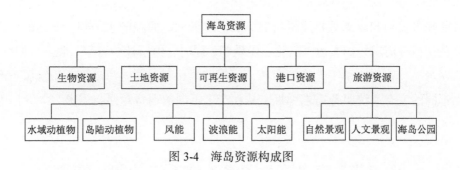

图 3-4　海岛资源构成图

海岛资源环境供给系统能够提供的供给并非全部为有效供给，真正有效的系统供给量还与获取难度、可达性、人类技术和管理方式有关。海岛资源环境供给系统的持续供给是海岛人地关系地域系统存在与演化的基础，资源环境供给系统通过岛陆供给系统、海洋环境供给系统、外部供给系统为海岛居民和外来访客提供包含资源供给、环境服务和资金支持等在内的服务，以满足海岛居民和外来访客的需求。海岛资源环境供给系统通过各组成部分及内部要素之间的相互作用、相互联系形成了一个复杂紧密的系统体系。

（二）海岛人类活动需求系统

海岛人类活动需求系统是由各种社会经济要素构成的社会经济综合体，它既是人类社会发展的产物和人类再活动的基础，也是人类社会发展的主要内容（杨青山和梅林，2001）。海岛人类活动需求系统的构成要素主要包括人口、社会、经济和文化等。海岛人地关系地域系统的"人"主要包括海岛居民与外来访客，"人"在海岛人地关系地域系统中居于主导地位，并且通过能动作用产生不同层次与类型的需求，因此根据海岛资源环境供给系统的供给要素及人类活动方式不同，将人的需求划分为资源需求、环境需求及社会服务需求。其中，资源需求主要包括生产、生活的基本需求，如土地、水、能源、食物等；环境需求不仅包括对美好生存、生产环境的追求，还包括对生活和生产污染的有效治理等；随着海岛的开发与海岛旅游的蓬勃发展，社会服务需求更为多样化，不仅包括良好的教育、文化服务环境，还包括丰富多样的旅游产品、健全的旅游市场机制、完善的公共服务设施等。

对海岛生态系统服务的需求是由海岛个人和群体的社会经济活动决定的，具有区域差异性和需求弹性差异性，区域内各种类型的人类活动对自然资源的依赖程度不同，会导致区域内呈现出不同的需求目标。例如，在海岛开发初期对最基本食物和能源等物质供给服务的需求最大，而经济水平较为发达的地区更关注精神需求，如教育、文化、娱乐等；同时，由于社会背景、收入、偏好、认知水平、评价体系等差异的存在，不同的消费者对同一海岛生态系统服务产生不同的生态系统服务需求弹性，从而产生不同的消费意愿与需求。

第三节　海岛人地关系地域系统功能与特征

一、海岛人地关系地域系统的功能

系统功能由各个构成要素之间的联系来实现，功能与结构之间相互依存、相互制约。同时，环境的变化也可能导致系统结构和功能的变化。海岛人地关系地域系统的功能是其内部不同要素通过相互联系实现的能力和功效，并通过其内部结构集中反映出来。海岛人地关系地域系统的功能主要有生产功能、生活功能和生态功能。

（1）生产功能

生产功能是海岛人地关系地域系统的重要功能，为人类提供基本的生存条件和生活资料。按照生产方式不同，可以分为农业生产功能和非农业生产功能。海岛农业生产功能为人类生存提供粮食资源，满足人类的基本温饱问题。海岛非农业生产功能主要包括工业产品生产和服务产品生产，即第二产业和第三产业的产品生产。第二产业主要提供工业制成品，第三产业满足人类的基本文化、金融、医疗、娱乐、卫生、教育等需求。生产、分配、交换、消费等环节是人类物质生产的重要环节，在此环节中一方面利用环境中的自然资源作为生产要素，另一方面向环境排放废弃物，因此合理使用自然资源并协调好与环境的关系是实现基础生产功能的前提与保证。

（2）生活功能

生活功能是人类实现自身生存和发展的主要功能，海岛人地关系地域系统既为人类提供基本的生存空间和载体，也为人类提供基本生活必需的生活资源，并消纳人类活动产生的污染物等。人类通过规划、政策和法律法规等手段实施不同层次的决策、管理与调控，或者通过科技、文化、教育、资本等措施，保障人类自身生产和生活顺利进行，满足人类的生存需求，提高人类生存质量，并且实现生存环境优化。

（3）生态功能

生态功能是海岛人地关系地域系统各项功能的基础，具有重要的支撑和制约作用。以一定的生态环境基础作为物质载体，经济和社会活动才能持续发展。生态环境是人类生产生活的物质载体，为人类提供基本生存空间，并且消纳经济社会发展过程产生的污染物和废弃物，在生态功能基础上发挥基础承载功能。生态环境对经济社会发展的承载能力是生态功能的重要表现形式。但是，海岛人地关系地域系统的生态环境承载能力是有限的，因此，人类的社会经济活动强度不能超过区域资源环境承载能力是实现系统生态功能的前提，也是海岛人地关系地域系统协调的关键。

二、海岛人地关系地域系统的特征

海岛人地关系地域系统是人类活动与资源环境在海岛中相互联系、相互作用而形成的一种动态系统，具有地域性、协调性、开放性、整体性、层次性等特征。

（1）地域性

吴传钧（1979）指出，人地关系地域系统是以一定地域为基础的人地关系系统。这一论断突出了地理学对人地关系的研究具有地域性的特点。作为人地关系地域系统的重要构成部分，海岛人地关系地域系统也具有地域性的特点。不同海岛的自然条件、人文景观、发展基础及发展阶段等存在很大的差别；各个海岛的人类活动强度、资源环境承载能力、发展的内部和外部环境都有很大的差别，地域特征明显。因此，在制定海岛人地关系发展战略时，不仅要突出海岛特色，发挥优势，还要充分考虑海岛区际之间的相互协作、相互联系、相互协调，实现海岛及区际发展要素的优化配置。

（2）协调性

海岛人地关系地域系统具有明显的协调性特征。协调是指促进海岛人地关系地域系统之间、内部子系统之间、各个要素之间的协调发展，通过协同进化使海岛人地关系地域系统结构协调发展。海岛人地关系地域系统的发展是一种以保护自然生态环境为基础，以提高人类生活质量和满足人类全面发展需求为目的的发展，即要妥善解决好无限的人类需求与有限的海岛自然资源供给、社会总消费过大与海岛资源环境承载能力不足等矛盾。海岛人地关系地域系统的协调性是指导人类活动的总原则，主要内容包括人与自然的协调、人与社会的协调、自然环境系统本身的协调，以及自然环境与人之间的资源、生产与消费的协调等。

（3）开放性

在经济全球化、区域及市场一体化的今天，任何区域都必然是开放的，海岛人地关系地域系统也是开放的。不仅系统内部各要素间相互联系，海岛人地关系地域系统之间也不断进行着物质和能量的交换。系统整体、系统内的各个子系统、系统内的各个要素处在不断变化的过程中。海岛人地关系地域系统与系统外部之间、海岛人地关系地域系统内部各个子系统之间，以及海岛人地关系地域系统内部各个要素之间不断进行着物质循环、能量流动和信息转换，以保持其耗散结构，从而使系统的结构和功能得到不断优化与改善。海岛人地关系地域系统的开放性要求我们不仅要研究系统内部要素对系统结构和功能的作用，还要研究系统外部条件的变化对海岛人地关系地域系统的影响机理、变化方向与趋势、一般规律。

（4）整体性

整体性是海岛人地关系地域系统的重要特征之一。海岛人地关系地域系统是由自然因素、社会因素、经济因素等诸多因素组成的巨大系统，但是海岛人地关系地域系统的整体功能不是各个要素的简单相加，而是通过各种要素的复杂的非线性作用组成的复杂整体，该整体凸显出原来各要素所不具有的功能属性。整体性特征表现在空间上具有区别于子系统的形态、功能特征及边界等，在时间上具有其特定的整体连续和演化过程。因此，海岛人地关系地域系统的协调发展，不是各个子系统的单独发展，而是各个子系统的协调发展。海岛人地关系地域系统的整体性要求我们在对海岛人地关系地域系统进行优化及调控时，要充分重视系统的整体联系与效应，发挥系统的整体功能优势，以实现系统的整体最优。

（5）层次性

海岛人地关系地域系统的层次性来源于各要素的分层，如经济有不同的经济区域系统和不同层次的产业体系；人口具有不同的群体特性；社会文化的分层则更明显，尤其行政区域分化的层次性更为典型。要素的分层通过要素之间的复杂相互作用，形成整个人地关系地域系统的分层。因此，在制定海岛人地关系地域系统发展战略规划时，所在区域发展战略应该与上一层级的发展战略相一致，实现不同尺度区域的人地协调，最终实现更大范围的人地关系地域系统协调发展。

第四节　海岛人地关系地域系统的影响因子与驱动机理

一、海岛人地关系地域系统的影响因子

在海岛人地关系地域系统中，海岛资源环境供给系统提供产品与服务，人类对其产品与服务形成需求和消费，供需共同构成生态系统服务从生态环境子系统流向社会经济子系统的动态过程。海岛人地关系地域系统作为一个动态的巨大系统，在供给与满足需求过程中也受到外界因素的影响。

（1）人类活动对海岛人地关系地域系统的影响

人类活动可以分为有序人类活动和无序人类活动，有序是指有规则性、有组织性，无序往往是指盲目性、局限性，其中有序人类活动是指通过合理的安排与组织，使自然环境能够在长时期、大范围内不发生明显退化，甚至能够持续好转，同时能够满足当时的社会经济发展对自然资源和环境的需求（刘树华，2009）。无序人类活动是指人类的活动没有经过合理的规划与可持续发展思想的指导，对生态环境进行掠夺式开发，造成生态环境大面积的退化，在短时期内能满足人类的基本需求，但从长期来看对人类的生存造成了严重的威胁（程钰，2014）。与自然因素相比，人类活动因素不论是在程度上，还是在方式上，都要强于自然因素对生态环境结构的影响和破坏。人类社会的物质文明程度越高，人类对自然系统的干扰就越强。在海岛的开发改造过程中，资源原有的存在状态必将得到改变，其中合理的开发和保护使海岛资源产生良性演变，不合理的开发则会造成资源的破坏。合理的开发和保护应尽量保持资源的原生态，在此前提下资源开发程度越高其原始性保持越好。某些地区的资源还具有脆弱性、不可逆性的特点，如海岛旅游资源，一旦遭到破坏将成为人类社会的永久损失。只有科学开发、采取有针对性的保护措施，才能保障海岛人地关系地域系统的持续有效供给。

（2）经济对海岛人地关系地域系统的影响

社会经济基础反映的是区域发展的综合经济实力，为人地关系的协调提供大量人力、物力和财力保证，从而促进生态环境保护目标的实现。在海岛的开发过程中，经济发展水平在一定程度上直接决定海岛的开发状态，一方面是随着经济的发展和人们生活水平的提高而产生了更多或者新的市场需求，从而使海岛具备开发自然资源或旅游资源的前提条件；另一方面是只有经济发展到一定程度，海岛资源及其环境的开发与保护才具有资金等条件的支持。

（3）政策对海岛人地关系地域系统的影响

政策因素在海岛人地关系地域系统演变过程中发挥着关键作用，对生态环境既有直接作用，又有间接作用（郭晓佳，2014）。尤其是在海洋权益受到广泛重视的今天，经济政策、产业政策的实施往往会决定海岛的发展定位，也会在一定程度上改变消费的需求。例如，政府通过制定循环经济、清洁生产等一系列宏观政策，调控经济发展方式，会在一定侧面影响到生态环境质量；而环境保护、森林保护、退耕还林还草、禁渔休渔等直接作用于生态环境建设，从而对海岛资源环境供给系统和海岛人类活动需求系统产生影响。

二、海岛人地关系地域系统的驱动机理

机理主要是指一个工作系统的组织或部分之间相互作用的过程和方式。在经济学、地理学、社会学等学科中，机理主要是指引起事物变化的内外部因素及相互作用的方式和规律。因此，海岛人地关系地域系统演变机理是指其在发展演变过程中，相关组成元素相互作用的过程、方式和规律。深入分析海岛人地关系地域系统的演变机理对于全面把握海岛人地关系地域系统的基本规律具有重要意义。在海岛人地关系地域系统演变过程中，通过树立可持续发展模式，并且不断对其进行优化调控，从而规避系统的不利扰动，使海岛人地关系地域系统向可持续方向发展。海岛人地关系地域系统的演变过程受到人类社会和生态环境等不同要素的共同作用，因此本书从地理环境、人类活动、供给要素和需求要素四个方面（图 3-5）分析不同要素对海岛人地关系地域系统演变的驱动机制。

（1）地理环境的驱动机制

地理环境可以分为自然地理环境和人文地理环境，对海岛人地关系地域系

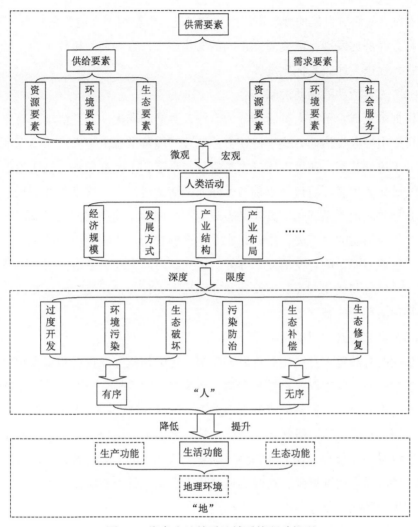

图 3-5　海岛人地关系地域系统驱动机理

统分别产生不同的影响与作用。从自然地理环境的驱动机制来看，自然地理环境可以为生产和生活提供基本条件，并且可以为海岛人地关系地域系统的生产、生活和生态功能正常发挥提供保障；由于自然地理环境具有地域差异性，劳动地域分工又进一步影响到产业布局，即自然地理环境可以进一步影响到产业布局和经济地域的形成。因此，在海岛开发过程中，需要处理好经济社会发展与资源开发、生态环境保护之间的矛盾，避免产生生态环境退化的恶果。人文地理环境是人类社会、文化和生产生活活动的地域组合。在文化差异影响下的价值观念、行为方式和思维方式，可以影响到资源的开发利用方式、处理环境问题的态度,从而对自然地理环境产生影响,进一步影响到人地关系状态。因此,随着社会经济的发展,需要树立正确的文化理念,合理利用科技手段,转变发展方式,促进人地关系优化发展。

（2）人类活动的驱动机制

根据合理与否可将人类活动分为有序人类活动和无序人类活动。有序人类活动可以引导人类活动方式维持在自然地理环境可承载范围内,从而保证人地关系处于协调状态,还可以通过生态修复与重建、生态补偿和污染防治等手段使遭受破坏的生态环境得到改善。无序人类活动通过人口规模和经济规模无限制扩张导致人地关系恶化,具体又表现为不合理的土地利用方式造成生态系统失衡,工业活动的"三废"排放,农业生产的农药、化肥使用,城市扩张占用耕地,资源与能源的开发消耗,等等。因此,海岛人地关系地域系统可持续发展模式的建立和优化调控,需要建立在调控人类行为,促使无序人类活动向有序人类活动转型的基础上。

（3）供给要素的驱动机制

早期的海岛经济发展相对落后,需要一定的物质资源投资和资本积累,并且少量的资源、资本等要素投入会带来较快经济的增长,即追赶效应。这些供给要素的大量投入会深刻地改变人地关系,并且往往会降低海岛人地关系地域系统的服务功能,该时段社会经济子系统发展质量会呈现上升趋势,而生态环境子系统发展质量会呈现下降趋势。随着生活水平的不断提高,人们对生态环境和功能的需求逐渐增强,这时会通过投入资金进行生态保护、生态修复等工作提高生态系统的服务功能。

（4）需求要素的驱动机制

在海岛的开发过程中,人类的需求活动可以推动海岛人地关系地域系统要素之间的组合规律和形式发生变化。从总体上看,人类活动改造自然地理环境的形式基本上从较低层次的生存需求发展到较高层次的精神需求,并且在物质需求得到满足之后向生态需求过渡。在需求层次较低的阶段,人类活动对资源与环境的需求量大,并且公众环保意识淡薄,从而导致公众对物质产品的需求量过高,对自然地理环境的破坏程度较严重。自然地理环境遭到破坏之后,生态空间缩小,公众的生活环境质量逐渐降低,在物质产品需求得到满足的基础上,公众对自然地理环境服务功能的要求越来越强烈,从而逐渐调整产业结构,使其向高效生态方向发展（刘凯,2017）。

第四章

长山群岛概况

第一节　长山群岛自然地理概况

一、地理位置

　　长山群岛位于我国辽东半岛东侧、黄海北部海域，最北端到石城乡民子礁北端高潮线（39°34′37″N），最南端到獐子岛镇大莫顶南端高潮线（38°55′48″N）；最西端到广鹿乡葫芦岛西端高潮线（122°17′38″E），最东端到我国北黄海领海测算基点之一的海洋乡南坨子东端高潮线（123°13′16″E）（长海县志办公室，2002）。长山群岛广义上分为外长山群岛（由海洋岛、獐子岛、大耗岛、小耗岛、东褡裢岛、西褡裢岛等岛屿组成）、里长山群岛（由大长山岛、小长山岛、广鹿岛、赛里岛、瓜皮岛、格仙岛、哈仙岛、乌蟒岛等岛屿组成）及石城群岛〔由石城岛、王家岛（含大王家岛、小王家岛）等岛屿组成〕三部分，由 142 个岛、坨、礁组成，其中岛陆面积为 152.3 平方公里，海域面积为 7720 平方公里（申娜，2005；王颖，2013）。

二、气候特征

　　长山群岛地处亚欧大陆与太平洋之间的中纬度地带，四面濒临广阔的海洋，气候受海洋调节，属暖温带湿润、半湿润季风气候区；气候特征是四季分明、气候温和、冬暖夏凉、空气潮湿、昼夜温差小、无霜期长、季风明显、雨热同季；冬季盛行偏北、偏西风（亦称冬季风），风力强劲；夏季盛行偏北、偏西风（亦称夏季风），风力较小；春秋两季是冬夏季的交替时期，风向多变；全岛多大风日，平均风速为 5.6 米/秒，6 级以上大风平均每年 133 天，其中 8 级以上大风平均每年 68.9 天，全年 3～20 米/秒有效风速总时数为 70.41 小时，3～5 米/秒有效风速较多，占全年有效风速总时数的 58.3%；全岛年平均气温为 9.8～10.8 摄氏度，8 月气温最高，平均气温为 26.5 摄氏度，1 月气温最低，平均气温为-7.6 摄氏度；年平均无霜期为 210 天，年平均日照时数为 2810 小时；多年平均降水量为 606～643 毫米，集中在 7～8 月，占全年降水量的 52%；海面雾日（有效水平能见度为 1000 米）多年平均 51.6 天（王颖，2013；《中国海岛志》编纂委员会，2013）。

三、地质特征

长山群岛构造层及构造旋回主要属鞍山构造层及其旋回、辽河构造层及其旋回、印支-燕山构造层及其旋回，其断裂构造方向主要有东西向、北东向和北西向三组，另有少量的南北向。地层有太古界鞍山群董家沟组、下元古界辽河群浪子山组、上元古界青白口系钓鱼台组、震旦系桥头组、新生界第四系，以鞍山群董家沟组、辽河群浪子山组和新生界第四系分布最为广泛。海岛岩石多为变质岩，零星出露侵入岩，主要岩石类型有片麻岩、片岩、石英岩、千枚岩、大理岩等。长山群岛主要地貌类型有侵蚀剥蚀高丘、侵蚀剥蚀低丘、侵蚀沟谷、侵蚀台地、坡洪积扇、坡洪积台地、坡洪积平原、坡积扇、海积平原、潟湖等。海底地貌主要是陆架地貌中的近岸侵蚀-堆积类型，沉积物类型主要是砾砂、中砂、细砂、粉砂质砂、黏土质粉砂、砂-粉砂-黏土等（《中国海岛志》编纂委员会，2013）。

四、地貌特征

长山群岛属于辽东海岛地貌区，是长白山山脉的延伸，后随黄海北部平原沉陷，海拔较低处化为海洋，原生的岭峰则突兀海面形成列岛，因而主要地貌特征为海蚀地貌和海积地貌。长山群岛各岛屿陆地地形多为侵蚀-剥蚀的低山丘陵，海拔一般都在 100～200 米。最高峰位于海洋岛哭娘顶，海拔为 373 米（王颖，2013）。群岛诸岛海岸壁立，海蚀地貌发育，有海蚀崖、海蚀平台、海蚀洞、海蚀穴、海蚀柱等。岛上山丘浑圆，裸露岩石砾地占一半以上，坡地多，平地少。面积较大的大长山岛、广鹿岛和石城岛的沿海分布着小块平原。长山群岛的海岸地貌属于侵蚀岸类中的岛礁型基岩海岸，波浪作用强烈，海岸分割明显，岬角、海湾相间分布，岸滩不发育，据统计，长山群岛有大小海湾近 100 个（张耀光和胡宜鸣，1997）。长山群岛陆域地形面积如表 4-1 所示。

表 4-1　长山群岛陆域地形面积　　　　　（单位：平方公里）

项目	大长山岛	小长山岛	广鹿岛	獐子岛	海洋岛	石城岛	王家岛
平坦地	14.7	4.9	11.0	1.9	1.0	8.2	3.0
丘陵地	10.6	12.6	16.0	6.9	17.0	21.8	1.8
总面积	25.3	17.5	27.0	8.8	18.0	30.0	4.8

资料来源：张耀光和胡宜鸣（1997）

五、水文特征

从各岛地貌特点来看，长山群岛丘陵多、坡度陡，地面径流短而急，组成丘陵的岩层主要为石英岩、板岩、片岩，渗透能力差，地表水不易渗入地下，因而地下水极为贫乏。地表水全靠降雨积水，没有成形的河流。各岛地势较陡，集雨面积狭小，地表径流时间短，汇水面积小，大量的降水经地表汇入大海。长山群岛海域平均水深在 25 米左右，最大水深接近 50 米；平均潮差为 2.87 米，最大潮差为 5.41 米；长山群岛海域的水温、盐度分布与变化较为复杂。春季时，长山群岛各诸岛的水温、盐度分布较为均匀，跃层现象主要出现在夏季，并且南部海域强于北部，跃层最强的区域大致在海洋岛、獐子岛、乌蟒岛及小长山岛附近水域。由于水温不同，跃层强度也各不相同。长山群岛位于黄海北部，所以海浪及风暴潮的分布趋势大体相近，波高均以偏南方向较大，强浪与常浪方向基本一致，水深较大的海区波高相对较大，最大波高为 5.5 米，台风浪出现时间均为 8 月；在黄海北部的海域中，长山群岛的海冰最轻，水色在 5～19号，其中南部海区水色多在 10 号以下，透明度在 1.3～19.0（张耀光和张云端，1997；张耀光，2004）。

六、土壤特征

长山群岛土壤类型和分布较为单一，主要以由各类岩石风化物发育形成的棕壤性土为主，而潮棕壤、草甸土、岩土等土壤类型比重较小，土壤浅薄，耕作型土发育有限；而石城岛、大长山岛、广鹿岛等靠近大陆的浅水岛，地势较低、坡度平缓、滨海平地及滩涂面积广阔。受地形和母质变化的影响，土壤类型较复杂。海拔在 40～50 米的丘陵坡地上部和顶部为各类岩石残积母质发育微弱的棕壤性土；在丘陵中，下部为坡积棕壤、坡洪积棕壤和潮棕壤；在靠近海岸的山间沟口和滨海平地上发育草甸土、草甸沼泽土和少量风沙土；潮间滩涂海相沉积物发育潮滩盐土。长山群岛棕壤分布较广，面积为 212 181.98 亩[①]，占土壤总面积的 93.35%，风沙土面积为 3766.5 亩，占土壤总面积的 1.66%，草甸土类面积为 9932.1 亩，占土壤总面积的 4.37%，沼泽土类面积为 1419.75 亩，占土壤总面积的 0.62%（张耀光和张云端，1997；王颖，2013）。

第二节　长山群岛资源环境概况

一、岛陆资源

（1）土地资源

长山群岛岛陆土地资源总面积为 19 175.7 公顷，其中滨海平地占 4.9%，平缓地占 27.0%，岗台地占 40.3%，丘陵地占 20.4%，低山占 6.3%，水域及其他占 1.1%。岛屿岸线资源区长 428 公里，岸线面积分配系数为 0.022 公里/公里^2（张耀光和胡宜鸣，1997）。长山群岛海岛土地资源由潮上带的岛陆土地资源、潮间带的滩涂资源和潮下带的浅海资源三部分组成。其特点是潮上带土地资源类型多样，如丘陵、岗地、台地、沟谷地与平地等，但面积都不大，特别是土壤资源数量十分有限而又贫瘠。潮间带土地资源以岩礁滩为主，砂质滩地居次，淤泥质滩涂最少。潮下带浅海资源丰富，且类型多样，为海洋农牧业开发提供了良好的发展条件。根据《2017 年长海县国民经济和社会发展统计公报》，2017 年末长山群岛耕地面积为 1369.02 公顷、园地面积为 77.17 公顷、林地面积为 6792.03 公顷、草地面积为 427.81 公顷、城镇村及工矿用地面积为 2115.02 公顷、交通运输用地面积为 439.07 公顷、水域及水利设施用地面积为 2336.67 公顷、其他土地面积为 647.83 公顷。长山群岛诸海岛宜农土地资源主要集中分布在面积较大的岛屿上，如广鹿岛、石城岛、大长山岛、小长山岛。宜农土地资源好的和比较好的土地数量不多，目前所有潜在的宜农土地资源均已开垦。由于近

[①] 1 亩≈666.7 平方米。

年来长山群岛经济快速发展，城市化进程大大加快，土地利用类型尤其是交通和旅游用地发生了较大变化（表4-2）。

表 4-2　长山群岛 2005 年和 2016 年土地资源对比

一级地类	二级地类	2005 年		2016 年	
		面积（公顷）	比重（%）	面积（公顷）	比重（%）
农用地	耕地	1 392	10.6	1 364	9.6
	园地	79	0.6	77	0.5
	林地	6 852	52.0	6 798	47.8
	草地	0	0.0	429	3.0
	其他农用地	583	4.4	648	4.6
	小计	8 906	67.6	9 316	65.5
建设用地	城镇用地	342	2.6	405	2.9
	农村居民点用地	1 419	10.8	1 451	10.2
	采矿用地	2	0.0	29	0.2
	风景名胜及特殊用地	27	0.2	226	1.6
	交通水利用地	143	1.1	469	3.3
	其他建设用地	221	1.7	218	1.5
	小计	2 154	16.4	2 798	19.7
其他用地	水域	3	0.0	3	0.0
	滩涂沼泽	2 111	16.0	2 099	14.8
	小计	2 114	16.0	2 102	14.8
土地总面积		13 174	100.0	14 216	100.0

资料来源：《长海年鉴 2005》和《长海年鉴 2016》

（2）水资源

长山群岛多年平均降水量为 11 393 万立方米，多年平均径流量为 3536 万立方米，且水资源各岛分布不平衡，广鹿岛、石城岛等岛水量较丰，其他各岛水量则不足，有季节性缺水现象（王颖，2013）。地下水资源量约为 1460.9 万立方米，可开采量为 432.4 万立方米，实际开采量已超出此数，如开采不当，将发生海水倒灌现象（表4-3）（张耀光和胡宜鸣，1997）。

表 4-3   长山群岛水资源   （单位：万立方米）

海岛	总可开采量小计	地表水	地下水		乡级本岛地下水	
			资源量	可开采量	天然资源	开采资源量
大长山岛	822.5	725.0	378.0	97.5	208.73	83.40
小长山岛	745.5	677.0	228.5	68.5	143.22	57.29
广鹿岛	765.3	675.0	269.0	90.3	214.23	85.61
獐子岛	461.3	409.0	142.0	52.3	73.25	29.30
海洋岛	473.3	434.0	132.9	39.3	101.53	40.61
石城岛	879.0	818.0	216.5	61.0	208.36	83.34
王家岛	222.5	199.0	94.0	23.5	42.27	16.91
合计	4369.4	3937.0	1460.9	432.4	991.59	396.46

资料来源：张耀光和胡宜鸣（1997）

注：总可开采量=地表水+地下水可开采量

（3）矿产资源

长山群岛已勘探的矿产资源有 11 种，如大理石、硅石、花岗岩、矿砾岩、黏土矿、膨润土、铁、铜、金、蓝晶石等。其中，蕴藏量较大，并具较高经济价值的是大理石和硅石。其他矿产资源储量不丰富，大部分矿产开采价值低或不具备开采价值。

（4）港口资源

长山群岛岛屿属基岩质海岸，岸线曲折，有大小 96 个天然港湾，为发展陆岛运输提供了有利条件（王颖，2013）。在大长山岛的蛤蚆坨子、小长山岛的庙底湾、广鹿岛的柳条沟、獐子岛的大板江、海洋岛的大滩湾、石城岛的大蛤蟆沟以及王家岛的后滩等处，均宜港口建设，一般可建 1000～2000 吨级泊位的港口和码头。总体上，长山群岛港口朝向西、北的港湾有 70 处，港口朝向东、南的港湾有 26 处（王圣云，2006）。

（5）可再生资源

长山群岛海岛的风能资源十分丰富，为海岛风能资源的开发提供了良好的条件。长山群岛风力发电厂由大长山岛风电场、小长山岛风电场和獐子岛风电场组成。长山群岛海域平均潮差一般都在 2.5 米以上，潮汐能蕴量较大；同时，岛屿错落分布，湾口、水道较多，狭管效应致使其流速比其他区域大，海流能丰富；因此，未来可再生资源开发中，海洋能源潜力巨大（张耀光和胡宜鸣，1997）。

二、海域资源

（1）海域空间资源

长山群岛海岛海域空间资源丰富，按照现有国内的海水养殖技术水平，长山群岛在水深 25～40 米的海域内，适宜浮筏养殖贝、藻的浅海水面面积为 133.3 平方公里，占水域面积的 4%（王颖，2013）。根据海域底质状况和生物资源的分布，按照人工育苗海底底播和置放人造鱼礁的技术增殖资源，全海域适宜增殖的海底面积为 286.5 平方公里，其中岩礁底面积为 66.6 平方公里，石砾底面积为 86.6 平方公里，贝壳底面积为 93.3 平方公里，软泥质底面积为 40 平方公里（王颖，2013）。潮间带面积为 38.7 平方公里，根据生物资源的分布和便于养殖等条件，适宜养殖的面积约 13.3 平方公里。其中，适宜养殖蛤仔、对虾的滩涂面积约 4 平方公里，适宜养殖牡蛎、贻贝的岩礁面积为 9.3 平方公里（王颖，2013）。

（2）海洋生物资源

长山群岛海域地处海洋岛渔场中心，海洋生物资源丰富。浮游生物种类多、数量大，其中浮游植物有 55 种，均为硅藻类，平均生物量为 266 万细胞/米^3（1980 年 11 月测），最高生物量达 784 万细胞/米^3；浮游动物有 44 种，主要有原生、腔肠、毛腭和节肢动物，平均生物量为 145 个/米^3（1980 年 8 月测）（王颖，2013）。丰富的浮游生物为鱼、虾、贝类提供了丰富的饵料。潮间带生物中，动物有 8 门 55 种，藻类有 3 门 17 种，平均生物量为 810 克/米^2，主要经济种类资源有褶牡蛎、蛤仔、紫贻贝、真江蓠、羊栖藻和鼠尾藻等（王颖，2013）。沿岸浅海底栖生物主要分布在低潮线以下至水深 20 米左右的海底，主要经济种类资源有皱纹盘鲍、海参、栉孔扇贝、栉江珧、紫石房蛤、大连紫海胆、布氏香螺、厚壳贻贝、魁蚶等。海域中的鱼类资源主要有对虾、鲆鲽类、鲐鱼、马面鲀、六线鱼、黑鳐鱼、鲳鱼、星鳗和甲壳类资源（王颖，2013）。在鱼类资源中有的是洄游性鱼类，有的是地方性鱼类，如六线鱼、黑鳕鱼等，作为天然资源的捕捞对象，同时也为人工育苗养殖提供苗种基础（张耀光，2004）。

三、旅游资源

（1）自然旅游资源

长山群岛为大陆岛，第四纪海岸上升特点明显，经过地壳运动与海洋营力的作用，为大自然雕塑了绚丽多姿的海蚀地貌，岛屿、礁砣星罗棋布，奇礁怪石姿态万千，港湾沙滩绵延相间，滨海地貌十分发育。岛、屿、礁、砣共计142处，尤其是海蚀地貌应有尽有，如海蚀柱、海蚀穴、洞、门、拱桥、海蚀崖等（王颖，2013）。这些海蚀地貌造就了千奇百怪、类人肖物的惟妙惟肖的群体景观，又随角度及光线的变化造就了千变万化的天然风光与意境，极具观赏、科考等价值，是品位高、吸引力大的观赏资源。境内自然景观以岛屿和海蚀、海积形成的奇礁怪石为主。例如，蚧蛇坨子风景区、大二三砣子游览区、四道沟天然浴场、郭家庙海滨浴场、大王山、铁山风景区、柳条湾天然浴场、南台山、塘洼海滨浴场、小北岛风景区、鹰嘴石风景区、大耗岛风景区、太山顶、大门顶、"龙兵过"（"海豚闹海"）、哭娘顶、将军石、太平湾、眼子山。长山群岛地处亚欧大陆和太平洋之间的中纬度地带，属暖温带湿润、半湿润季风气候区，又因深居海洋，海洋性特征突出。岛上四季分明多彩，气候温和适中，夏无酷暑，冬无严寒，日照充足，空气清新而温润。全年没有极端天气出现，宜人的海洋气候造就了独特的避暑胜地。加上没有工业污染，空气清新，海水透明度高，为人们提供了保健旅游、水上活动和休假的极好的气候环境。每个岛上都有许多处砂石浅滩，绝少污染，水的透明度高，水温适中，是优良的海滨浴场；礁石、小岛是良好的垂钓地点；避风的海湾是游艇、冲浪、滑水等水上运动的好场所；松林草坡可作为野营基地；环岛海域是海上俱乐部的广阔天地。

（2）人文旅游资源

海岛人世代临海而居，在漫漫历史长河中，以渔为生，在赶海、垂钓和捕捞过程中形成了特有的渔家历史文化。①文物古迹类：已发掘的30余处贝丘遗址和出土的大量石器、骨器、陶器等文物显示长山群岛历史悠久，可上溯到6000年前的新石器时期，如小珠山贝丘遗址等，中日甲午战争、解放战争也在此留下了遗迹（《中国海岛志》编纂委员会，2013）。②休闲游览类：大长山岛守岛建岛纪念塔、大长山岛祈祥园、大长山岛四块石海滨公园、长海机场、小珠山贝丘遗址、大长山三元宫、大连长海海珍品自然保护区、广鹿岛海神园、广鹿岛高丽城、广鹿岛仙女湖（山里水库）、广鹿岛马祖庙、海洋岛军港之夜。③观赏购物类：各岛丰富的海产品、精美渔具等为旅游购物奠定了物质基础。④民俗文化类：例如，长海号子等有地方特色的渔家文化是吸引游客的重要资源。每年举办各种旅游节庆活动，通过多种形式展现渔家风情，并不断注入新时代的内容，形成有海岛特色的地域文化和民俗文化。例如，渔家风情迎春会、大连长海国际钓鱼节、广鹿岛马祖庙旅游文化节、獐子岛渔民节。此外，长山群岛海域拥有丰富的水产珍品和海洋生物资源，是天然的水产博物馆，可结合参观海上牧场、育苗场、水产加工厂等展示海洋生物方面的科普知识，结合航海活动传播天文、气象、船舶的发展史等科学知识，结合游览奇礁、危岩传授海岛的地质构造和地形地貌的知识等。

第三节　长山群岛社会经济概况

一、历史沿革[①]

　　长山群岛历史悠久，与东北地区和中原地区的政治、经济、文化联系源远流长。据《长海县志》（长海县志办公室，2002）和《庄河县志》（《庄河县志》编纂委员会办公室，1996）记载以及史实考证，长山群岛历经石器时代、奴隶制时代、战国、秦、汉时期，魏、晋、南北朝、隋、唐时期，辽、金、元、明清、日俄侵占时期，解放战争时期以及社会主义建设时期，前后共6000多年。

　　夏商两朝时，长山群岛属于青州所辖，西周至战国时代属幽州，战国至汉末属辽东郡（今辽阳）、辽东郡沓氏县（今金州区），三国、南北朝分属辽东郡东沓县和辽东郡乐就县及力城县；东晋十六国时为高句丽所侵占；唐总章元年（公元668年）到肃宗上元二年（公元761年），长山群岛属安东都护府积利州（今瓦房店市得利寺镇）；唐中叶后改隶淄青平户节度（今山东中部）辖境；辽时为东京道辰州建安县（今盖州市）、宁州（今大连市金州区）、苏州（今大连市金州区）辖境；金时属上京路曷苏馆（今盖州市），又改属东京路复州（今大连瓦房店市）化城县（今大连市金州区），后又隶复州怀化县（今大连市金州区以东地区）；元时属辽阳行省辽阳路盖州（今盖州市）；明时先后属定辽都卫（今辽阳市）和金州卫（今大连市金州区）；清时又先后为海城县、盖平县（今盖州市）、奉天府复州、金州巡检、宁海县（今大连市金州区）、金州厅辖境。1894年中日甲午战争后，长山群岛被日本侵占，1894~1904年，沙俄取代日本侵占长山群岛。1904年，日本重新侵占了长山群岛，使其完全沦为日本殖民地。经过战争的洗礼，长山群岛于1945年11月解放，设置了长山

---

① 《中国海岛志》编纂委员会（2013）；长海县志办公室（2002）；《庄河县志》编纂委员会办公室（1996）。

区，辖大长山岛、小长山岛、广鹿岛、獐子岛及附属岛屿，隶属新金县（今普兰店市）；石城岛、王家岛、海洋岛成立了石城区，为庄河县（今庄河市）管辖。1945年12月，中共新金县委派武装工作队到长山群岛，建立了第一个人民民主政权——长山区公所。1946年初，长山区公所改称长山区政府，隶属新金县人民政府，下辖大长山岛、小长山岛、广鹿岛、獐子岛、海洋岛及其所属岛屿。1946年4月，海洋岛、乌蟒岛划归庄河县管辖。1946年6月，长山区划分为两个区：一为长山区，辖大长山岛、小长山岛及其所属岛屿；二为广鹿区，辖广鹿岛、獐子岛及其所属岛屿。两个区均隶属新金县。1947年2月，经中共旅大地委批准，将长山区、广鹿区和海洋岛、乌蟒岛并为长山列岛区，隶属金县。长山列岛区下辖大长山、小长山、广鹿、獐子、海洋5个乡。1947年4月1日，除石城岛、王家岛仍属庄河县管辖外，其他诸岛均并入长山列岛区，划为金县管辖。1949年9月5日，经东北人民政府批准，原属金县的长山列岛区改为县建制。1949年11月10日正式设县，始称长山县，隶属旅大行政公署。1953年1月，因与山东省长山县重名，经中央人民政府内务部批复，改称长海县，隶属辽宁省旅大市（今大连市）。1960年原属庄河县管辖的石城岛、王家岛及其所属岛屿划归长海县。至1998年末，长海县辖3镇（大长山岛镇、王家镇、獐子岛镇）、4乡（广鹿乡、海洋乡、石城乡、小长山乡），共有村民委员会45个，居民委员会5个。2003年6月1日，长海县石城乡和王家镇划归庄河市（1992年庄河撤县建市）代管；2004年9月11日，经国务院批准石城乡和王家镇正式划归庄河市管辖。2016年，广鹿完成撤乡设镇工作；2017年，小长山、海洋完成撤乡设镇工作（长海县人民政府，2017）（表4-4）。

表4-4　2017年长山群岛行政区划

辖区归属	乡、镇名称	行政村、社区数量	行政村、社区名称
长海县	大长山岛镇	11	杨家村、三官庙村、小泡子村、小盐场村、城岭村、哈仙村、塞里村、四块石社区、三盘碾社区、东山社区、塔山社区
	小长山岛镇	6	回龙村、房身村、复兴村、英杰村、蚆蛸村、乌蟒村
	广鹿岛镇	5	沙尖村、柳条村、塘洼村、瓜皮村、格仙村
	獐子岛镇	6	西獐社区、沙包社区、东獐社区、大耗村、小耗村、褡裢村
	海洋岛镇	2	盐场村、西邦村
庄河市	王家镇	4	东滩村、寿龙村、前庙村、林瞳村
	石城乡	5	光明村、新民村、花山村、东升村、三胜村

资料来源：《中国海岛志》编纂委员会（2013）；大连市统计局（2018）；长海县人民政府（2017）

二、人口发展

早在 6000 多年前长山群岛就有人类活动，但是直到近代才有文字记载。1923 年，根据日本侵占我国时期成立的关东厅临时土地调查部所编纂的《关东州事情》记载，当时大长山岛、小长山岛、广鹿岛、獐子岛和海洋岛共有人口33 087 人，其中男性人口 17 790 人，占比为 53.8%，女性人口 15 297 人，占比为 46.2%。1947 年，长山列岛区成立后，人口统计为 42 144 人，其中男性人口21 437 人，占比为 50.9%，女性人口 20 707 人，占比为 49.1%。之后，人口持续增长，1949 年为 48 094 人，到 2002 年达到最高，为 89 530 人。2002 年以后总人口数量持续下降，到 2017 年减少到 71 453 人。在男女比例方面，女性人口比重从 20 世纪 50 年代后期一直超过男性人口，男性人口比重逐渐降低，90年代，男性人口比重稳定在 49.9%。随着经济的发展，城镇人口增加，非农人口比重发生了变化。1949 年，非农人口占总人口的比重为 5.13%，到 2014 年，非农人口占总人口的比重为 95.84%。具体变化如表 4-5 所示。

表 4-5　1949～2017 年长山群岛人口增长变化

年份	总人口（人）	比重（%）			
		男	女	农业	非农业
1949	48 094	51.84	48.16	94.87	5.13
1957	52 674	49.68	50.32	88.58	11.42
1965	59 855	49.54	50.46	86.47	13.53
1970	64 703	49.61	50.39	90.59	9.41
1980	70 925	49.45	50.55	85.36	14.64
1990	82 829	49.90	50.10	80.51	19.49
1995	87 548	50.13	49.87	76.50	23.50
2000	88 841	49.96	50.04	71.73	28.27
2002	89 530	49.88	50.12	71.19	28.81
2004	75 031	49.88	50.12	47.77	52.23
2005	74 874	49.82	50.18	47.50	52.50
2006	74 303	49.87	50.13	9.58	90.42
2007	74 225	49.87	50.13	7.83	92.17
2008	74 064	49.90	50.10	7.43	92.57

续表

年份	总人口（人）	比重（%）			
		男	女	农业	非农业
2009	73 837	49.89	50.11	13.38	86.62
2010	75 273	49.79	50.21	8.07	91.93
2011	72 980	49.91	50.09	6.47	93.53
2012	72 892	49.89	50.11	6.26	93.74
2013	71 870	49.76	50.24	4.47	95.53
2014	72 414	49.72	50.28	4.16	95.84
2015	72 033	49.73	50.27	44.08	55.92
2016	71 928	49.68	50.32	44.08	55.92
2017	71 453	49.65	50.35	56.10	43.90

资料来源：历年《长海统计年鉴》和《长海县国民经济和社会发展统计公报》

注：2003 年以后数据不含王家岛和石城岛。2015 年 7 月颁布的《辽宁省人民政府关于进一步推进户籍制度改革的意见》，取消了农村户口，统一登记为居民户口，因此 2015 年以后的数据农业和非农业人口比重由农村人口和城镇人口比重代替

长山群岛中有人居住的岛屿为 25 个，人口主要集中在大长山岛、小长山岛、广鹿岛、獐子岛、石城岛、海洋岛和大王家岛等乡镇级本岛上。从人口密度来看，獐子岛人口密度最大，大长山岛、小长山岛、獐子岛和王家岛是人口聚集地。总体来说，长山群岛人口集中化程度不高，分散化程度较大。

三、经济发展

长山群岛作为东北地区海洋开发的桥头堡，辽东半岛对外开放的前沿阵地，联结欧亚大陆桥的要冲，开发东北亚经济圈的中转站，既有其有利的地理位置优势，又有其独特的资源优势。长山群岛四周环水，与大陆隔离，自然环境和生态系统自成体系，经济上也有自己的发展基础和模式，使长山群岛具有多种多样的开发利用功能，如发展海水养殖、建设深水港、开发旅游资源、保护珍稀动植物资源和地质景观、发展特有的海岛型经济、建设生态建设示范基点和科学实验性基地等。十一届三中全会以来，长山群岛人民在党的改革开放路线方针指引下，自力更生，艰苦奋斗，加大综合开发力度，逐步形成了以渔为主、渔工商综合经营的海岛经济发展模式，加快了由封闭式、小农式自然经济向开

放型、外向型市场经济的转化进程，促进了海岛经济和社会的持续、稳定、快速发展（表4-6）。经过多年的发展，长山群岛的海洋产业得到了长足的发展，并且海洋新兴产业也已崭露头角。例如，原来的水面浮筏养殖已发展为海底底播养殖，实现了增、养并举。与此同时，还开发了水产品保鲜加工，进行活鱼暂养，组织鲜活水产品直接对日出口。1994年提前一年实现了"八五"计划所确定的主要经济指标和小康目标，跨入了辽宁省农村经济综合实力十强县的行列，位居第四，在全国100个水产品总产量最高县（市）评比中名列第六。随着经济的进一步发展，到2005年，长山群岛社会总产值实现21.9亿元（现价），按可比价格计算比"九五"期末增长1.2倍。"十五"时期，地区生产总值累计实现82.6亿元，比"九五"时期的43亿元增长92.1%，年均增长率为13.9%，比"九五"时期的年均增长率3.4%，提高11.4个百分点，综合经济实力明显增强，2000～2004年连续5年入围全国综合经济实力最发达县（市）（即百强县），最高年份列第60。2017年，长山群岛的水产品养殖产量已超过40万吨，并不断扩大养殖品种，增加海珍的人工养殖比重，取得了显著的经济效益和社会效益。此外，长山群岛的海岛旅游快速发展，接待来岛旅游的人数逐年增多。随着海岛旅游业的开发，岛上居民的商品意识增强，餐饮业和旅店等服务行业也有了一定的发展，从而为海岛经济的发展注入了生机和活力。海洋新兴产业规模的扩大必然给长山群岛的经济带来空前的繁荣。2017年实现现价地区生产总值103.3亿元，按可比口径计算，比上年增长7.0%（不变价，下同）。按三次产业核算，第一产业增加值55.3亿元，增长6.2%；第二产业增加值7.5亿元，增长4.0%，其中，工业5.8亿元，增长6.1%；第三产业增加值40.5亿元，增长8.7%；三次产业构成比例达到53.5∶7.2∶39.3；第一、第二、第三产业对生产总值的贡献率分别为43.0%、14.0%和43.0%，拉动经济增长3.01个、0.98个和3.01个百分点；按户籍人口计算，全县人均生产总值达到14.41万元，比上年增长13.7%。

表4-6　1987～2017年长山群岛地区生产总值　　　　（单位：亿元）

年份	地区生产总值	第一产业	第二产业	第三产业
1987	2.37	1.31	0.67	0.39
1988	2.97	1.87	0.65	0.45
1989	2.19	1.29	0.36	0.54
1990	2.54	1.55	0.32	0.67

续表

年份	地区生产总值	第一产业	第二产业	第三产业
1991	3.27	1.81	0.52	0.94
1992	4.70	2.58	0.66	1.46
1993	6.70	3.82	0.87	2.01
1994	7.60	4.52	0.85	2.23
1995	9.50	5.38	1.20	2.92
1996	9.35	5.41	1.04	2.90
1997	6.51	3.38	0.86	2.27
1998	7.53	4.43	0.70	2.40
1999	9.06	5.61	0.74	2.71
2000	11.01	7.20	0.80	3.01
2001	12.15	7.85	0.78	3.52
2002	13.58	9.18	0.76	3.64
2003	15.63	9.87	1.16	4.60
2004	18.55	12.88	1.41	4.26
2005	21.87	15.80	1.86	4.21
2006	25.33	19.08	2.62	3.63
2007	30.33	22.16	3.84	4.33
2008	37.97	25.61	4.86	7.50
2009	42.08	28.65	5.18	8.25
2010	53.19	32.92	6.39	13.88
2011	64.83	40.94	7.40	16.49
2012	77.16	50.48	7.82	18.86
2013	84.48	55.46	8.25	20.77
2014	89.30	50.49	7.21	31.60
2015	86.92	47.00	7.21	32.71
2016	91.29	50.11	5.80	35.39
2017	103.30	55.30	7.50	40.50

资料来源：1987～2017 年的《长海统计年鉴》和《长海县国民经济和社会发展统计公报》

　　总体来说，长山群岛目前经济总量快速增加，农林牧渔业稳步发展，工业经济迅速崛起，固定资产投资高速增长，消费品市场活跃兴旺，外向型经济快速发展，财政工作稳健有力，城乡居民生活质量显著提高。

四、社会事业发展[①]

近年来，长山群岛各项事业取得了长足的进步。2017 年末，长山群岛有幼儿园 14 所，其中城镇 6 所、农村 8 所，专任教师 129 人，工勤、教辅 113 人；普通中学 7 所，其中高中 1 所，专任教师 279 人；中等职业高中 1 所，专任教师 64 人；广播电视大学 1 所，专任教师 20 人；特殊教育学校 1 所，专任教师 3 人；图书馆 4 个，图书总藏量 16.5 万册；文化馆 6 个，其中乡镇文化馆 5 个。公共卫生服务体系进一步健全，长山群岛共有卫生医疗机构 8 个，其中医院 5 个（不含部队），疾病预防控制中心 1 个，卫生监督所 1 个，妇幼保健所 1 个。卫生机构实有床位 236 张（编制 340 张），其中县医院 156 张。拥有卫生技术人员 358 人，其中执业医师 113 人，执业助理医师 7 人，注册护士 152 人，药剂人员 26 人，检验人员 17 人，其他技术人员 18 人。村（社区）卫生所 25 个，医务人员 30 人，其中医生 29 人。个体诊所 7 家，医务人员 17 人，其中乡村医生 9 人。各类药房 36 个，比上年增加 8 个。从业人员 106 人，其中职业药师 26 人。居民健康档案建档率 90%，基本公共卫生服务覆盖率 100%，主要健康指标达到全省发达地区先进水平。社会保障体系进一步完善，各项社会保险费征缴率达 100%。医保扩面、基金管理、医疗审核监督等项工作健康发展，新农合参保率 100%。

第四节　长山群岛的海岛特征与功能

一、长山群岛的分布特征

长山群岛的大部分岛屿呈东西走向，坨和明礁一般坐落在岛屿四周。整个群岛的岛屿分布在由西南端的广鹿岛、东南端的海洋岛，以及东北端的石城岛、王家岛构成的三角形内。长山群岛东、南两面临海，西北面依托辽东半岛东海岸，海域内水深由西北向东南逐渐增加，大部分海域水深在 20～40 米，最深处

[①] 《2017 年长海县国民经济和社会发展统计公报》。

在海洋岛南坨子东 1 公里处，水深约 57 米（张耀光和胡宜鸣，1997）。长山群岛的岛群多，且呈组群分布，集中化程度高；内部可分为外长山群岛（包括獐子岛、海洋岛等）、里长山群岛（包括大长山岛、小长山岛和广鹿岛等）、石城群岛（包括石城岛、王家岛等）。

二、长山群岛的形状特征

海岛是海域中的镶嵌体，包括面积、边界、形状三个基本要素。在对海岛的特征分析中，主要考虑面积与边界长度之间的关系，对海岛的形状则考虑不多；但是，事实证明，海岛的形状也很重要，并且与其功能有很大的相关性。影响海岛形状的因素有很多，包括自然因素和人文因素等。自然因素有海岛地形状况、山脉走向、海蚀与海积等；人文因素有填海造地、筑港围海、修造盐田、修建公路、铁路、桥梁、旅游景点的建设改造等。海岛的形状一般通过形状率、紧凑度、延伸率等指数进行研究。

长山群岛中的海岛具有多样性、差异性、不规则性的特点，总体上分为狭长形、近似方形、近似长方形、近似圆形等，如石城岛近似方形，大长山岛近似长条形。为了便于区分不同的形状，计算其形状率，设定 Fr 为形状率，Er 为延伸率，长山群岛海岛形状率计算如表 4-7 所示。

表 4-7　长山群岛主要岛屿的形状率计算

海岛	面积 A（平方公里）	周长 P（公里）	长轴 L（公里）	短轴 L_1（公里）	$Fr=A/L^2$	$Er=L/L_1$
大长山岛	25.690 20	114.220	16.050	2.850	0.100	5.632
塞里岛	1.537 52	9.278	2.225	1.235	0.311	1.802
哈仙岛	4.892 01	12.951	4.850	1.425	0.208	3.404
小长山岛	17.627 15	45.524	10.650	4.250	0.155	2.506
蚆蛸岛	2.168 17	10.864	3.475	1.270	0.180	2.736
乌蟒岛	1.814 46	8.559	2.425	1.515	0.309	1.601
广鹿岛	26.771 25	41.404	9.200	6.345	0.316	1.450
格仙岛	1.348 13	9.082	3.360	1.090	0.119	3.083
葫芦岛	0.394 86	3.475	1.240	0.550	0.257	2.255
洪子东岛	0.786 36	7.481	2.145	0.640	0.171	3.352
瓜皮岛	2.083 18	8.429	2.725	1.590	0.281	1.714

续表

海岛	面积 A（平方公里）	周长 P（公里）	长轴 L（公里）	短轴 L_1（公里）	Fr=A/L^2	Er=L/L_1
石城岛	30.355 73	36.650	7.000	6.500	0.620	1.077
大王家岛	5.211 07	15.260	4.305	2.300	0.281	1.872
寿龙岛	1.148 68	7.621	2.375	0.900	0.204	2.639
小王家岛	0.361 92	3.314	1.150	0.750	0.274	1.533
海洋岛	19.114 30	40.805	6.560	6.260	0.444	1.047
獐子岛	9.147 48	25.661	6.115	2.750	0.245	2.224
褡裢岛	1.770 88	11.386	3.050	1.050	0.190	2.905
大耗岛	2.044 10	7.370	2.155	1.610	0.440	1.339
小耗岛	1.966 17	11.251	2.460	1.895	0.325	1.298

资料来源：张耀光和胡宜鸣（1997）

三、长山群岛的海岛功能

长山群岛作为一个海岛群，具有生态服务、生产服务和生活服务等功能。在生态服务方面，由岛砣礁、森林、自然保护区、滩涂和近岸海域等组成的区域具有良好的栖息地功能，内部生态环境清洁、健康、优美，有利于维持生态系统处于良好状态；在生产服务方面，海岛具有天然形成的条件，可以为人类提供蛋白质资源——渔业资源，使得人们既可以获得食物，又可以获得经济效益；在生活服务方面，海岛也是人类生活的居所，人们可以开发海岛、规划海岛，在海岛上建设城镇、修建道路，满足人们发展的需要，使海岛成为适应人类生存的生活区；同时，还可以凭借海岛的自然条件和特征，发展海岛旅游，满足人们的精神需要。

第五章

长山群岛人地关系地域系统供需平衡分析

海岛地区作为独立的自然、社会综合体，受到区位条件和资源环境的限制，人地关系矛盾尤为突出。脆弱的生态环境和独特的生态系统，使海岛成为研究人地关系的典型代表，特别是人海关系的研究，已成为海洋地理学研究的重要内容。国外学者从人类活动对海洋的影响、海洋与人类的关系、海洋可持续发展能力、人海关系系统健康状况、人海关系协调和海洋环境保护等方面对人海关系进行了研究。目前，多数研究侧重于人类与海洋的地域关系。在海岛人地关系地域系统中，海岛人类活动同时从陆地和海洋两个系统中获取资源，并对二者施加影响，人类与海洋、人类与陆地、海洋与陆地之间构成了生态系统最基本的相互关系。因此，海岛人地关系地域系统不能简单地以陆域或海域视角进行研究，而应综合考虑"人-陆-海"三者之间的关系。

2009 年长山群岛实施对外开放政策以后，经济持续快速发展，尤其是以渔业为主的第一产业和以旅游业为主的第三产业发展速度明显加快。岛陆资源不足和海洋渔业资源过度开发，导致海岛生态环境日趋脆弱，资源环境压力持续增加。因此，有必要对长山群岛人地关系展开系统评价。能值生态足迹模型将能值分析和生态足迹模型相结合，克服了传统生态足迹模型存在的缺陷，提高了生态承载力计算的稳定性和精确性，能够更全面、准确地评价人类经济发展的资源消耗和环境影响。因此，本章针对长山群岛资源环境的特点，改进能值生态足迹模型，分析探究 1996～2016 年长山群岛人类活动与海岛资源环境之间供需平衡关系的变化特征。

第一节　人地关系地域系统供需平衡分析方法

1992 年加拿大生态经济学家 Rees 提出生态足迹模型（Rees，1992），并于 1996 年和 Wackernagel 对模型加以完善（Rees and Wackernagel，1996）。生态足迹理论通过估算维持一定规模人口的生物资源消费量和消纳人口产生的废弃物所需要的生物生产性土地面积的大小，与人口所在区域的生物生产性土地面积承载能力进行比较，获取生态盈余/赤字来衡量可持续发展状况（Wackernagel，1999）。模型计算过程简单，结果形象直白，适用性较强，形成了诸多成果。但自理论提出以来，针对生态足迹的理论假设、可持续发展能力的衡量、产量因子和均衡因子的设定等争议就从未停止（Long et al.，2004），许多学者针对这些争议进行了深入研究，并提出了相应的改进措施（熊德国等，2003）。

20世纪80年代，美国生态经济学家Odum提出能值（emergy）分析理论，将生态经济系统内流动和储存的各种不同类别的能量与物质转化为同一标准的能值，进行定量研究（蓝盛芳等，2002）。一些学者依据能值分析理论，通过将生物资源转化为太阳能值，并引入能值密度，对生态足迹模型进行改进，避免了传统生态足迹模型中产量因子和均衡因子的困扰，有效弥补了传统生态足迹模型的缺陷（Zhao et al.，2005）。但是，通过对比学者提出的能值生态足迹模型发现，模型在能值密度和能值生态承载力方面存在较多争议。

一、能值生态足迹基本模型

能值生态足迹模型应用能值分析理论对生态足迹计算进行改进，在模型中，与生态足迹计算一样首先建立起消费账户，利用能值转换率将所有消费项目都折算成相应的太阳能值，项目能值总和除以能值密度即为生态足迹（Zhao et al.，2005）。基本计算公式为

$$EEF = \sum_{i=1}^{n} eef_i = \sum_{i=1}^{n} \frac{EMc_i}{D} \qquad (5\text{-}1)$$

$$EEC = \frac{EMs}{D} \times 0.88 \qquad (5\text{-}2)$$

式中，EEF为能值生态足迹；i为第i类消费项目；eef_i为生产第i类消费项目占用的生物生产性土地面积；EMc_i为第i类消费项目能值；EEC为生态承载力；EMs为研究区域能够提供的资源能值总量；常数0.88为根据世界环境与发展委员会的报告，扣除12%生物多样性的修正系数（谢鸿宇等，2008）；D为能值密度，其公式为

$$D = \frac{EM}{S} \qquad (5\text{-}3)$$

式中，EM为某区域能值总量；S为区域面积。式（5-1）和式（5-2）中D根据不同模型，取值和表述含义不尽相同。

二、不同能值生态足迹模型比较

利用中国知网以"能值"并"生态足迹"为主题检索词，以 2017 年 12 月 31 日为截止日期进行精确检索，剔除综述、评述、重复等不符合条件的论文，共整理得到 107 篇研究报道。对其中的能值生态足迹模型进行汇总，共整理出九类能值生态足迹模型（表 5-1）。对比发现，生态足迹中的消费项目能值均采用本区域消费项目转化为太阳能值；而能值密度和生态承载力中的项目能值争议较多。由表 5-1 可知，当各指标取值相同时，由于模型不同，计算结果存在很大差异。

表 5-1　不同能值生态足迹模型比较

模型	生态足迹		生态承载力		论文数量（篇）	典型文献
	项目能值	能值密度	项目能值	能值密度		
模型 1	消费项目能值	全球能值密度	区域可更新资源能值	全球能值密度	13	谭德明和何红渠，2016
模型 2	消费项目能值	全球能值密度	区域可更新资源能值	区域能值密度	1	苏浩等，2014
模型 3	消费项目能值	全球能值密度	区域产出项目能值	全球能值密度	5	高阳等，2011
模型 4	消费项目能值	全球能值密度	区域可更新资源能值+区域产出项目能值	全球能值密度	2	荣慧芳和陈晓华，2013
模型 5	消费项目能值	区域能值密度	区域可更新资源能值	全球能值密度	58	王明全等，2009
模型 6	消费项目能值	区域能值密度	区域可更新资源能值	区域能值密度	18	刘淼等，2008
模型 7	消费项目能值	区域能值密度	区域产出项目能值	全球/全国能值密度	6	黄春等，2014
模型 8	消费项目能值	区域能值密度	区域产出项目能值	区域能值密度	1	张磊等，2011
模型 9	消费项目能值	区域能值密度	区域可更新资源能值+区域产出项目能值	区域能值密度	3	盛业旭等，2014

注：区域能值密度和全球能值密度均为可更新资源能值密度

三、能值生态足迹模型存在的理论缺陷

（一）能值密度问题

在能值密度选择方面主要存在三个问题：①能值密度选择标准不一，结果差异较大，例如，相关研究表明，全球平均能值密度为 $3.10×10^{14}$sej/公顷（Odum et al.，2000），海南省为 9.69×10^{15}sej/公顷（蓝盛芳等，2002），据此计算能值足迹差异很大。②能值生态足迹和能值生态承载力的密度指标使用不一致，使二者无法对比（张芳怡等，2006）。③在衡量区域能值生态承载力计算方面，据式（5-2），区域能值密度=区域可更新资源能值/区域面积，因此在模型 2 和模型 6 中，区域生态承载力=区域可更新资源能值/区域能值密度=区域可更新资源能值/（区域可更新资源能值/区域面积）=区域面积，显然失去了生态承载力的意义。若以研究区域自身的能值密度作为基准，虽然可以表征区域现实情况，却失去了可比性。因此，无论选用全国能值密度，还是全球能值密度，生态足迹和生态承载力的能值密度都应一致（曹威威和孙才志，2019）。

（二）能值生态承载力问题

在计算生态承载力时，相关学者认为不可更新资源的消耗速度要快于其再生速度，并随着人类的不断利用日益枯竭，只有利用可更新资源，生态承载力才具有可持续性（段七零，2008）。这种计算方法虽然考虑了可更新资源的可持续性问题，但没有考虑地区对可更新资源的获取能力和实际资源的供给能力。以自然形式存在的可更新资源并不能反映经济、技术条件带来的承载力变化。例如，若区域发生暴雨洪涝灾害，雨水化学能、雨水势能就会增大，造成生态承载力"虚假"提高，但是实际地区的生物产品可能因灾减产甚至绝收。因此，仅用太阳辐射能、风能、雨水化学能、雨水势能和地球旋转能等可更新资源来表征生态承载力缺乏现实意义，地区消费产品的生物生产能力才是区域生态承载力的实际表现。

四、海岛能值生态足迹模型的改进

（一）能值生态足迹

能值生态足迹的计算即将某一类型消费项目能值通过能值密度转化为占用面积，基本计算公式为

$$EEF = \sum_{i=1}^{n} \frac{EMc_i}{D_1} \quad (5\text{-}4)$$

式中，EEF 为能值生态足迹；i 为第 i 类消费项目；EMc_i 为第 i 类消费项目能值；

D_1 为全球能值密度。其中,海岛水产品消费主要是人类通过海水养殖和海洋捕捞活动从海洋中获取产品的资源消费过程,因此水产品消费数据为渔业生产数据。

(二)能值生态承载力

根据传统生态足迹理论,生态承载力是指在当下及未来可能的技术水平下区域能够为人类生存提供的生物生产性空间面积。生态承载力的计算有以下两种方法:一是基于生物资源供给能力的计算方法;二是基于土地面积的计算方法。因此,对能值生态承载力计算改进如下。

对于海洋账户和能源账户,使用基于生物资源供给能力的计算方法。海洋账户所提供的水产品生态承载能力由海域渔业资源最大可持续供给量转化的太阳能值除以能值密度计算获得,公式为

$$EEC_{海洋} = \frac{EP}{D_1} = \frac{MSY \times Tr}{D_1} \qquad (5\text{-}5)$$

式中,$EEC_{海洋}$ 为海洋账户能值生态承载力;EP 为区域所能提供的海域渔业资源能值(emergy of production);MSY 为最大可持续开发量;Tr 为能值转化率;D_1 为全球能值密度,基于 9.44×10^{24} sej/年的全球能值基准,计算全球能值密度为 3.10×10^{14} sej/公顷。本书中水产品的生态承载力为海域范围内所能提供的渔业资源最大可持续开发量,由海域渔业资源生产力决定,根据生态平衡原理,采用营养动态模型估算长山群岛海域生态系统的渔业资源生产力,计算公式为

$$MSY = 0.5 \times BP = 0.5 \times B \times E^{TL} \qquad (5\text{-}6)$$

式中,BP 为渔业资源年生产力,即生物生产量(biological production);B 为初级生产量(湿重)(初级生产量湿重=干重÷0.35,100 克干重相当于 35 克有机碳),根据国家海洋环境监测中心调查数据,长山群岛海域初级生产力为 78 605.46 千克/(公里^2·年),由此计算初级生产量为 495 万吨/年(国家海洋环境监测中心,2009);E 为生态效率,取 15%,TL 为海域渔获物营养级,借鉴前人研究成果(宁修仁等,1995;宋星宇等,2012;王子超,2017),取 TL=3.0。

在能值生态足迹模型中,能源消费所占用的碳足迹,其对应的生态承载力为林地的碳吸收能力。但是,在能值分析方法中碳足迹的承载力不能简单以林

地面积计算，需要根据能源的碳排放系数和单位面积林地碳吸收量，转化为单位面积林地能够承载的能源消费量。具体公式为

$$\text{EEC}_{\text{林地}} = \frac{A_{\text{林地}} \times \alpha \times \text{Tr}}{D_1} \qquad (5\text{-}7)$$

式中，$\text{EEC}_{\text{林地}}$ 为林地承载力；$A_{\text{林地}}$ 为林地面积；α 为单位面积林地承载的能源消费量（标煤）；Tr 为能值转化率。按照原煤碳排放因子 26 吨碳/太焦，1 吨原煤能量为 0.0293 太焦，全球森林碳吸收量为 1.42 吨碳/（公顷·年），中国森林植被碳吸收量为 1.04 吨碳/（公顷·年），考虑客观反映长山群岛的实际情况，本书采用 1.04 吨碳/（公顷·年），则 1 公顷林地能够吸收 1.04/（26×0.0293）＝ 1.3652 吨标煤产生的 CO_2（肖兴威，2005；刘某承，2014）。

生物产品账户承载力由区域所能提供的相应类型的土地面积决定，其承载力使用土地面积法进行计算。海岛居民生活消费的粮食、蔬菜等从耕地获取；肉、蛋、奶等畜牧业产品主要由农牧结合的饲养方式获取，这部分产品需要以从耕地获取的饲料投入为基础，因此畜产品也计入耕地资源内；糖、糖果、糕点、白酒、啤酒等工业产品由糖料、粮食等农产品加工获取，同样由耕地提供相应资源；水果主要源于园地果树种植；因此，在资源环境供给中，该类资源的供给能力由海岛所能提供的相应生物生产性土地决定。在能值生态足迹中，物质流转化为能量流，消除了产量因子的影响，但是不同地区间的土地生产力差异依然存在，能值生态承载力仍需要使用均衡因子。区域均衡因子为区域能值密度与全球能值密度之比，计算公式为

$$\text{EEC} = \sum_{i=1}^{n} A_i \times \frac{D_2}{D_1} \times 0.88 \qquad (5\text{-}8)$$

式中，A_i 为 i 类项目的实际土地面积；D_2 为研究区能值密度，其计算公式为

$$D_2 = \frac{\text{EM}_{\max(a,b,c,d,e)} + \text{EM}_f + \text{EM}_g}{S} \qquad (5\text{-}9)$$

式中，S 为区域总面积；EM_a、EM_b、EM_c、EM_d、EM_e、EM_f、EM_g 分别为太阳辐射能、风能、雨水化学能、雨水势能、波浪能、地球旋转能和潮汐能的能值多年平均值（表 5-2）；太阳辐射能、风能、雨水化学能、雨水势能、波浪能是由太阳辐射作用产生的，为了避免重复计算，取其中最大值，记为 $\text{EM}_{\max(a,b,c,d,e)}$；

地球旋转能和潮汐能分别由地球内能和地月日引力引起，需加总计算。长山群岛平均海域总能值为 $1.09×10^{21}$ sej/年，区域能值密度为 $9.20×10^{16}$ sej/公顷。

表 5-2　1996～2016 年长山群岛平均可更新资源能值

项目	能值转化率（sej/焦）	长山群岛	
		能量（焦）	太阳能值（sej）
太阳辐射能	1.00	$1.09×10^{18}$	$1.09×10^{18}$
风能	$1.50×10^{3}$	$5.28×10^{13}$	$7.92×10^{16}$
雨水化学能	$1.54×10^{4}$	$7.04×10^{16}$	$1.08×10^{21}$
雨水势能	$8.89×10^{3}$	$3.31×10^{16}$	$2.95×10^{20}$
波浪能	$2.59×10^{4}$	$3.48×10^{15}$	$9.01×10^{19}$
地球旋转势能	$2.90×10^{4}$	$1.72×10^{14}$	$4.99×10^{18}$
潮汐能	$2.36×10^{4}$	$1.20×10^{14}$	$2.83×10^{18}$
合计	—	—	$1.09×10^{21}$
土地面积（公顷）	—	—	$1.19×10^{4}$
能值密度（sej/公顷）	—	—	$9.20×10^{16}$

（三）能值生态盈亏

能值生态盈亏（赤字/盈余）反映了人类活动对资源环境占用与生态系统提供资源环境服务能力之间的平衡关系，即从社会经济系统的消费端核算人对自然资本和服务功能的利用（需求）程度，从自然生态系统的供给端核算自然资本和服务功能的可得（供给）程度，通过对比二者的供需关系，识别一定社会经济影响下的生态系统状态，衡量一定社会经济条件下生态环境的可持续性（刘某承，2014）。其计算公式为

$$EEB = EEC - EEF \qquad (5\text{-}10)$$

式中，EEB 为能值生态盈亏。当 EEC>EEF 时，EEB 为正数，称为能值生态盈余，表示人地关系地域系统处于可持续状态；当 EEC<EEF 时，EEB 为负数，称为能值生态赤字，表示人地关系地域系统处于不可持续状态；当 EEC=EEF 时，称为生态平衡，表示人地关系地域系统处于弱可持续状态。生态盈亏的大小可用来表示生态压力的大小，赤字越大，生态压力越大。

第二节　数据来源与处理

一、能值生态足迹模型账户体系构建

人地关系地域系统是地理学的研究核心，是人类活动与地理环境相互作用形成的开放复杂巨系统（吴传钧，1991）。在该系统中，从事社会生产活动的个体和群体（"人"）与人类生活的自然和人文环境（"地"），通过物质、信息和能量的交流进行相互作用、彼此影响。因此，为清晰地反映海岛人地关系地域系统要素间作用关系，基于能值分析理论和生态足迹理论，根据海岛居民生产和生活活动的特征，从产品消费和自然资本供给两个端口构建账户体系，包含生物产品账户（bioproduct account）、能源账户（energy account）、海洋账户（marine account）三个账户。长山群岛消费主要是生物产品消费、能源消费、以海洋渔业产品为主的资源消费。根据长山群岛消费产品统计数据，选取粮食、蔬菜、肉类、蛋类、奶类、水果、食用油、糕点、酒类、糖类、能源、水产品作为主要消费项目。海岛土地资源具有特殊性，传统生态足迹模型中的生物生产性土地的分类不适用于人类海岛生产生活活动，因此，将消费端和供给端所涉及的生物生产性土地分为四类：耕地、园地、林地和水域。其中，园地和水域分别为水果和水产品的消费与供给用地，海岛人类能源消费活动产生的 CO_2 和废气主要由林地吸纳。生物产品账户主要为生活性消费，能源账户和海洋账户虽然也为居民生活提供所需能源产品和水产品，但是经济发展所需的生产消费比重更高，因此将二者归为生产性消费。消费端和供给端账户中各类项目的消费和供给分别对应相应的生物生产性用地类型（图 5-1）。

二、数据来源

研究涉及的 1996～2016 年地区人口、各类项目消费量、水产品产量、能源

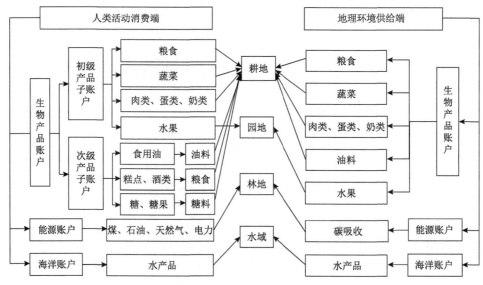

图 5-1　能值账户体系

消费、各类土地面积、日照时数、降雨、平均风速等数据来自《长海统计年鉴》
（1996～2016 年），长山群岛海域初级生产力数据源于《中国海岛志：辽宁卷
第一册（辽宁长山群岛）》（《中国海岛志》编纂委员会，2013）。由于 2003
年和 2004 年，长山群岛行政区划变更，石城乡和王家镇划归庄河市管辖。因此，
考虑数据的连续性、可获得性和统计口径的一致性，扣除石城乡和王家镇
1996～2002 年的数据。

三、数据处理

　　各项目的能量由项目实际数量×能量折算系数计算得来，其中，能量折算系
数引用朱玉林（2010）、杨晶晶（2016）、黄凤华（2010）等学者的研究成果，
并参考《技术经济手册·农业卷》相关数据（中国技术经济研究会，1986）。
次级加工产品数据为生产数据，体现的是工业生产对生物原料的消费，通过转
换因子将次级加工产品转换为生产该产品所需要的主要原材料数量之后，再计
算其消耗的能值和生态足迹，其中，转换因子参考谢高地等（2011）、刘某承
（2014）等学者的研究成果。各消费项目能值由项目能量×能值转化率计算得来，
表 5-3 为 1996～2016 年长山群岛消费能值。

表 5-3　1996~2016 年长山群岛消费能值

（单位：sej）

项目	粮食	蔬菜	肉类	蛋类	奶类	水产品	水果	食用油	糖	糖果	糕点	白酒	啤酒	能源
1996 年	2.04×10^{14}	9.78×10^{12}	1.05×10^{15}	1.73×10^{14}	1.03×10^{13}	2.71×10^{21}	5.61×10^{12}	4.04×10^{13}	3.00×10^{12}	3.74×10^{11}	1.33×10^{13}	1.70×10^{13}	3.31×10^{12}	7.75×10^{19}
1997 年	2.26×10^{14}	1.05×10^{13}	9.52×10^{14}	2.19×10^{14}	2.71×10^{13}	2.36×10^{21}	6.59×10^{12}	3.11×10^{13}	3.91×10^{12}	1.12×10^{12}	1.20×10^{13}	1.35×10^{13}	3.78×10^{12}	7.29×10^{19}
1998 年	2.00×10^{14}	9.92×10^{12}	1.51×10^{15}	1.78×10^{14}	2.47×10^{13}	2.19×10^{21}	6.10×10^{12}	1.86×10^{13}	3.37×10^{12}	2.61×10^{11}	1.27×10^{13}	1.40×10^{13}	3.03×10^{12}	7.80×10^{19}
1999 年	1.56×10^{14}	8.25×10^{12}	1.21×10^{15}	1.98×10^{14}	1.92×10^{13}	2.58×10^{21}	8.38×10^{12}	4.04×10^{13}	4.47×10^{12}	1.45×10^{12}	9.99×10^{12}	1.08×10^{13}	3.93×10^{12}	7.89×10^{19}
2000 年	2.29×10^{14}	8.05×10^{12}	1.42×10^{15}	2.02×10^{14}	6.39×10^{12}	3.21×10^{21}	6.89×10^{12}	3.11×10^{13}	2.71×10^{12}	1.06×10^{12}	1.11×10^{13}	9.34×10^{12}	3.59×10^{12}	7.89×10^{19}
2001 年	2.35×10^{14}	5.28×10^{12}	1.21×10^{15}	1.64×10^{14}	8.79×10^{12}	3.16×10^{21}	5.57×10^{12}	3.93×10^{13}	2.74×10^{12}	3.17×10^{11}	5.46×10^{12}	9.28×10^{12}	3.26×10^{12}	1.01×10^{20}
2002 年	1.44×10^{14}	6.71×10^{12}	1.20×10^{15}	1.83×10^{14}	2.40×10^{13}	3.26×10^{21}	6.69×10^{12}	5.18×10^{13}	3.22×10^{12}	1.06×10^{12}	9.10×10^{12}	1.16×10^{13}	4.55×10^{12}	1.11×10^{20}
2003 年	1.94×10^{14}	6.58×10^{12}	1.24×10^{15}	2.59×10^{14}	4.80×10^{13}	3.20×10^{21}	6.88×10^{12}	5.79×10^{13}	3.23×10^{12}	1.03×10^{12}	1.13×10^{13}	8.70×10^{12}	3.85×10^{12}	1.18×10^{20}
2004 年	1.34×10^{14}	5.01×10^{12}	1.25×10^{15}	2.13×10^{14}	6.30×10^{13}	3.48×10^{21}	5.76×10^{12}	7.24×10^{13}	3.23×10^{12}	1.00×10^{12}	1.15×10^{13}	8.70×10^{12}	3.85×10^{12}	1.31×10^{20}
2005 年	1.43×10^{14}	5.43×10^{12}	1.29×10^{15}	2.29×10^{14}	1.04×10^{14}	3.81×10^{21}	6.88×10^{12}	8.28×10^{13}	1.61×10^{12}	3.16×10^{12}	7.46×10^{13}	1.16×10^{13}	4.55×10^{12}	1.43×10^{20}
2006 年	1.18×10^{14}	6.34×10^{12}	1.15×10^{15}	2.19×10^{14}	9.89×10^{13}	4.24×10^{21}	7.06×10^{12}	1.06×10^{14}	2.13×10^{12}	1.03×10^{12}	8.75×10^{13}	1.21×10^{13}	4.84×10^{12}	1.69×10^{20}
2007 年	1.21×10^{14}	4.14×10^{12}	9.87×10^{14}	1.54×10^{14}	5.88×10^{13}	4.30×10^{21}	5.08×10^{12}	7.36×10^{13}	2.10×10^{12}	9.06×10^{11}	8.78×10^{13}	5.10×10^{12}	3.88×10^{12}	1.74×10^{20}
2008 年	1.30×10^{14}	5.79×10^{12}	1.02×10^{15}	2.14×10^{14}	8.29×10^{13}	4.55×10^{21}	7.11×10^{12}	1.14×10^{14}	1.61×10^{12}	1.05×10^{12}	1.89×10^{13}	7.47×10^{12}	4.89×10^{12}	2.58×10^{20}
2009 年	1.33×10^{14}	4.87×10^{12}	9.63×10^{14}	2.02×10^{14}	6.77×10^{13}	5.43×10^{21}	1.01×10^{13}	8.76×10^{13}	2.42×10^{12}	1.05×10^{12}	2.13×10^{13}	7.67×10^{12}	4.05×10^{12}	2.76×10^{20}
2010 年	1.21×10^{14}	5.04×10^{12}	1.05×10^{15}	2.10×10^{14}	8.36×10^{13}	6.21×10^{21}	6.34×10^{12}	9.80×10^{12}	2.13×10^{12}	8.17×10^{11}	1.56×10^{13}	6.14×10^{12}	3.97×10^{12}	3.01×10^{20}

续表

项目	粮食	蔬菜	肉类	蛋类	奶类	水产品	水果	食用油	糖	糖果	糕点	白酒	啤酒	能源
2011 年	1.05×10^{14}	5.72×10^{12}	8.54×10^{14}	1.92×10^{14}	7.59×10^{13}	7.52×10^{21}	6.33×10^{12}	9.02×10^{13}	1.61×10^{12}	7.88×10^{11}	1.41×10^{13}	8.50×10^{12}	3.24×10^{12}	3.00×10^{20}
2012 年	1.30×10^{14}	5.00×10^{12}	9.50×10^{14}	2.20×10^{14}	5.19×10^{13}	8.80×10^{21}	5.88×10^{12}	1.07×10^{14}	1.84×10^{12}	7.59×10^{11}	1.72×10^{13}	1.03×10^{13}	3.42×10^{12}	3.43×10^{20}
2013 年	1.23×10^{14}	5.63×10^{12}	1.16×10^{15}	2.15×10^{14}	1.63×10^{14}	9.86×10^{21}	8.31×10^{12}	1.19×10^{14}	2.12×10^{12}	1.08×10^{12}	9.17×10^{12}	4.15×10^{12}	2.81×10^{12}	3.56×10^{20}
2014 年	1.18×10^{14}	4.66×10^{12}	1.10×10^{15}	2.14×10^{14}	1.14×10^{14}	8.85×10^{21}	7.93×10^{12}	1.26×10^{14}	1.81×10^{12}	7.03×10^{11}	1.33×10^{13}	6.64×10^{12}	4.10×10^{12}	3.64×10^{20}
2015 年	1.14×10^{14}	4.48×10^{12}	1.09×10^{15}	2.15×10^{14}	1.24×10^{14}	7.50×10^{21}	8.04×10^{12}	1.32×10^{14}	1.73×10^{12}	6.76×10^{11}	1.35×10^{13}	6.34×10^{12}	4.12×10^{12}	3.84×10^{20}
2016 年	1.82×10^{14}	6.60×10^{12}	1.42×10^{15}	2.20×10^{14}	8.10×10^{13}	8.07×10^{21}	1.13×10^{13}	1.55×10^{14}	2.57×10^{12}	3.62×10^{11}	1.09×10^{13}	9.88×10^{12}	5.17×10^{12}	4.02×10^{20}

第三节　长山群岛人地关系地域系统供需平衡计算结果

一、能值生态承载力

　　根据长山群岛能值生态承载力计算结果（表 5-4），长山群岛能值生态承载力呈下降趋势，1996 年为 $1.04×10^6$ 公顷，2008 年下降到最低点 $8.14×10^5$ 公顷，下降了 21.73%（图 5-2）。2009～2016 年基本保持稳定，平均为 $8.30×10^5$ 公顷。由图 5-3 可知，1996～2016 年，耕地承载力从 1996 年的 $5.63×10^5$ 公顷下降到 2008 年的 $3.33×10^5$ 公顷，降幅达到 40.85%。园地承载力在 1996～2003 年出现波动，2003 年以后，园地面积大幅减少。林地承载力经历了 1996～2003 年的平稳期和 2004～2016 年的上升期两个阶段的变化。

表 5-4　1996～2016 年长山群岛能值承载力计算结果　　（单位：公顷）

土地类型	总能值人口承载力					人均能值承载力				
	耕地	园地	林地	水域	合计	耕地	园地	林地	水域	合计
1996 年	$5.63×10^5$	$3.55×10^4$	$1.14×10^5$	$3.31×10^5$	$1.04×10^6$	7.66	0.48	1.55	4.51	14.20
1997 年	$5.48×10^5$	$3.73×10^4$	$1.16×10^5$	$3.31×10^5$	$1.03×10^6$	7.40	0.50	1.56	4.48	13.94
1998 年	$6.55×10^5$	$3.60×10^4$	$1.16×10^5$	$3.31×10^5$	$1.14×10^6$	8.80	0.48	1.56	4.45	15.29
1999 年	$5.56×10^5$	$2.82×10^4$	$1.16×10^5$	$3.31×10^5$	$1.03×10^6$	7.51	0.38	1.56	4.47	13.92
2000 年	$5.06×10^5$	$2.67×10^4$	$1.17×10^5$	$3.31×10^5$	$9.81×10^5$	6.80	0.36	1.57	4.45	13.18
2001 年	$4.86×10^5$	$2.16×10^4$	$1.17×10^5$	$3.31×10^5$	$9.56×10^5$	6.52	0.29	1.57	4.44	12.82
2002 年	$4.44×10^5$	$2.79×10^4$	$1.18×10^5$	$3.31×10^5$	$9.21×10^5$	5.92	0.37	1.57	4.42	12.28
2003 年	$3.55×10^5$	$3.87×10^4$	$1.18×10^5$	$3.31×10^5$	$8.43×10^5$	4.72	0.51	1.56	4.40	11.19
2004 年	$3.46×10^5$	$3.26×10^4$	$1.24×10^5$	$3.31×10^5$	$8.34×10^5$	4.61	0.44	1.65	4.42	11.12
2005 年	$3.64×10^5$	$3.34×10^4$	$1.24×10^5$	$3.31×10^5$	$8.52×10^5$	4.86	0.45	1.65	4.43	11.39
2006 年	$3.39×10^5$	$3.11×10^4$	$1.22×10^5$	$3.31×10^5$	$8.23×10^5$	4.56	0.42	1.65	4.46	11.09
2007 年	$3.34×10^5$	$2.71×10^4$	$1.23×10^5$	$3.31×10^5$	$8.15×10^5$	4.49	0.36	1.66	4.46	10.97
2008 年	$3.33×10^5$	$2.69×10^4$	$1.23×10^5$	$3.31×10^5$	$8.14×10^5$	4.50	0.36	1.66	4.48	11.00
2009 年	$3.60×10^5$	$2.07×10^4$	$1.25×10^5$	$3.31×10^5$	$8.37×10^5$	4.88	0.28	1.70	4.49	11.35

续表

土地类型	总能值人口承载力					人均能值承载力				
	耕地	园地	林地	水域	合计	耕地	园地	林地	水域	合计
2010 年	3.60×10^5	2.07×10^4	1.24×10^5	3.31×10^5	8.36×10^5	4.92	0.28	1.69	4.53	11.42
2011 年	3.58×10^5	2.06×10^4	1.23×10^5	3.31×10^5	8.33×10^5	4.90	0.28	1.69	4.54	11.41
2012 年	3.56×10^5	2.06×10^4	1.23×10^5	3.31×10^5	8.31×10^5	4.89	0.28	1.69	4.55	11.41
2013 年	3.56×10^5	2.06×10^4	1.16×10^5	3.31×10^5	8.24×10^5	4.91	0.28	1.60	4.56	11.35
2014 年	3.57×10^5	1.91×10^4	1.22×10^5	3.31×10^5	8.29×10^5	4.93	0.26	1.68	4.58	11.45
2015 年	3.56×10^5	2.02×10^4	1.22×10^5	3.31×10^5	8.30×10^5	4.95	0.28	1.69	4.60	11.52
2016 年	3.56×10^5	2.02×10^4	1.23×10^5	3.31×10^5	8.30×10^5	4.95	0.28	1.71	4.61	11.55

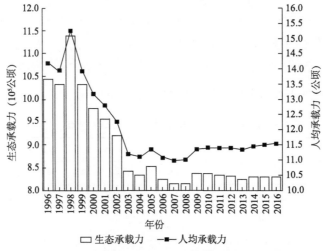

图 5-2　1996~2016 年长山群岛生态承载力变化

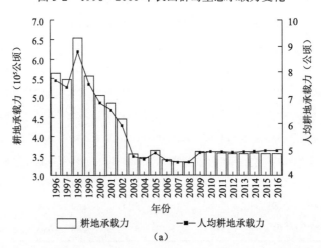

（a）

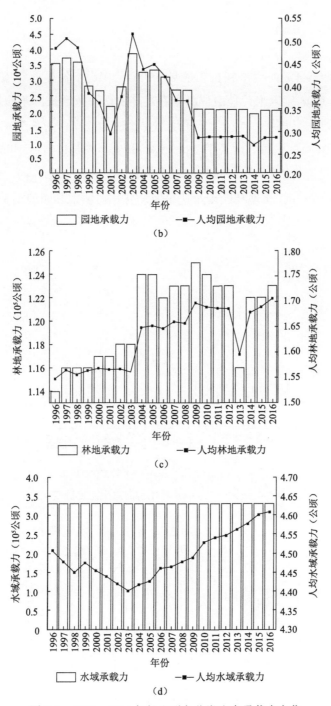

图 5-3　1996～2016 年长山群岛分类生态承载力变化

二、能值生态足迹

根据式（5-4）计算得到长山群岛 1996～2016 年各类消费项目生态足迹（表 5-5）。1998 年以来，长山群岛生态足迹出现快速增长，尤其是 2009 年以后，增长速度明显加快，至 2013 年生态足迹达到最高，为 $3.34×10^7$ 公顷，较 1996 年的 $9.37×10^6$ 公顷，增长了 256.46%，其后生态足迹有所下降，2016 年长山群岛生态足迹为 $2.78×10^7$ 公顷，为 1996 年的 2.97 倍（图 5-4）。由图 5-5（a）和图 5-5（b）可知，耕地和园地足迹呈波动变化。耕地和园地消费主要为生活

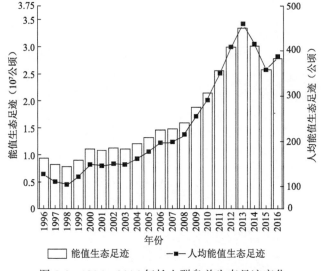

图 5-4　1996～2016 年长山群岛总生态足迹变化

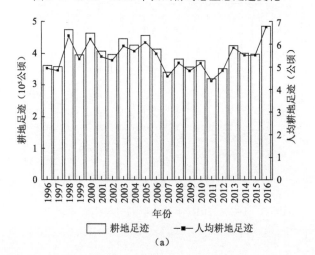

（a）

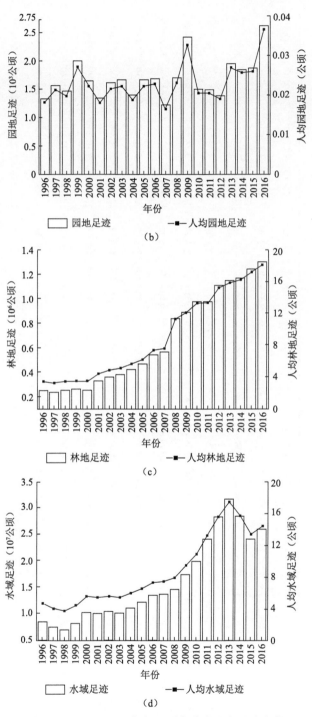

图 5-5　1996~2016 年长山群岛分类生态足迹变化

表5-5 1996~2016年长山群岛分消费类型能值生态足迹

（单位：公顷）

项目	粮食	蔬菜	肉类	蛋类	奶类	水产品	水果	食用油	糖	糖果	糕点	白酒	啤酒	能源
所属土地类型	耕地	耕地	草地	草地	草地	水域	林地	耕地	耕地	耕地	耕地	耕地	耕地	林地
1996年	4.85×10^4	2.32×10^3	2.5×10^5	4.11×10^4	2.45×10^3	8.76×10^6	1.33×10^3	9.58×10^3	7.10×10^2	88.82	3.16×10^3	4.02×10^3	7.85×10^2	2.50×10^5
1997年	5.39×10^4	2.51×10^3	2.27×10^5	5.23×10^4	6.46×10^3	7.61×10^6	1.57×10^3	7.42×10^3	9.33×10^2	267.56	2.88×10^3	3.22×10^3	9.03×10^2	2.35×10^5
1998年	4.82×10^4	2.38×10^3	3.62×10^5	4.28×10^4	5.94×10^3	7.06×10^6	1.47×10^3	4.48×10^3	8.10×10^2	62.70	3.05×10^3	3.37×10^3	7.28×10^2	2.52×10^5
1999年	3.72×10^4	1.97×10^3	2.88×10^5	4.73×10^4	4.58×10^3	8.31×10^6	2.00×10^3	9.65×10^3	10.67×10^2	346.69	2.39×10^3	2.58×10^3	9.39×10^2	2.55×10^5
2000年	5.51×10^4	1.93×10^3	3.42×10^5	4.86×10^4	1.53×10^3	10.36×10^6	1.65×10^3	7.45×10^3	6.51×10^2	253.76	2.67×10^3	2.24×10^3	8.61×10^2	2.54×10^5
2001年	5.66×10^4	1.27×10^3	2.92×10^5	3.96×10^4	2.12×10^3	10.18×10^6	1.34×10^3	9.47×10^3	6.60×10^2	76.32	1.31×10^3	2.23×10^3	7.84×10^2	3.27×10^5
2002年	3.49×10^4	1.62×10^3	2.91×10^5	4.42×10^4	5.80×10^3	10.50×10^6	1.62×10^3	12.52×10^3	7.80×10^2	255.42	2.20×10^3	2.81×10^3	11.01×10^2	3.58×10^5
2003年	4.71×10^4	1.6×10^3	3.02×10^5	6.29×10^4	11.65×10^3	10.31×10^6	1.67×10^3	14.07×10^3	7.83×10^2	250.72	2.76×10^3	2.11×10^3	9.36×10^2	3.81×10^5
2004年	3.24×10^4	1.21×10^3	3.01×10^5	5.16×10^4	15.24×10^3	11.22×10^6	1.40×10^3	17.53×10^3	7.81×10^2	242.04	2.79×10^3	2.10×10^3	9.33×10^2	4.23×10^5
2005年	3.45×10^4	1.31×10^3	3.12×10^5	5.52×10^4	25.13×10^3	12.3×10^6	1.66×10^3	20.00×10^3	3.90×10^2	762.98	1.80×10^3	2.80×10^3	11.00×10^2	4.62×10^5
2006年	2.82×10^4	1.52×10^3	2.76×10^5	5.25×10^4	23.71×10^3	13.67×10^6	1.69×10^3	25.38×10^3	5.10×10^2	247.38	2.10×10^3	2.91×10^3	11.6×10^2	5.45×10^5
2007年	2.90×10^4	0.99×10^3	2.36×10^5	3.69×10^4	14.09×10^3	13.87×10^6	1.22×10^3	17.63×10^3	5.02×10^2	217.05	2.10×10^3	1.22×10^3	9.28×10^2	5.63×10^5
2008年	3.10×10^4	1.38×10^3	2.44×10^5	5.10×10^4	19.80×10^3	14.67×10^6	1.70×10^3	27.11×10^3	3.85×10^2	251.59	4.50×10^3	1.78×10^3	11.68×10^2	8.33×10^5
2009年	3.16×10^4	1.16×10^3	2.29×10^5	4.81×10^4	16.13×10^3	17.52×10^6	2.41×10^3	20.86×10^3	5.76×10^2	251.12	5.07×10^3	1.83×10^3	9.64×10^2	8.90×10^5
2010年	2.86×10^4	1.19×10^3	2.48×10^5	4.96×10^4	19.75×10^3	20.02×10^6	1.5×10^3	23.14×10^3	5.02×10^2	192.89	3.69×10^3	1.45×10^3	9.36×10^2	9.70×10^5

续表

项目	粮食	蔬菜	肉类	蛋类	奶类	水产品	水果	食用油	糖	糖果	糕点	白酒	啤酒	能源
所属土地类型	耕地	耕地	草地	草地	草地	水域	林地	耕地	耕地	耕地	耕地	耕地	耕地	林地
2011 年	2.47×10^4	1.35×10^3	2.01×10^5	4.52×10^4	17.87×10^3	24.26×10^6	1.49×10^3	21.22×10^3	3.80×10^2	185.51	3.31×10^3	2.00×10^3	7.64×10^2	9.68×10^5
2012 年	3.06×10^4	1.18×10^3	2.23×10^5	5.16×10^4	12.20×10^3	28.40×10^6	1.38×10^3	25.05×10^3	4.32×10^2	178.56	4.04×10^3	2.41×10^3	8.03×10^2	11.07×10^5
2013 年	2.89×10^4	1.32×10^3	2.73×10^5	5.04×10^4	38.26×10^3	31.81×10^6	1.95×10^3	27.89×10^3	4.98×10^2	252.26	2.15×10^3	0.97×10^3	6.59×10^2	11.49×10^5
2014 年	2.76×10^4	1.09×10^3	2.58×10^5	5.00×10^4	26.52×10^3	28.54×10^6	1.85×10^3	29.33×10^3	4.23×10^2	164.28	3.11×10^3	1.55×10^3	9.57×10^2	11.73×10^5
2015 年	2.65×10^4	1.04×10^3	2.54×10^5	5.00×10^4	28.81×10^3	24.19×10^6	1.87×10^3	30.59×10^3	4.02×10^2	157.02	3.14×10^3	1.47×10^3	9.58×10^2	12.39×10^5
2016 年	4.23×10^4	1.53×10^3	3.3×10^5	5.10×10^4	18.80×10^3	26.03×10^6	2.62×10^3	36.01×10^3	5.95×10^2	83.92	2.53×10^3	2.29×10^3	12.00×10^2	12.98×10^5

性物资消费，其变化反映了海岛居民生活水平的变迁。图 5-5（c）和图 5-5（d）显示，以能源消耗为代表的林地足迹逐年上升，1996 年，林地足迹为 2.50×10^5 公顷，2016 年达到 1.30×10^6 公顷，涨幅为 420.00%。水域足迹在 1996～2013 年整体处于增长状态，2013 年达到 3.18×10^7 公顷，为历史最高水平，其后开始下降，2016 年为 2.60×10^7 公顷。

三、能值生态盈亏分析

1996～2016 年，长山群岛人地关系始终处于生态赤字状态（表 5-6），1996 年生态赤字为 8.34×10^6 公顷，2016 扩大到 27.00×10^6 公顷，增幅达到 223.74%（图 5-6）。耕地盈余在 1996～2002 年逐渐下降，2003 年以后开始出现赤字，总体呈扩大趋势。园地处于盈余状态，总体呈下降趋势。林地赤字从 1996 年的 1.36×10^5 公顷，扩大到 2016 年的 11.75×10^5 公顷，为 1996 年的 8.64 倍，幅度为 763.97%。水域赤字 1996 年为 8.43×10^6 公顷，2013 年扩大到 31.48×10^6 公顷，其后有所缩减，2016 年为 25.7×10^6 公顷（图 5-7）。

表 5-6　1996～2016 年长山群岛能值生态盈亏计算结果　（单位：公顷）

土地类型	能值生态盈亏					人均能值生态盈亏				
	耕地	园地	林地	水域	总计	耕地	园地	林地	水域	总计
1996	19.31×10^4	3.42×10^4	-1.36×10^5	-8.43×10^6	-8.34×10^6	2.63	0.46	-1.85	-114.58	-113.34
1997	18.23×10^4	3.58×10^4	-1.19×10^5	-7.28×10^6	-7.18×10^6	2.46	0.48	-1.61	-98.32	-96.99
1998	17.44×10^4	3.46×10^4	-1.36×10^5	-6.73×10^6	-6.66×10^6	2.34	0.46	-1.82	-90.39	-89.41
1999	15.30×10^4	2.62×10^4	-1.39×10^5	-7.98×10^6	-7.94×10^6	2.07	0.35	-1.87	-107.72	-107.17
2000	3.43×10^4	2.50×10^4	-1.38×10^5	-10.03×10^6	-10.11×10^6	0.46	0.34	-1.85	-134.84	-135.89
2001	7.02×10^4	2.02×10^4	-2.10×10^5	-9.85×10^6	-9.97×10^6	0.94	0.27	-2.82	-131.95	-133.56
2002	3.70×10^4	2.63×10^4	-2.40×10^5	-10.17×10^6	-10.35×10^6	0.49	0.35	-3.21	-135.63	-138.00
2003	-10.20×10^4	3.70×10^4	-2.64×10^5	-9.98×10^6	-10.31×10^6	-1.36	0.49	-3.50	-132.51	-136.88
2004	-8.83×10^4	3.13×10^4	-2.99×10^5	-10.89×10^6	-11.25×10^6	-1.18	0.42	-3.99	-145.18	-149.93
2005	-9.68×10^4	3.18×10^4	-3.38×10^5	-11.96×10^6	-12.36×10^6	-1.29	0.42	-4.51	-159.79	-165.17
2006	-8.08×10^4	2.94×10^4	-4.23×10^5	-13.34×10^6	-13.81×10^6	-1.09	0.40	-5.69	-179.57	-185.95
2007	-1.22×10^4	2.59×10^4	-4.40×10^5	-13.54×10^6	-13.97×10^6	-0.16	0.35	-5.92	-182.47	-188.20
2008	-5.52×10^4	2.52×10^4	-7.11×10^5	-14.34×10^6	-15.08×10^6	-0.75	0.34	-9.60	-193.71	-203.72

土地类型	能值生态盈亏					人均能值生态盈亏				
	耕地	园地	林地	水域	总计	耕地	园地	林地	水域	总计
2009	-0.22×10^4	1.83×10^4	-7.65×10^5	-17.19×10^6	-17.94×10^6	-0.03	0.25	-10.36	-232.82	-242.96
2010	-2.52×10^4	1.92×10^4	-8.46×10^5	-19.69×10^6	-20.54×10^6	-0.34	0.26	-11.56	-269.00	-280.64
2011	3.21×10^4	1.91×10^4	-8.45×10^5	-23.93×10^6	-24.72×10^6	0.44	0.26	-11.58	-327.90	-338.78
2012	-0.42×10^4	1.92×10^4	-9.84×10^5	-28.07×10^6	-29.04×10^6	-0.06	0.26	-13.50	-385.10	-398.40
2013	-8.00×10^4	1.86×10^4	-10.33×10^5	-31.48×10^6	-32.57×10^6	-1.10	0.26	-14.22	-433.36	-448.42
2014	-5.45×10^4	1.72×10^4	-10.52×10^5	-28.21×10^6	-29.30×10^6	-0.75	0.24	-14.52	-389.57	-404.60
2015	-4.96×10^4	1.83×10^4	-11.18×10^5	-23.86×10^6	-25.01×10^6	-0.69	0.25	-15.51	-331.19	-347.14
2016	-13.87×10^4	1.75×10^4	-11.75×10^5	-25.70×10^6	-27.00×10^6	-1.93	0.24	-16.34	-357.28	-375.31

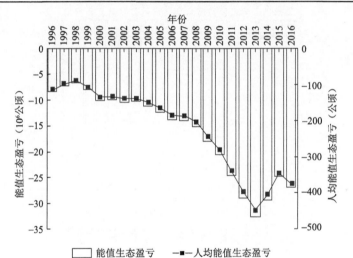

图 5-6 1996～2016 年长山群岛生态盈亏变化

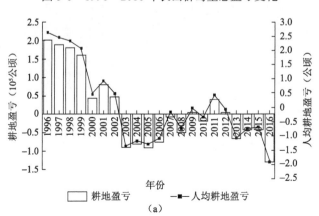

（a）

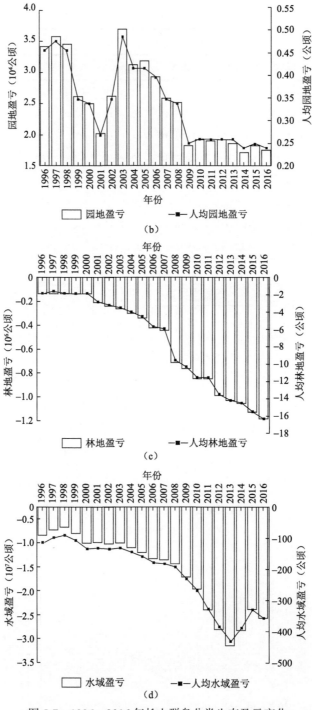

图 5-7 1996～2016 年长山群岛分类生态盈亏变化

第四节　长山群岛人地关系地域系统供需平衡评价

在陆地生态系统中，人口增长和经济发展带来的生活性资料消费、建设用地增加以及能源消耗是生态足迹增加的主要原因（李文龙等，2017；杨屹等，2017）。而在海岛型地域系统中，经济发展过程中海洋资源和能源的消费增长是生态足迹增加的主要驱动力。随着长山群岛经济的发展，居民的生活水平得以提高，消费结构发生较大变化，以肉类、蛋类、奶类为主的发展性物质消费总量和人均消费水平均有较大幅度的上升，粮食、蔬菜等基础性物质消费总量和人均消费数量呈下降趋势，总体上耕地和园地足迹总量和人均足迹水平在2009年后出现上升趋势。作为经济发展的动力基础和物质条件，能源账户和海洋账户足迹变化显著。尤其是长山群岛对外开放以后，渔业资源和能源消费快速增长。自然环境系统在供给人类消费需求方面具有有限性（陈静生等，2001），过度开发导致资源破坏，限制了海洋渔业资源的开发，使得海洋账户足迹在2013年以后呈现下降趋势。

相关学者认为，经济发展和城市扩张侵占农业用地，影响生态系统，使生态承载力下降（魏黎灵等，2018）。经济发展和农业产业结构的调整，以及海岛城镇化的推进，使大量耕地资源被占用，园地面积缩减，导致长山群岛能值生态承载力在1996～2003年持续下降。根据图5-3的分析，耕地承载力变化是造成总生态承载力下降的主要原因。2004年以后随着生态环境保护的加强和产业结构的调整，土地资源被占用的态势得到遏制，同时由于退耕还林和封山育林政策的实施，林地有一定幅度的增长，长山群岛整体生态环境得到恢复，能值生态承载力得以保持稳定。

对土地、能源、海洋渔业资源的过度依赖，尤其是海洋渔业资源长期过度开发，导致长山群岛整体处于生态赤字，并呈扩大趋势。然而各账户生态赤字含义并不相同：生物产品账户赤字表示人口消费超过本地生物产品供给能力，通过进口贸易弥补资源短缺；能源账户生态赤字表示化石能源燃烧产生的 CO_2 超出本区林地吸收能力，其反映了该地区碳排放生态责任；海洋账户赤字表示人类开发海洋渔业资源强度超出了海域生态系统生产能力,表明渔业资源系统已经处于过度开发状态。1996~2013 年,随着海洋渔业资源开发力度的不断加大,海洋账户生态赤字逐步加剧。2013 年以后,渔业资源保护力度加大,对渔业资源的破坏有所下降,使得生态赤字缩小。

第六章

长山群岛人地关系综合评估

从人类社会发展初期一直到后工业化社会时期，人类与资源环境之间的关系一直随着经济社会的发展而变化（郑度，2002）。在不同历史阶段，人类需求的变化导致人地关系在人类对资源环境要素开发利用方式的转变过程中不断演进（李小云等，2018），人类与资源环境间的需求供给矛盾日渐显现。20世纪末期以来，人地矛盾从局部扩展到全球，人地系统内部过程失控导致一系列生态环境问题，人地关系开始被社会各界高度关注。进入21世纪，区域可持续发展和人地关系机理调控成为人地关系研究的重要前沿领域之一，尤其是新区域主义的出现，推动了区域人地关系的多维视角研究（Janssen et al.，2006；Peterson et al.，2007）。李扬和汤青（2018）指出，人地关系是一个大的研究范畴，单个要素难以衡量"人"与"地"之间的复杂关系，需要综合集成性的手段来表征。因此，本章基于能值生态足迹计算结果，从生态足迹效率、生态安全、人地关系脱钩三个方面综合评估长山群岛人地关系的演进特征。

第一节　生态足迹效率评估

一、评估方法

人类的生活、生产活动离不开资源消耗和生态环境服务，随着经济社会的发展和科学技术的进步，在生态足迹总量增加的同时，资源利用效率也在相应提高。生态足迹表征人类活动对资源环境的干预状态，GDP代表人类以资源环境作为资本从事生产活动带来的收益，二者的相对变化状况即为生态足迹效率。生态足迹效率反映了人类利用资源和生态环境创造经济价值的能力，从生态经济效率的角度说明了海岛人地关系的状态。生态足迹效率计算公式如下：

$$EFE = \frac{GDP}{EEF} \tag{6-1}$$

式中，EFE为生态足迹效率；EEF为能值生态足迹；GDP为地区生产总值（按1990年不变价折算，万元）。生态足迹效率越大，表明资源利用和生态占用带来的效益越高，反之越低（黄和平等，2018）。

二、评估结果分析

通过式（6-1）计算 1996～2016 年长山群岛的生态足迹效率，结果如图 6-1
所示。1996～2016 年长山群岛生态效率呈持续上升趋势，从 1997 年的 70.17
元/公顷，上升到 2016 年的 302.64 元/公顷，上升幅度达到 331.30%。结合图 6-2
分析，总体上可将生态效率变化分为三个阶段：1996～2003 年的波动变化阶段；
2004～2008 年的缓慢上升阶段；2009～2016 年的快速上升阶段。1996～2003

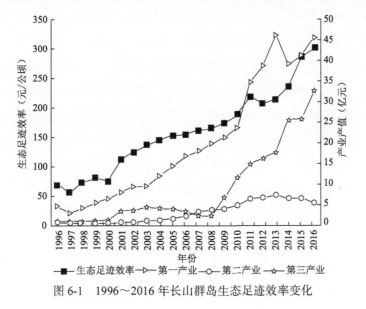

图 6-1　1996～2016 年长山群岛生态足迹效率变化

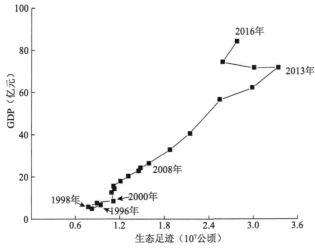

图 6-2　长山群岛生态足迹与 GDP 变化的关系

年，由于海岛封闭的经济环境，整体经济发展缓慢，缺乏资源和区位条件，第二产业和第三产业基本没有变化，以海洋渔业为主的第一产业有小幅增长。海洋渔业发展的不稳定性，使得生态足迹效率产生波动变化，略有上升。2004～2008 年，随着外部经济社会环境的快速变化，第一产业持续增长，第二产业和第三产业有一定程度的发展，长山群岛经济的发展带来了更大的资源和能源的消耗，但通过技术进步和生产效率的不断提升，生态效率缓慢上升。2009～2016年，随着对外开放政策的实施，长山群岛作为海洋生态经济区被国家纳入辽宁沿海经济带发展规划，并确定为重点支持区域，以旅游业为主的第三产业取得了快速发展，同时海洋渔业通过养殖业和水产品加工业的提升，促进了产业结构的调整，在推动经济快速发展的同时，降低了资源和能源消耗，提高了生态效率。通过三个阶段的变化可以看出，与国内多数地区经济发展的轨迹相似（图6-3 和图6-4），长山群岛经济发展经历了从以资源环境消耗为基础的粗放型增长向以提高生产效率为动力的集约型增长转变的历程。这种转变过程表明：首先，粗放型经济增长方式难以提高生态足迹效率；其次，通过技术进步可以提高生产效率，进而提升生态足迹效率；最后，产业结构调整是实现经济、社会、生态环境可持续发展的基础。

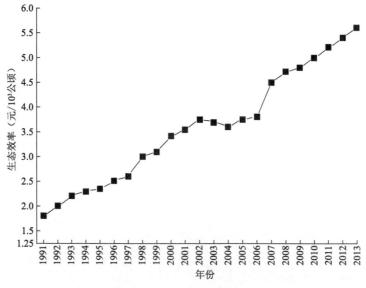

图 6-3　1991～2013 年中国生态效率动态变化

资料来源：史丹和王俊杰（2016）

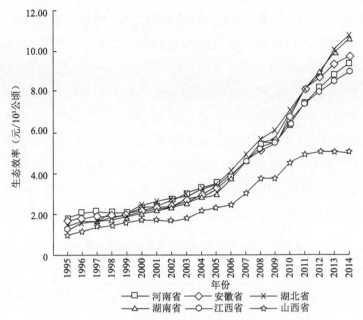

图 6-4　1995～2014 年中国六省份生态效率动态变化

资料来源：王丽萍和夏文静（2018）

第二节　生态安全评估

一、评估方法

生态足迹模型从人类活动对资源环境需求的生态足迹与生态系统对人类活动支持的生态承载力两个方面反映了人类与地域系统之间的关系，二者从各自端口估算了消费与供给情况，虽然通过生态盈亏表征了平衡状态，但是并不能反映相互之间的作用程度。为更好地反映人类活动对自然环境所产生影响的程度，相关学者引入生态压力指数这一概念。生态压力指数是指某一区域生物质足迹与生物承载力的比率，表示区域内单位生态承载力面积上所能承载的本地生态足迹（杨晶晶，2016）。生态压力指数通过生态足迹与生态承载力的比例关系，评估了一个区域的可持续发展状态（赵先贵等，2007），计算公式如下：

$$EFP = \frac{EEF}{EEC} \qquad (6\text{-}2)$$

式中，EFP 为生态压力指数；EEF 为能值生态足迹；EEC 为总能值生态承载力。由于 EEF 和 EEC 的值都大于 0，若当 0<EFP<1，即 EEF<EEC 时，表示生态资源的供给量大于其所需要的量，区域正处于生态安全的状态；若当 EFP=1，即 EEF=EEC 时，表示生态资源的供需达到平衡状态，区域正处于生态安全临界状态；当 EFP>1，即 EEF>EEC 时，表示研究区域内单位面积上所要承受的压力大于其所能提供的支持力，供需出现不平衡状态，区域的生态安全受到威胁，且 EEF>EEC 越多，EFP 值越大，表明区域的生态超载程度越严重，生态不安全的程度越高。根据生态压力指数值范围划分生态安全等级与生态安全预警等级（表 6-1），从而直观地反映区域生态安全状态（燕子，2012；唐呈瑞等，2017）。

表 6-1　生态安全等级和生态安全预警等级划分

生态安全等级	程度	指数范围	生态安全预警等级	程度	指数范围
1	安全	0～1.0	0	无警	0～10.0
2	较安全	1.0～10.0	1	轻警	10.0～18.0
3	轻度不安全	10.0～18.0	2	中警	18.0～24.0
4	中度不安全	18.0～24.0	3	重警	24.0～30.0
5	重度不安全	24.0～30.0	4	巨警	30.0 及以上
6	极度不安全	30.0 及以上			

资料来源：燕子（2012）；唐呈瑞等（2017）

二、评估结果分析

根据式（6-2）计算得到 1996～2016 年长山群岛生态压力指数（表 6-2）。由表 6-2 可知，1996～1999 年，生态压力指数小于 10，人地关系地域系统处于较安全状态；2000 年，生态压力指数增长至 11.30，进入轻度不安全状态；2000～2013 年，生态压力指数呈持续上升趋势，至 2013 年达到最大值 40.49，是 2000 年的 3.58 倍；2013～2016 年，生态压力指数有所下降，但生态系统仍处于极度不安全状态（图 6-5）。结合表 6-1 中的生态安全预警等级的划分标准，1996～1999 年，人地关系地域系统处于较安全状态，生态安全预警等级为无警；2000～2006 年，人地关系地域系统处于轻度不安全状态，生态安全预警等级为轻警；2007～2009 年，人地关系地域系统处于中度不安全状态，生态安全预警等级为中警；2010 年，生态压力指数达到 25.57，人地关系地域系统处于重度不安全状态，生态安全预警等级为重警；2011～2016 年，生态压力指数超过 30.0，人地关系地域系统处于极度不安全状态，生态安全预警等级为巨警。

表 6-2　1996～2016 年长山群岛生态压力指数

年份	耕地	园地	林地	水域	整体
1996	0.64	0.04	2.20	26.42	8.98
1997	0.65	0.04	2.03	22.96	7.95
1998	0.72	0.04	2.17	21.32	6.84
1999	0.71	0.07	2.20	25.07	8.69
2000	0.91	0.06	2.18	31.28	11.30
2001	0.84	0.06	2.80	30.73	11.42
2002	0.89	0.06	3.05	31.69	12.23
2003	1.26	0.04	3.25	31.11	13.22
2004	1.23	0.04	3.42	33.87	14.49
2005	1.25	0.05	3.73	37.10	15.51
2006	1.22	0.05	4.46	41.26	17.76
2007	1.02	0.04	4.57	41.87	18.13
2008	1.15	0.06	6.79	44.26	19.52
2009	0.99	0.12	7.11	52.87	22.42
2010	1.05	0.07	7.84	60.41	25.57
2011	0.89	0.07	7.87	73.21	30.67
2012	0.99	0.07	9.01	85.71	35.92
2013	1.19	0.09	9.90	96.00	40.49
2014	1.12	0.10	9.65	86.13	36.34
2015	1.11	0.09	10.18	72.99	31.13
2016	1.36	0.13	10.58	78.55	33.49

　　为了解不同账户的生态压力指数，根据生物生产性土地类型核算了耕地、园地、林地、水域生态压力指数（图 6-6）。从各类生物生产性土地来看，耕地生态压力指数较小，1996～2002 年，生态压力指数小于 1.0，生态环境处于安全状态，2003～2008 年，由于生态足迹扩大，生态压力指数上升，出现了大于 1.0 的情况；2009～2016 年，由于海岛开发，耕地资源占用，耕地生态承载力减小，生态压力指数在多数年份大于 1.0，但总体处于较安全状态［图 6-6(a)］。

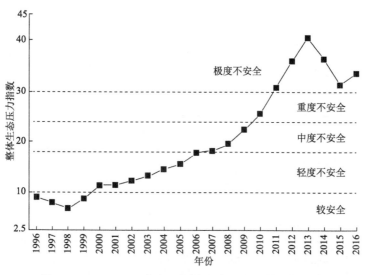

图 6-5　1996～2016 年长山群岛生态压力指数变化趋势

园地生态压力指数变化不大，最大值为 2016 年的 0.13，历年平均值为 0.07，表明园地资源供给充足，生态安全状况良好[图 6-6（b）]。林地生态压力指数随着能源消耗量的增长，呈持续上升趋势，2015 年开始超过 10.0，出现轻度不安全状态，进入轻度预警，应该引起重视[图 6-6（c）]。1996～1999 年，水域生态压力指数在 21.32～26.42 变化，处于中度不安全和重度不安全状态，2000 年以后随着渔业经济的快速发展，从 2000 年的 31.28 上升到 2016 年的 78.55，处于极度不安全状态[图 6-6（d）]。由分析可知，长山群岛的生态压力主要来自海洋渔业带来的环境影响。目前，不仅长山群岛，我国整体海洋渔业生态环境都面临着巨大的压力。过度捕捞直接导致我国海洋渔业资源退化，甚至枯竭。相关研究表明，我国渔业资源的近海捕捞量自 1993 年开始就已超过我国近海捕捞承载能力的上限，在此后的 20 年内，近海捕捞量虽有小范围波动，但总体呈上升趋势，远高于我国近海岸区域的承载能力（徐冰，2017）。此外，由于养殖密度过大、滥用化学药剂，所在海域污染加剧，破坏了海域环境。过度捕捞和不合理的海水养殖造成我国海洋生态环境破坏、渔业资源损失（王敏，2017）。

生态压力指数的变化趋势表明，随着经济的快速发展，人类活动对生态环境的占用与生态服务之间的矛盾逐渐突出，尤其是海岛人地关系地域系统受到区位条件的影响，产业结构单一，对资源过度依赖，导致资源开发足迹严重超载，破坏了海域资源和生态环境。

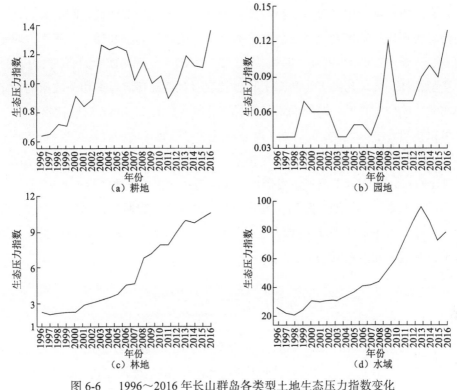

图 6-6　1996～2016 年长山群岛各类型土地生态压力指数变化

第三节　人地关系脱钩评估

一、评估方法

　　生态效率和生态安全分析在评价海岛人地关系地域系统的状态时，仅衡量了单位足迹的产出效率与单位面积承载力的强度。但是，海岛人地关系地域系统是一个复杂的综合系统，各个子系统间相互作用与影响。在评价人类活动与资源环境的关系时，必须考虑各系统要素特征及其相互联系。尤其是在以经济发展为驱动力的情况下，人类对资源的占用程度和对生态环境的影响程度，与人类活动强度、产业结构、生产方式、生产效率等密切相关。因此，结合生态足迹对资源消耗的评价方法，运用脱钩理论，构建出长山群岛经济发展与资源环境脱钩的模型，并对其脱钩关系进行定量评价。

在环境经济学中，脱钩是指打破资源环境压力与经济增长之间的关联性，使得资源环境消费不受经济发展水平的制约（梁涵玮等，2018）。基于"驱动力-状态-响应"的 DSR 概念框架（OECD，2002），即 GDP 增长（驱动力）与资源消耗、环境污染等（状态），以及政府对资源环境保护相关政策的制定与实施（响应）在同一时期的增长差异变化情况，根据 Tapio 对脱钩指数的定义可以得出，在一个给定的时期 t 内经济发展与资源环境的脱钩指数=资源消耗（或环境压力）的变化率/GDP 的变化率，即资源消耗（或环境压力）的 GDP 弹性（Tapio，2005）。当经济发展的强度（速率）快于资源消耗（或环境压力）的强度（速率）时，即为脱钩，可分为相对脱钩和绝对脱钩；当经济发展的强度（速率）慢于资源消耗（或环境压力）的强度（速率）时，即为不脱钩（耦合），其具体测度公式为

$$D_i = \frac{\Delta E}{\Delta G} = \frac{(E_{\text{end}} - E_{\text{start}})/E_{\text{start}}}{(G_{\text{end}} - G_{\text{start}})/G_{\text{start}}} \quad (6\text{-}3)$$

式中，D_i 为第 i 时期的脱钩指数；ΔE 为资源消耗（或环境压力）的变化率，本书利用能值生态足迹表征资源环境压力；E_{end} 和 E_{start} 分别为第 i 时期末年和始年的能值生态足迹；ΔG 为 GDP 的变化率；G_{end} 和 G_{start} 分别为第 i 时期末年和始年的 GDP。Tapio 运用弹性脱钩指数更加细致地刻画了 8 种脱钩状态，如表 6-3 所示（梁涵玮等，2018；何则等，2018）。

表 6-3 弹性脱钩指数划分标准

项目	ΔE	ΔG	D_i	脱钩状态	含义
负脱钩	>0	>0	$D_i>1.2$	扩张负脱钩	能值生态足迹增长速度大于经济增长速度
	>0	<0	$D_i<0$	强负脱钩	经济衰退，能值生态足迹依然增加
	<0	<0	$0<D_i\leq0.8$	弱负脱钩	经济衰退，能值生态足迹缓慢下降
脱钩	>0	>0	$0<D_i\leq0.8$	弱脱钩	经济增长速度大于能值生态足迹增长速度
	<0	>0	$D_i<0$	强脱钩	经济增长，能值生态足迹下降
	<0	<0	$D_i>1.2$	衰退脱钩	经济衰退，能值生态足迹大幅下降
连接	>0	>0	$0.8<D_i\leq1.2$	扩张连接	经济与能值生态足迹同步增长
	<0	<0	$0.8<D_i\leq1.2$	衰退连接	经济与能值生态足迹同步下降

二、评估结果分析

以三年为划分点，将 1996~2016 年划分为 10 个时间段，计算得到长山群岛经济增长与能值生态足迹的脱钩指数和各时间段脱钩状态（表 6-4）。总体上，脱钩状态表现出明显的阶段性特征：1996~2000 年，脱钩指数表现为介于脱钩与负脱钩之间的连接状态；2000~2008 年，总体处于弱脱钩状态；2008~2012 年，处于扩张连接状态；2012~2014 年，处于弱脱钩状态；2014~2016 年，处于强脱钩状态。各类型的生物生产性土地占用与经济增长之间的脱钩状态差异显著（表 6-5）：1996~1998 年，耕地、园地、林地均处于强负脱钩状态，水域处于衰退连接状态；1998~2000 年，耕地处于强脱钩状态，园地和林地处于弱脱钩状态，水域处于扩张连接状态；2000~2012 年，除个别年份外，整体上耕地和园地处于强脱钩状态，林地和水域处于弱脱钩状态；2012~2016 年，耕地、园地、林地与经济增长之间的关系逐渐转向负脱钩，水域向强脱钩状态发展。

表 6-4　1996~2016 年长山群岛能值生态足迹与 GDP 脱钩效应

时段	ΔE	ΔG	D_i	脱钩状态
1996~1998 年	−0.17	−0.19	0.87	衰退连接
1998~2000 年	0.42	0.46	0.91	扩张连接
2000~2002 年	0.02	0.23	0.07	弱脱钩
2002~2004 年	0.07	0.37	0.20	弱脱钩
2004~2006 年	0.21	0.37	0.58	弱脱钩
2006~2008 年	0.09	0.50	0.17	弱脱钩
2008~2010 年	0.35	0.40	0.86	扩张连接
2010~2012 年	0.40	0.45	0.88	扩张连接
2012~2014 年	0.01	0.16	0.05	弱脱钩
2014~2016 年	−0.08	0.02	−3.41	强脱钩

表 6-5　1996~2016 年不同土地能值生态足迹与 GDP 脱钩状态

时段	耕地	园地	林地	水域
1996~1998 年	强负脱钩	强负脱钩	强负脱钩	衰退连接
1998~2000 年	强脱钩	弱脱钩	弱脱钩	扩张连接

续表

时段	耕地	园地	林地	水域
2000~2002 年	强脱钩	强脱钩	扩张负脱钩	弱脱钩
2002~2004 年	弱脱钩	强脱钩	弱脱钩	弱脱钩
2004~2006 年	强脱钩	弱脱钩	弱脱钩	弱脱钩
2006~2008 年	强脱钩	弱脱钩	扩张连接	弱脱钩
2008~2010 年	强脱钩	强脱钩	弱脱钩	扩张连接
2010~2012 年	强脱钩	强脱钩	弱脱钩	扩张连接
2012~2014 年	扩张连接	扩张负脱钩	弱脱钩	弱脱钩
2014~2016 年	扩张负脱钩	扩张负脱钩	扩张负脱钩	强脱钩

和陆地经济发展轨迹相似，长山群岛经济发展经历了从以资源环境消耗为基础的粗放型增长向以提高生产效率为动力的集约型增长的转变历程。结合长山群岛三次产业发展变化可知（图 6-7），能值生态足迹与 GDP 之间主要经历了扩张连接-弱脱钩-扩张连接-弱脱钩-强脱钩的转变过程，其中，经济增长方式和发展速度是主要影响因素。1996~2000 年，经济受第一产业变化影响出现小幅波动，经济与能值生态足迹同步变化。2000~2008 年，随着外部经济社会

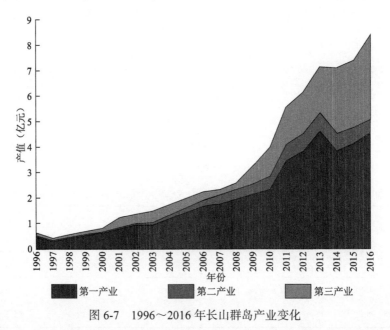

图 6-7　1996~2016 年长山群岛产业变化

环境的快速变化，第一产业持续增长，第二、三产业有一定程度的发展，能值生态足迹也相应增加，弹性脱钩指数增大，但总体处于弱脱钩状态。通过技术进步，生产效率不断提升，对资源的依赖在一定程度上得到减弱。2008～2012年，由于第一产业和第三产业增长速度明显加快，第二产业也有一定的增幅，经济与能值生态足迹同步增长。2012～2014年，产业政策调整，以旅游业为主的第三产业快速发展，同时海洋渔业通过养殖业和水产品加工业的提升，促进了产业结构升级，减少了资源和能源消耗，经济对资源的依赖减弱，能值生态足迹在一定程度上得到降低。2014～2016年，由于海洋账户能值生态足迹降低，GDP与能值生态足迹之间出现强脱钩。

根据各类型的生物生产性土地占用与经济增长之间的脱钩关系，结合产业发展状况，可以看出经济发展的速度、产业结构和增长方式对能值生态足迹的影响。1996～2008年，长山群岛产业体系以第一产业为主导，对化石能源和海洋渔业资源的依赖较强，GDP与林地和水域足迹表现为弱脱钩关系，而与耕地和园地足迹表现为强脱钩关系。2008～2012年，第一产业持续增长，第二产业规模缩减，第三产业发展速度明显加快，第一产业和第二产业比重下降，对化石能源和渔业资源的需求使GDP与林地和水域足迹分别表现为弱脱钩和扩张连接关系。2012～2016年，渔业资源的衰退，促使第一产业转变增长方式，GDP与水域出现弱脱钩向强脱钩的转变；以旅游业为核心的第三产业转型升级使经济发展重心从海洋转向岛陆，GDP与耕地、园地、林地足迹出现扩张连接、弱脱钩向扩张负脱钩的转变。

第七章

长山群岛生态经济系统发展效率评估

以人地关系为核心的海岛生态经济系统可持续发展是人类可持续发展的重要组成部分。海岛生态经济系统是由海岛生态系统、海岛经济系统与海岛社会系统构成的具有一定结构和功能的地域空间复合系统,各子系统之间通过物质、信息和能量的交流产生相互作用关系(高乐华和高强,2012)。与陆地生态经济系统相比,海岛生态经济系统具有明确的边界和清晰的外部交流通道,在地理空间上,水域的阻隔使其具有自然封闭性;而自身资源基础的限制,使得海岛生态经济系统需要与外界交流物质、信息和能量,进而使其具有社会开放性。自身资源环境系统的高效供给和外部环境系统的有效输入决定了海岛生态经济系统的可持续发展效率。因此,本章通过数据包络分析(data envelopment analysis,DEA)模型评估长山群岛生态经济系统发展效率,分析海岛人地关系地域系统的协调发展能力。

第一节　相　关　概　念

一、生态经济系统

（1）生态系统

生态系统一词由英国植物生态学家 Tansley 于 1935 年首先提出。1944 年,苏联植物生态学家 Sukachev 从植物学研究出发,提出生物地理群落(biogeocenosis)的概念。这两个概念都把生物及其非生物环境看成是互相影响、彼此依存的统一体,其实质是相同的。因此,1965 年在丹麦哥本哈根召开的国际学术会议上认定生态系统和生物地理群落为同义词。生态系统是指在一定时间和空间内,由生物群落与其环境组成的一个整体,各组成要素间借助物种流动、能量流动、物质循环、信息传递,而相互联系、相互制约,并形成具有自调节功能的复合体(戈峰,2008)。生态系统具有以下特征:①生态系统不仅包含其基础的植物组成,还包括与植物共同栖居的动物,以及生态或环境中直接作用于生物的物理和化学成分,这些生物和非生物相结合便构成具体的生态系统。②各要素间有机地组织在一起,具有能量流动、物质循环、信息传递等功能。其中，能量流动是单方向的，物质循环是循环式的，信息传递则包括营养信息、化学信息、物理信息和行为信息，从而构成信息网。③一个完整生态系统的核心是其中的生物群落，如生态系统部分受到破坏，只要其中原有的主要成分和相同条件存在，经过一段时间便可通过自我调节恢复。通常，物种组成的变化、环境因素的改变和信息系统的破坏是导致自我调节失效的三个主要原因（孙振钧和周东兴，2010；傅国华和许能锐，2015）。

（2）经济系统

经济系统是社会生产力和生产关系在一定的环境下相互作用组成的系统。整个社会生产力和生产关系系统的相互作用，又是通过生产-交换-分配-消费的社会再生产过程循环运动进行的，再加上适应这种经济活动与经济运行的组织方式、方法、制度和机构体系，就构成了一定尺度的区域经济系统。经济系统既可以是由社会再生产过程中各个环节（包括生产、交换、分配和消费）所构成的统一体，也可以是两大生产部门（物质生产和非物质生产）所构成的国民经济统一体。经济系统一般由生产力系统、生产关系系统、经济运行系统三个分系统组成。生产力决定生产关系，生产关系又反过来影响生产力。在商品生产条件下，社会经济系统运行的生产、交换、分配及消费四个环节，具有不同的功能，相互之间存在内在的必然联系和衔接关系，它们之间的转换关系组成了经济的循环运动。和生态系统相同的是，经济系统也是通过物质循环、能量流动和信息传递的过程使经济系统运转，并将经济系统内的各个组成部分连接成为一个有机的整体。不同的是，社会生产与再生产过程不但是物质产品的生产过程，而且是产品的价值形成过程。在经济系统中，物质流、能量流、信息流与价值流的综合运动，对建立良性循环的经济系统和生态经济系统具有重要意义（傅国华和许能锐等，2015）。

（3）生态经济系统

生态经济系统是由生态系统和经济系统在物质循环、能量转化、价值增值和信息传递等方面相互交织、相互作用形成的复合系统。生态系统与经济系统之间存在物质流、能量流和信息流的交换，以及价值流的循环与转换，并且可以通过利用各种自然资源、社会经济、技术条件，形成生态经济合力，产生生态经济功能和效益，因此生态经济系统是个具有独立特征、结构和机能的生态经济复合体。与生态系统和经济系统相比，生态经济系统是一个结构更为复杂、功能更为综合的更高层次的系统。生态经济系统同时兼备生态特征、经济特征、生态与经济相互交织融合特征。自然生态系统和人类经济系统之间存在大量的物质循环和能量流动，并且人类的经济系统必须依靠自然生态系统才可以生存和发展。一般认为，生态经济系统由人口、环境、科技与信息三大基本要素组成。根据不同经济特征可划分为农村生态经济系统、城市生态经济系统、城郊生态经济系统、流域生态经济系统；根据不同规模可划分为全球生态经济系统、区域生态经济系统、国家生态经济系统。

二、生态经济系统发展效率

生态经济系统发展效率即生态效率。1990 年，Schaltegger 和 Sturm（1990）根据经济学中利用经济生产活动中产出与投入的比例关系定义的生产效率的概念，将经济生产和环境因素结合起来，提出生态效率（eco-efficiency）这一概念，即在经济活动产出与资源环境投入的比例。1992 年，世界可持续发展工商理事会（World Business Council for Sustainable Development，WBCSD）在里约举办的地球峰会上，给出了计算生态效率的著名公式：生态效率=产品和服务价值/生态环境负荷。经济合作与发展组织（Organization for Economic Co-operation and Development，OECD）将生态效率定义为典型的投入产出过程，使用较少的资源和环境代价换取更多的价值（OECD，2008）。我国学者结合国外相关研究，对生态效率的概念进行了深入研究。诸大建和朱远（2005）认为，生态效率是经济社会发展的价值量(即 GDP 总量)和资源环境消耗的实物量的比值。黄和平（2015）认为，生态效率是社会服务量与生态负荷增长速率的比值，生态效率类似于弹性系数的倒数，是一个无量纲的表达式。从国内外生态效率概念的研究来看，虽然表述不同，但核心思想基本一致，即强调"经济效率和环境效益统一"，追求以最少的原材料、能源、生态环境投入获得最多的满足人类需求的产出。生态效率可以看作达到地球承载能力的资源环境投入与满足人类活动需求的产出之间的相互协调关系，即在经济和环境之间达到一种平衡状态（侯孟阳和姚顺波，2018）。生态效率概念的提出对开展可持续发展研究具有积极意义，并且得到了广泛认可，成为世界很多国家及地区制定经济与环境发展战略的重要参考（车国庆，2018；薛静静等，2018）。

第二节　研究方法

自生态效率的概念提出以来，不同组织和学者根据生态效率的内涵提出了众多评价方法与模型，并在企业、行业、区域等不同尺度和领域进行了广泛而深入的研究。目前，生态效率评价方法主要包括指标综合评价方法、模型法、生态足迹和能值分析法等。例如，Dahlstrom 和 Ekins（2005）利用资源效率和资源生产率指标（生产过程中投入与产出的比值以及经济价值与污染物的比值）衡量了英国钢铁和铝制品行业的生态效率；Michelsen 等（2006）选取物质能源消耗、大气排放等 9 个环境指标分析了挪威家具产品的生态效率；Korhonen 和 Luptacik（2004）利用 DEA 模型评价了欧洲国家 24 座发电厂的生态效率；黄和平等（2018）从绿色 GDP 和生态足迹的视角改进生态效率度量模型，并以江西省为研究对象，对其 2000～2015 年的生态效率变化轨迹及成因进行衡量分析；孙玉峰和郭全营（2014）以能值分析法为基础构建了矿区循环经济系统生态效率评价指标体系与方法，对山东省某矿区生态效率进行了研究。在模型法中，DEA 凭借其客观性和科学性，在相对效率评价中应用的有效性已被多数学者证明（吴爱玲，2018），在评价生态经济系统发展效率方面得到了广泛应用。因此，本章基于能值理论构建海岛生态经济系统效率评价指标，利用 DEA 模型评价系统发展效率。

一、传统 DEA 模型

DEA 模型由 A. Charnes、W. W. Cooper 和 E. Rhodes 于 1978 年正式提出，是一个线性规划模型，表示为产出对投入的比率。通过对一个特定单位的效率和一组提供相同服务的类似单位的绩效的比较，试图使服务单位的效率最大化。在这个过程中，效率评分为 100%的单位被称为相对有效率单位，效率评分低于 100%的单位被称为无效率单位。

该方法主要通过保持决策单元（decision making unit，DMU）的输出或者输入不变，借助数学规划和统计数据确定相对有效的生产前沿面，将各个 DMU 投影到 DEA 的生产前沿面上，并通过比较 DMU 偏离 DEA 前沿面的程度来评价它们的相对有效性（赵晨等，2013）。DEA 包括 CCR、BCC、CCW 等多个模型[①]，可以根据研究问题的需要，进行有针对性的选择。

DEA 法以相对效率为基础，根据多指标投入与多指标产出对相同类型的 DMU 进行相对有效性评价。它不需要以参数形式规定生产前沿函数，并且允许生产前沿函数因为单位的差异而不同；不需要弄清楚各个评价 DMU 的输入与输出之间的关联方式，只需要最终用极值的方法，以相对效益为总体衡量指标，以 DMU 各输入输出的权重向量为变量，从最有利于决策的角度进行评价，从而避免了人为因素对研究结果客观性的影响。

早期，A. Charnes、W. W. Cooper 与 E. Rhodes 三人基于规模收益不变创立的第一个 DEA 模型，假设有 n 个同类型的决策单元 DMU_k（$k=1$，2，$\cdots$，n），每个 DMU 有 m 个输入变量，记为 x_i（$i=1$，2，$\cdots$，m），输入权重表示为 v_i（$i=1$，2，$\cdots$，m）；有 q 个输出变量，记为 y_r（$r=1$，2，$\cdots$，q），输出权重表示为 u_r（$r=1$，2，$\cdots$，q）。第 k 个 DMU 的产出投入比表示为

$$h_k = \frac{u_1 y_{1k} + u_2 y_{2k} + \cdots + u_q y_{qk}}{v_1 x_{1k} + v_2 x_{2k} + \cdots + v_m x_{mk}} = \frac{\sum\limits_{r=1}^{q} u_r y_{rk}}{\sum\limits_{i=1}^{m} v_i x_{ik}}, \quad v \geqslant 0; u \geqslant 0 \qquad (7\text{-}1)$$

对于决策单元 DMU_j 有相应效率评价指数 h_k，其线性规划模型表示为

$$\begin{aligned} &\max \frac{\sum\limits_{r=1}^{q} u_r y_{rk}}{\sum\limits_{i=1}^{m} v_i x_{ik}} \\ &\text{s.t.} \frac{\sum\limits_{r=1}^{q} u_r y_{rk}}{\sum\limits_{i=1}^{m} v_i x_{ik}} \leqslant 1 \\ &v \geqslant 0; u \geqslant 0 \\ &i = 1,2,\cdots,m; r = 1,2,\cdots,q; j = 1,2,\cdots,n \end{aligned} \qquad (7\text{-}2)$$

对于传统 DEA 模型，假设有 n 个相同类型的 DMU，每个 DMU 有 m 个输

[①] DEA 方法诞生之初，主要是以人名首字母来命名模型：1978 年运筹学家 A. Charnes、W. W. Cooper 和 E. Rhodes 首先提出了一个被称为 DEA 的方法。他们的第一个模型被命名为 CCR 模型。1984 年 R. D. Banker、A. Charnes 和 W. W. Cooper 提出了 BCC 模型。1986 年 A. Charnes、W. W. Cooper 和魏权龄提出了 CCW 模型。随着 DEA 理论的发展，大量新模型不断出现，如果继续采用姓氏命名，则容易引起混乱，因此其后主要根据模型主要特征命名。

入变量 $x_j = (x_{1j}, x_{2j}, \cdots, x_{mj})$ 和 p 个输出变量 $y_j = (y_{1j}, y_{2j}, \cdots, y_{pj})$，$v = (v_1, v_2, \cdots, v_m)$ 为 m 个输入变量的权重集合，$u = (u_1, u_2, \cdots, u_p)$ 为 p 个输出变量的权重集合，第 k 个 DMU 的 DEA 决策模型为

$$\max h_k$$
$$\text{s.t.} \begin{cases} u^{\mathrm{T}} y_j - u^{\mathrm{T}} x_j \leqslant 0, j = 1, 2, \cdots, m \\ u^{\mathrm{T}} y_j = 1 \\ h_k \leqslant 1 \\ u > 0, v > 0 \end{cases} \quad (7\text{-}3)$$

式中，$h_k(k = 1, 2, \cdots, n)$ 为第 k 个 DUM 的效率评价指数。

式（7-1）的对偶规划为

$$\min \theta$$
$$\text{s.t.} \begin{cases} \sum\limits_{j=1}^{n} \lambda_j x_j + s^- = \theta x_k \\ \sum\limits_{j=1}^{n} \lambda_j x_j - s^+ = \theta y_k \\ \lambda_j, s^-, s^+ \geqslant 0, j = 1, 2, \cdots, n \end{cases} \quad (7\text{-}4)$$

式中，$\theta(0 < \theta \leqslant 1)$ 为某个 DMU 的技术效率值；s^-、s^+ 为松弛变量；λ_j 为规划决策变量，这里为决策效应指数。

当 $\theta = 1$，且 $s^- = 0$、$s^+ = 0$ 时，该 DMU 为有效；当 $\theta \neq 1$ 时，该 DMU 为无效。

二、超效率 DEA 模型

传统 DEA 模型只能判断 DMU 有效或无效，而对于多个同时有效的 DMU，无法做出进一步的评价与比较（成刚，2014）。基于此，Andersen 和 Petersen（1993）提出了具有非阿基米德无穷小的超效率 DEA 模型。在模型测算过程中，对于无效 DMU，由于其生产前沿面保持不变，其效率值与传统 DEA 模型测算值相同；对有效 DMU 以效率值不变为前提，按比例增加投入，将增加的比例记为超效率的评价值，进一步分析其有效程度。超效率 DEA 模型与传统 DEA 模型的主要区别在于：在评估某 DMU 时，将该 DMU 本身排除在 DMU 的集合之外，用其他 DUM 投入产出的线性组来代替。因其生产前沿面后移，故测算

出的效率值要大于利用传统 DEA 模型测算出的效率值，同时有效 DMU 的超效率值在一般情况下会大于 1 ，且超效率值越高表明效率水平越高（郭露和徐诗倩，2016）。

假定有 n 个独立的 DMU，每个 DMU 都有 m 种输入和 p 种输出，x_{ij} 为第 j 个 DMU 的第 i 个投入量，y_{rj} 为第 j 个 DMU 的第 r 个产出量，则对于第 k 个 DMU 对应的超效率 DEA 模型形式为

$$\min\left[\theta - \varepsilon\left(\sum_{i=1}^{m} s_i^- + \sum_{r=1}^{p} s_i^+\right)\right]$$

$$\text{s.t.}\begin{cases} \sum_{j=1}^{n} \lambda x_{ij} + s^+ = \theta, i = 1,2,\cdots,m \\ \sum_{j=1}^{n} \lambda y_{rj} + s^- = y_{rk}, r = 1,2,\cdots,p \\ \lambda_j, s^-, s^+ \geqslant 0, j = 1,2,\cdots,n \end{cases} \quad （7\text{-}5）$$

式中，ε 为阿基米德无穷小量。

这里，决策效益指数 λ 能反映某个 DMU 的有效程度，λ 越大，则该 DMU 的有效程度越高；反之，λ 越小，则该 DMU 的有效程度越低。超级 DEA 模型只是对有效 DMU 的效益指数进行细分，对无效 DMU 的效益指数不做改变。

其模型设置如下：

$$\min\left[\theta - \varepsilon\left(\sum_{i=1}^{m} s_i^- + \sum_{r=1}^{p} s_r^+\right)\right]$$

$$\text{s.t.}\begin{cases} \sum_{j=1}^{n} \lambda_j x_{ij} + s_i^- = \theta x_0, i = 1,2,\cdots,m \\ \sum_{j=1}^{n} \lambda_j y_{rj} - s_r^+ = y_0, r = 1,2,\cdots,s \\ \lambda_j \geqslant 0, s_r^+ \geqslant 0, s_i^- \geqslant 0, j = 1,2,\cdots,n \end{cases} \quad （7\text{-}6）$$

式中，θ 为 DMU 的超效率值，表示区域相对生态效率；ε 为非阿基米德无穷小量；m、s、n 分别为投入变量维度、产出变量维度与区域数量；s_i^- 和 s_r^+ 为松弛变量；x_{ij} 和 y_{rj} 为投入变量和产出变量；λ 为权重系数。当 $\theta < 1$ 时，DMU 没有达到最优效率，当 $\theta > 1$ 时，DMU 达到最优效率。

三、SBM 超效率模型

基于松弛变量（slack based measure，SBM）模型能够有效解决径向和角度的传统 DEA 模型造成的投入要素"拥挤"或"松弛"问题，但 SBM 模型与传统 DEA 模型存在相同的问题，即对于效率均为 1 的 DMU，难以进一步区分有效率 DMU 之间的差异，Tone 在 SBM 模型的基础上，进一步定义了 SBM 超效率模型，它是超效率 DEA 模型和 SBM 模型相结合的一种模型，其综合了两种模型的优势，相比一般 SBM 模型，SBM 超效率模型能够对处于前沿面的有效率 DMU 进一步对比区分，模型构建为

$$
\min\rho = \frac{\dfrac{1}{m}\sum_{i=1}^{m}(\overline{x}/x_{ik})}{\dfrac{1}{r_1+r_2}\left(\sum_{s=1}^{r_1}(\overline{y}^{d}/y_{sk}^{d})+\sum_{q=1}^{r_2}(\overline{y}^{u}/y_{qk}^{u})\right)} \tag{7-7}
$$

$$
\begin{cases}
x \geqslant \sum_{j=1,\neq k}^{n}x_{ij}\lambda_j; \overline{y}^{d} \leqslant \sum_{j=1,\neq k}^{n}y_{sd}\lambda_j; \sum_{j=1,\neq k}^{n}x_{ij}\lambda_j; \overline{y}^{d} \geqslant \sum_{j=1,\neq k}^{n}y_{qj}^{d}\lambda_j; x \geqslant x_k; \overline{y}^{d} \leqslant y_k^{d}; \overline{y}^{u} \leqslant y_k^{u} \\
\lambda_j \geqslant 0, i=1,2,\cdots,m; j=1,2,\cdots,n, j\neq 0; s=1,2,\cdots,r_1; q=1,2,\cdots,r_2
\end{cases} \tag{7-8}
$$

式中，假设有 n 个 DMU，每个 DMU 由投入 m、期望产出 r_1 和非期望产出 r_2 构成；x、y^{d}、y^{u} 为相应的投入矩阵、期望产出矩阵和非期望产出矩阵中的元素；ρ 为生态效率值。

第三节　指标选取与数据来源

一、指标体系构建

基于对海岛生态经济系统的分析，利用能值分析能够将其各子系统间物质和能量流动联系起来，依据能值指标体系中的相关指标确定不同能量流在整个生态经济系统中的地位和作用，系统分析和定量评价生态经济系统中的各种能量流，客观反映生态经济系统的发展状况，反映社会经济系统与自然生态系统

之间的关系，进而实现对生态经济复合系统进行全面客观的评析，衡量人地关系地域系统可持续发展状况（图 7-1）（王鹏成和郑国璋，2017；胡伟等，2018）。

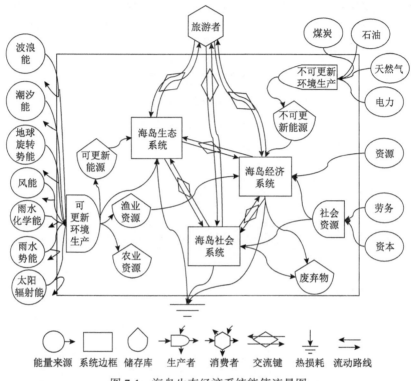

图 7-1　海岛生态经济系统能值流量图

综合考虑海岛人地关系地域系统的各种能值流，将可更新能源、农业资源、渔业资源、不可更新能源，外部环境系统输入的社会资源，如劳务、资本作为生态经济系统投入指标。在产出指标方面，以 GDP 作为期望产出，以废弃物〔废水、废气、固体废弃物（简称固废）〕作为非期望产出，建立基于能值的海岛人地关系地域系统能值生态经济效率评价指标体系（表 7-1）。

表 7-1　海岛人地关系地域系统能值生态经济效率评价指标体系

类别	指标	指标构成	单位	能值转换率
投入	可更新能源	太阳辐射能	sej/焦	1
		风能	sej/焦	1.50×10^3
		雨水化学能	sej/焦	1.54×10^4

续表

类别	指标	指标构成	单位	能值转换率
	可更新能源	雨水势能	sej/焦	8.89×10^3
		地球旋转势能	sej/焦	2.90×10^4
		波浪能	sej/焦	2.59×10^4
		潮汐能	sej/焦	2.36×10^4
投入	农业资源	粮食	sej/焦	8.30×10^4
		蔬菜	sej/焦	2.70×10^4
		肉类	sej/焦	1.71×10^6
		蛋类	sej/焦	1.71×10^6
		奶类	sej/焦	2.00×10^6
		水果	sej/焦	5.30×10^4
		油料	sej/焦	8.60×10^4
		糖料	sej/焦	8.40×10^4
	渔业资源	水产品	sej/焦	1.96×10^6
	不可更新能源	电力	sej/焦	1.59×10^5
		煤炭	sej/焦	4.00×10^4
		石油	sej/焦	5.40×10^4
		天然气	sej/焦	4.80×10^4
	社会资源	劳务	sej/人	3.1×10^{16}
		资本	sej/美元	6.34×10^{12}
产出	期望产出	GDP	sej/美元	6.34×10^{12}
	非期望产出	废气	sej/米^3	1.32×10^9
		废水	sej/吨	4.94×10^{12}
		固废	sej/吨	1.50×10^{14}

资料来源：蓝盛芳等（2002）、杨灿和朱玉林（2016）、杨晶晶（2016）、宋涛等（2013）、康文星等（2010）、唐建荣（2005）

二、数据来源与处理

能值生态经济系统中的太阳辐射能、风能、雨水化学能、雨水势能、地球旋转势能、潮汐能、波浪能等可更新能源投入的能量可根据蓝盛芳等（2002）

提供的能量计算公式计算；由于太阳辐射能、风能、雨水化学能、雨水势能、波浪能由太阳辐射作用产生，为了避免重复计算，取其中最大值。渔业资源投入数据为历年水产品产量。渔业资源和农业资源项目的能量由长山群岛各资源项目实际产量×能量折算系数计算得来，能量折算系数引用朱玉林（2010）、杨晶晶（2016）、黄凤华（2010）等学者的研究成果，并参考《技术经济手册·农业卷》相关标准（中国技术经济研究会，1986）。系统中的废气数据由工业 SO_2 和烟粉尘排放数据加和整理获得，由于生活污水和生活固体废弃物数据无法获取，废水和固体废弃物指标由工业废水和工业固体废弃物表示。研究涉及的1996～2016 年数据主要来自《长海统计年鉴》（1996～2016 年）。由于行政区划变更，1996～2016 年数据不含石城乡和王家镇。

第四节　长山群岛生态经济系统发展效率分析

一、海岛生态经济系统投入产出时间变化

根据海岛人地关系能值生态经济效率评价指标体系，对 1996～2016 年长山群岛海岛生态经济系统能值进行了测度（表 7-2）。图 7-2 显示了 1996～2016 年长山群岛生态经济系统能值投入产出变化。由图 7-2 可知，长山群岛生态经济系统投入和产出基本保持同步增长。1996～2016 年，长山群岛生态经济系统能值投入从 $4.78×10^{21}$sej 增长到 $1.24×10^{22}$sej，能值产出从 $5.02×10^{20}$sej 增长到 $8.04×10^{21}$sej。在长山群岛生态经济系统中，渔业资源能值和经济产出能值的数量级远大于可更新能源能值、农业资源能值、不可更新能源能值，渔业资源和经济产出是海岛生态经济系统的核心。社会资源能值（资本能值和劳务能值）投入整体呈现增长的趋势，受政策影响 2010 年开始资本能值投入幅度大幅提升，由于外部经济环境的变化，2014 年以后，资本能值投入缩减［图 7-3（a）］；劳务能值投入呈一定幅度的波动变化，整体保持平稳［图 7-3（b）］。1996～2013 年渔业资源能值投入处于增长状态，2013 年开始下降［图 7-3（c）］。1996～2011 年农业资源能值在波动变化中呈缓慢下降趋势，2011～

2016 年有所增长[图 7-3（d）]。长山群岛不可更新能源主要以化石燃料和
电力消耗为主，1996～2016 年不可更新能源能值投入持续增加[图 7-3（e）]。
可更新能源波动变化，未出现明显变化趋势[图 7-3（f）]。1996～2013 年
经济能值产出一直处于快速增长，2013 年以后增长速度下降；废弃物能值
整体呈上升趋势，2012～2014 年快速上升，2014 年以后有所下降，说明随
着海岛经济发展，环境压力增大（图 7-4）。结合图 7-3 分析，渔业资源能
值、不可更新能源能值和经济产出能值变化趋势基本一致，表明长山群岛经济
发展对渔业资源和能源保持着较高的依赖程度。

表 7-2　1996～2016 年长山群岛海岛生态经济系统能值　（单位：sej）

年份	可更新能源	农业资源	渔业资源	不可更新能源	社会资源	期望产出	非期望产出
1996	4.78×10^{20}	1.13×10^{20}	2.71×10^{21}	2.48×10^{19}	1.45×10^{21}	5.01×10^{20}	3.98×10^{17}
1997	8.23×10^{20}	1.11×10^{20}	2.36×10^{21}	2.24×10^{19}	1.42×10^{21}	3.48×10^{20}	4.13×10^{17}
1998	1.19×10^{21}	1.47×10^{20}	2.19×10^{21}	2.09×10^{19}	1.32×10^{21}	4.38×10^{20}	4.08×10^{17}
1999	4.32×10^{20}	1.23×10^{20}	2.58×10^{21}	2.15×10^{19}	1.17×10^{21}	5.52×10^{20}	4.23×10^{17}
2000	7.79×10^{20}	1.44×10^{20}	3.21×10^{21}	2.28×10^{19}	1.19×10^{21}	6.36×10^{20}	3.84×10^{17}
2001	9.34×10^{20}	1.26×10^{20}	3.16×10^{21}	2.54×10^{19}	1.27×10^{21}	9.45×10^{20}	4.19×10^{17}
2002	7.71×10^{20}	1.23×10^{20}	3.26×10^{21}	2.60×10^{19}	1.34×10^{21}	1.07×10^{21}	4.44×10^{17}
2003	1.41×10^{21}	1.39×10^{20}	3.20×10^{21}	2.68×10^{19}	1.39×10^{21}	1.17×10^{21}	4.79×10^{17}
2004	9.72×10^{20}	1.33×10^{20}	3.48×10^{21}	3.01×10^{19}	1.46×10^{21}	1.35×10^{21}	3.69×10^{17}
2005	1.36×10^{21}	1.41×10^{20}	3.81×10^{21}	3.56×10^{19}	1.93×10^{21}	1.57×10^{21}	3.98×10^{17}
2006	8.19×10^{20}	1.29×10^{20}	4.24×10^{21}	4.27×10^{19}	2.19×10^{21}	1.80×10^{21}	3.78×10^{17}
2007	1.74×10^{21}	1.06×10^{20}	4.30×10^{21}	4.34×10^{19}	2.36×10^{21}	1.99×10^{21}	3.58×10^{17}
2008	1.16×10^{21}	1.19×10^{20}	4.55×10^{21}	4.34×10^{19}	2.49×10^{21}	2.39×10^{21}	3.79×10^{17}
2009	1.09×10^{21}	1.11×10^{20}	5.43×10^{21}	4.26×10^{19}	2.74×10^{21}	3.03×10^{21}	4.42×10^{17}
2010	1.14×10^{21}	1.17×10^{20}	6.21×10^{21}	4.74×10^{19}	2.63×10^{21}	3.78×10^{21}	4.18×10^{17}
2011	1.57×10^{21}	9.91×10^{19}	7.52×10^{21}	5.09×10^{19}	3.97×10^{21}	5.52×10^{21}	4.31×10^{17}
2012	1.71×10^{21}	1.10×10^{20}	8.80×10^{21}	5.58×10^{19}	4.38×10^{21}	6.24×10^{21}	4.87×10^{17}
2013	1.54×10^{21}	1.32×10^{20}	9.86×10^{21}	5.79×10^{19}	4.60×10^{21}	7.34×10^{21}	6.87×10^{17}
2014	6.73×10^{21}	1.24×10^{20}	8.85×10^{21}	5.91×10^{19}	4.85×10^{21}	7.37×10^{21}	7.12×10^{17}
2015	1.08×10^{21}	1.24×10^{20}	7.50×10^{21}	6.24×10^{19}	2.51×10^{21}	7.54×10^{21}	4.93×10^{17}
2016	1.21×10^{21}	1.51×10^{20}	8.07×10^{21}	6.54×10^{19}	2.93×10^{21}	8.04×10^{21}	5.44×10^{17}

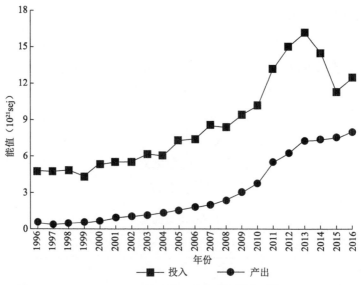

图 7-2　1996~2016 年长山群岛生态经济系统能值投入产出变化

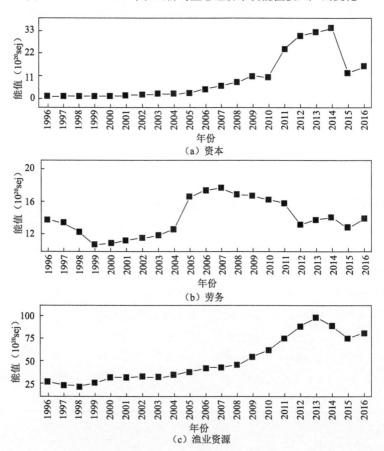

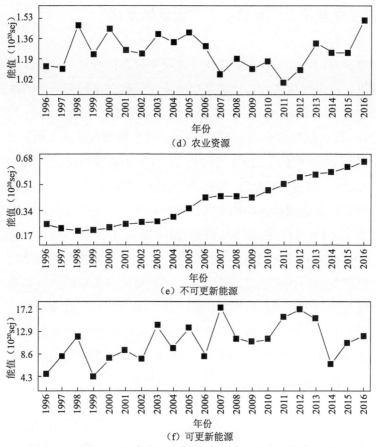

图 7-3 1996～2016 年长山群岛生态经济系统各类型能值投入

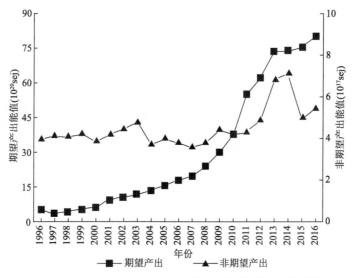

图 7-4 1996～2016 年长山群岛生态经济系统各类型能值产出

二、海洋生态经济系统能值投入产出结构变化

从图 7-5 可以看出，长山群岛生态经济系统能值投入中，渔业资源投入和社会资源投入所占比重较大，反映了以渔业主导和高度外部依赖的典型海岛社会经济结构特征。在投入占比中，渔业资源能值投入比重整体呈上升趋势，1996～2016 年，从 56.80%上升到 64.94%。社会资源能值投入量从 1996 年的30.36%下降到 2000 年的 22.26%，2001～2014 年整体保持增长态势，从 23.03%增长到 33.32%，但 2015 年和 2016 年所占比重有所下降，分别为 22.26%和23.57%。社会资源能值投入结构变化较大。其中，劳务能值投入占社会资源能值投入比重从 1996 年的 94.97%下降到 2016 年的 47.58%，资本能值投入比重从 1996 年的 5.03%上升到 2016 年的 52.42%。社会资源能值投入结构的转变表明，生态经济发展的外部动力，从劳动力依赖转向资本依赖。农业资源能值和不可更新能源能值投入比重较小，1996～2016 年平均投入比重分别为 1.73%和0.47%。受到海岛耕地资源减少的影响，1996～2016 年农业资源能值投入比重总体呈现下降趋势，从 2.36%下降到 1.22%，降幅达到 48.31%。可更新能源的能值投入受自然环境变化的影响，存在较大波动。

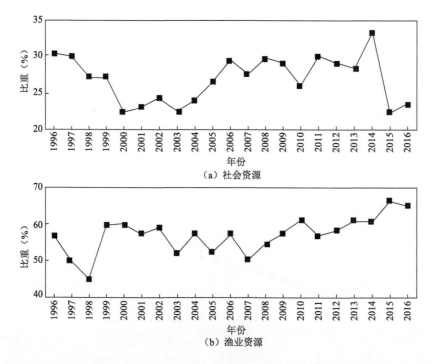

（a）社会资源

（b）渔业资源

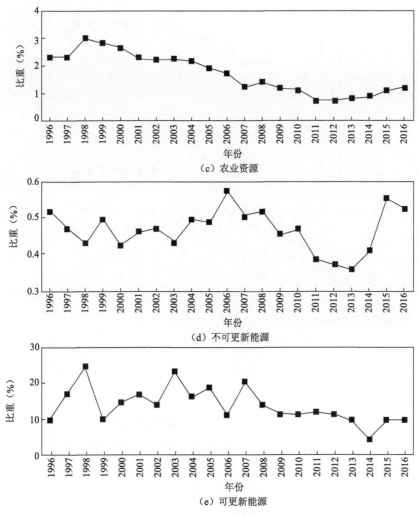

（c）农业资源

（d）不可更新能源

（e）可更新能源

图 7-5　1996～2016 年长山群岛生态经济系统能值投入结构变化

能值产出中，期望产出平均占 99.96%，非期望产出平均占 0.04%，表明长山群岛生态经济系统绿色产出效率较高，生态经济系统发展质量较好（图 7-6）。非期望能值产出由废气能值、废水能值和固体废弃物能值三部分组成，占非期望能值总量的平均比重分别为 0.09%、43.23% 和 56.68%。长山群岛产业结构以第一产业和第三产业为主，废气排放较少，废弃物主要为居民生活和产业生产排放的污水与固体废弃物。近年来，随着海岛生态环境保护措施的实施，海岛生态文明建设的大力推进，非期望产出比重持续下降，生态经济的经济效益、生态效益进一步提高。

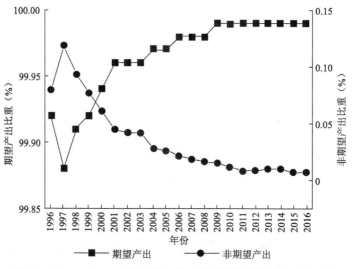

图 7-6　1996～2016 年长山群岛生态经济系统能值产出比重变化

三、生态经济系统发展效率时序变化特征

利用长山群岛 1996～2016 年生态经济系统投入产出时序数据，以每一年为一个 DMU，共 21 个 DMU，测算得到样本期内生态经济系统发展效率（表 7-3）。图 7-7 反映了 1996～2016 年长山群岛生态经济系统发展效率变化趋势。长山群岛生态经济系统综合效率呈快速上升趋势，1996 年为 0.094，2013 年综合效率超过 1.000，2014 年达到 1.119，为历年最大值，1996～2014 年均增长率达到 14.75%。2014 年以后生态效率值开始回落，但总体仍大于 1，生态效率表现为相对 DEA 有效。纯技术效率在研究期内波动变化，1996～2000 年、2006～2008 年、2013～2016 年三个时段内效率值均大于 1，1996～2016 年，纯技术效率均值为 0.976，表现为弱有效性，表明长山群岛生态经济系统技术效率较高。1996～2016 年，规模效率变化趋势与综合效率基本一致，1996 年为 0.090，2013 年达到历年最大值 0.999，接近于 1，其后两年略有波动，但始终未超过 1。规模效益在 1996～2015 年均为规模报酬递增，仅在 2016 年为规模报酬递减。长山群岛生态经济系统的纯技术效率、规模效率和规模效益的变化特征表明，规模效率不高限制了综合效率的提高，投入要素配置不尽合理，存在冗余的情况。

表 7-3　1996～2016 年长山群岛生态经济系统发展效率　（单位：sej）

年份	综合效率	纯技术效率	规模效率	规模效益
1996	0.094	1.046	0.090	Increasing
1997	0.064	1.039	0.061	Increasing
1998	0.080	1.047	0.076	Increasing
1999	0.115	1.119	0.103	Increasing
2000	0.110	1.046	0.105	Increasing
2001	0.157	0.871	0.180	Increasing
2002	0.179	0.812	0.221	Increasing
2003	0.177	0.724	0.245	Increasing
2004	0.207	1.043	0.199	Increasing
2005	0.203	0.749	0.271	Increasing
2006	0.237	1.021	0.232	Increasing
2007	0.241	1.058	0.228	Increasing
2008	0.297	1.006	0.296	Increasing
2009	0.370	0.840	0.440	Increasing
2010	0.456	0.929	0.490	Increasing
2011	0.648	1.071	0.605	Increasing
2012	0.658	0.846	0.777	Increasing
2013	1.004	1.004	0.999	Increasing
2014	1.119	1.123	0.997	Increasing
2015	1.053	1.134	0.929	Increasing
2016	1.003	1.032	0.972	Decreasing

注：Increasing、Decreasing 分别为规模报酬递增和规模报酬递减

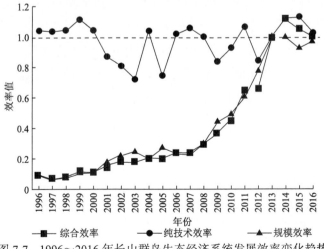

图 7-7　1996～2016 年长山群岛生态经济系统发展效率变化趋势

四、生产前沿面投影分析

判断 DMU 的有效性，本质上是判断其是否位于效率最优的生产前沿面。对于非 DEA 有效的 DMU，通过计算其投入冗余和产出不足，对原有的投入和产出向量进行调整，使其达到 DEA 有效，经过调整后的点即为 DMU 在生产前沿面上的投影。利用 MaxDEA 软件得到非 DEA 有效的 1996～2012 年投入冗余和产出不足（表 7-4）。从历年平均投入冗余和产出不足来看，渔业资源和社会资源要素冗余是影响综合效率的主要因素，分别占全部投入冗余的 49.66% 和 30.27%。要素的投入冗余率其实就是与 DEA 有效 DMU 相比，该要素的使用效率。要素投入冗余率越大，则使用效率越低（吴青青和杨桂元，2012）。从资源配置的角度来看，促进生态经济系统发展效率提升的重要途径就是要提高冗余率较大要素的使用效率。利用投入冗余÷实际投入得到投入冗余率，利用产出不足÷实际产出得到产出不足率（表 7-5）。从表 7-5 可以看出，各类资源历年平均投入冗余率基本都在 60% 以上，表明长山群岛生态经济系统资源利用率较低，尤其是可更新能源、农业资源和社会资源，历年平均冗余率超过 70%。但从时间序列变化来看（图 7-8），1996～2012 年，可更新能源、农业资源、渔业资源、能源、社会资源投入冗余率均呈下降趋势，降幅分别为 43.63%、92.83%、63.76%、91.09%、40.50%。表明长山群岛生态经济系统资源利用效率均有大幅提升。在产出不足分析方面，投影分析采用的是基于产出投入导向的 CCR 模型，因此期望产出不足值为 0。长山群岛生态经济系统的非期望产出由废水、废气和固体废弃物构成，非期望产出不足表示废弃物排放量过多，环境效益较少导致生态经济系统综合效率下降。由表 7-5 可知，非期望产出不足率历年平均值为 69.62%，对综合效率相对无效产生了重要影响。但从发展历程来看（图 7-8），非期望产出不足率逐年下降，从 1996 年的 91.77% 下降到 2012 年的 16.29%，下降幅度达到 82.25%，表明近年来生态环境效益在不断提升。

表 7-4　1996～2012 年非 DEA 有效的投入冗余和产出不足

年份	投入冗余（sej）/冗余比重（%）					产出不足（sej）	
	可更新能源	农业资源	渔业资源	不可更新能源	社会资源	期望产出	非期望产出
1996	4.07×10^{20}/10.10	1.05×10^{20}/2.60	2.22×10^{21}/55.05	2.07×10^{19}/0.51	1.28×10^{20}/31.74	0	3.65×10^{17}
1997	7.73×10^{20}/18.37	1.06×10^{20}/2.52	2.01×10^{21}/47.76	1.95×10^{19}/0.46	1.30×10^{20}/30.89	0	3.90×10^{17}

续表

年份	投入冗余（sej）/冗余比重（%）					产出不足（sej）	
	可更新能源	农业资源	渔业资源	不可更新能源	社会资源	期望产出	非期望产出
1998	$1.13×10^{21}$/26.86	$1.40×10^{20}$/3.33	$1.75×10^{21}$/41.59	$1.73×10^{19}$/0.41	$1.17×10^{20}$/27.81	0	$3.79×10^{17}$
1999	$3.53×10^{20}$/10.08	$1.14×10^{20}$/3.25	$2.03×10^{21}$/57.92	$1.69×10^{19}$/0.48	$9.91×10^{20}$/28.27	0	$3.87×10^{17}$
2000	$6.88×10^{20}$/15.63	$1.34×10^{20}$/3.04	$2.58×10^{21}$/58.60	$1.76×10^{19}$/0.40	$9.83×10^{20}$/22.33	0	$3.42×10^{17}$
2001	$7.99×10^{20}$/19.48	$1.11×10^{20}$/2.71	$2.22×10^{21}$/54.08	$1.76×10^{19}$/0.43	$9.55×10^{20}$/23.30	0	$3.57×10^{17}$
2002	$6.18×10^{20}$/15.79	$1.06×10^{20}$/2.71	$2.19×10^{21}$/55.95	$1.71×10^{19}$/0.44	$9.83×10^{20}$/25.11	0	$3.74×10^{17}$
2003	$1.25×10^{21}$/28.25	$1.20×10^{20}$/2.71	$2.04×10^{21}$/46.10	$1.72×10^{19}$/0.39	$9.98×10^{20}$/22.55	0	$4.03×10^{17}$
2004	$7.80×10^{20}$/19.17	$1.10×10^{20}$/2.70	$2.14×10^{21}$/52.59	$1.89×10^{19}$/0.47	$1.02×10^{21}$/25.07	0	$2.81×10^{17}$
2005	$1.13×10^{21}$/22.93	$1.16×10^{20}$/2.35	$2.25×10^{21}$/45.65	$2.26×10^{19}$/0.46	$1.41×10^{21}$/28.61	0	$2.95×10^{17}$
2006	$5.61×10^{20}$/11.89	$9.92×10^{19}$/2.10	$2.44×10^{21}$/51.72	$2.78×10^{19}$/0.59	$1.59×10^{21}$/33.70	0	$2.60×10^{17}$
2007	$1.46×10^{21}$/26.16	$7.31×10^{19}$/1.31	$2.32×10^{21}$/41.58	$2.70×10^{19}$/0.48	$1.70×10^{21}$/30.47	0	$2.28×10^{17}$
2008	$8.15×10^{20}$/17.02	$7.98×10^{19}$/1.67	$2.17×10^{21}$/45.32	$2.36×10^{19}$/0.49	$1.70×10^{21}$/35.50	0	$2.23×10^{17}$
2009	$6.59×10^{20}$/13.48	$6.13×10^{19}$/1.25	$2.41×10^{21}$/49.31	$1.75×10^{19}$/0.36	$1.74×10^{21}$/35.60	0	$2.44×10^{17}$
2010	$5.96×10^{20}$/13.26	$5.55×10^{19}$/1.23	$2.45×10^{21}$/54.47	$1.61×10^{19}$/0.36	$1.38×10^{21}$/30.68	0	$1.71×10^{17}$
2011	$7.80×10^{20}$/15.71	$8.61×10^{18}$/0.17	$2.04×10^{21}$/41.10	$5.24×10^{18}$/0.11	$2.13×10^{21}$/42.91	0	$7.02×10^{16}$
2012	$8.19×10^{20}$/14.27	$7.28×10^{18}$/0.13	$2.61×10^{21}$/45.46	$4.14×10^{18}$/0.07	$2.30×10^{21}$/40.07	0	$7.93×10^{16}$
平均值	$8.01×10^{20}$/17.56	$9.10×10^{19}$/2.10	$2.23×10^{21}$/49.66	$1.80×10^{19}$/0.41	$1.19×10^{21}$/30.27	0	$2.85×10^{17}$

表7-5 1996～2016年长山群岛生态经济系统非DEA有效的
投入冗余率和产出不足率 （单位：%）

年份	投入冗余率					产出不足率	
	可更新能源	农业资源	渔业资源	不可更新能源	社会资源	期望产出	非期望产出
1996	85.04	92.72	81.64	83.28	88.49	0	91.77
1997	93.96	94.88	85.32	87.13	91.82	0	94.48
1998	94.74	95.13	80.11	82.67	88.94	0	92.98
1999	81.73	92.66	78.68	78.68	84.37	0	91.46
2000	88.34	92.76	80.33	76.95	82.31	0	89.17
2001	85.55	87.74	70.22	69.22	75.25	0	85.24
2002	80.16	85.78	67.29	65.84	73.41	0	84.22
2003	88.22	86.23	63.73	64.03	72.03	0	84.08
2004	80.18	83.30	61.42	62.82	69.35	0	76.06

续表

年份	投入冗余率					产出不足率	
	可更新能源	农业资源	渔业资源	不可更新能源	社会资源	期望产出	非期望产出
2005	83.54	81.83	59.13	63.52	72.98	0	74.23
2006	68.54	77.03	57.67	65.03	72.63	0	68.78
2007	83.69	69.17	54.05	62.08	72.06	0	63.70
2008	70.48	67.05	47.69	54.36	68.08	0	58.73
2009	60.33	55.20	44.45	41.06	63.25	0	55.13
2010	52.47	47.24	39.45	34.04	52.27	0	40.91
2011	49.77	8.69	27.09	10.29	53.79	0	16.29
2012	47.94	6.65	29.59	7.42	52.65	0	16.29
平均值	76.16	72.00	60.46	59.32	72.57	0.00	69.62

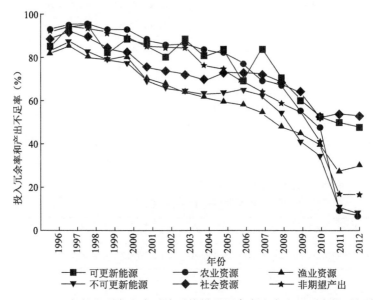

图 7-8　1996～2012 年长山群岛生态经济系统投入冗余率和产出不足率的时间序列变化

第八章

长山群岛海岛经济脆弱性评价与分析

海岛经济系统相比陆域经济系统更具开放性、动态性、不稳定性和复杂性等特点，同时脆弱性概念本身具有典型的模糊性，因此难以通过确定性数学模型进行精确定量测算，但可以基于模糊数学理论，将海岛经济脆弱性作为一种模糊值，通过构建多维度的指标体系，综合测度海岛经济脆弱性的相对水平及动态变化趋势，以便为海岛经济开发实践活动提供更加客观、灵活的决策支持。模糊综合评价方法是运用模糊数学原理，从多个因素对被评价事物隶属等级情况进行分析和评价的方法，广泛应用于各个学科。模糊综合评价方法在应用过程中主要存在三个问题：一是如何确定评价标准；二是如何合理地评价指标的权重；三是如何进行隶属函数的选择。本章在完善海岛经济脆弱性概念的基础上，选用韦伯-费希纳定律（Weber-Fischna law）确定指标评价标准；通过建立基于最小二乘法的综合权重优化模型将层次分析法（analytic hierarchy process，AHP）和熵值法相结合确定综合权重；应用信息扩散技术确定小样本情况下样本指标值在指标评价域上的信息分配，进而确定隶属度；采用模糊综合评价方法对长山群岛的海岛经济脆弱性进行评价，同时从脆弱性机制对其脆弱性演化过程进行分析。

第一节 研 究 方 法

一、韦伯-费希纳定律

韦伯-费希纳定律是由德国生理学家 E. H. 韦伯（E. H. Weber）和物理学家 G. T. 费希纳（G. T. Fischna）提出，其核心思想是指人体对客观刺激量 c 产生的反应量 k 满足函数关系：

$$k = a \times \log c \tag{8-1}$$

式中，a 为韦伯常数。

近年来，韦伯-费希纳定律已被应用到环境影响与土地承载力等评价研究中，鉴于资源环境等因素对海洋经济脆弱性的影响类似环境污染因素对环境质量的影响，本书根据韦伯-费希纳定律的基本原理进行拓展，将资源环境压力、人才储备等因素作为刺激量进行指标分级。

设 c 为海洋经济脆弱性的客观刺激量，即评价指标；k 为海洋经济脆弱性面对客观刺激 c 的反应量，即评价等级。a 由各指标性质所决定，对于同一指标 a 为常数。对式（8-1）两边求差分得

$$\Delta k = a \frac{\Delta c}{c} \tag{8-2}$$

式（8-2）表明，当影响海洋经济脆弱性的刺激因素 c 等比变化时，对海洋经济脆弱性的影响程度成等差变化，满足指标分级要求。根据指标分级惯例，将 i 指标刺激量 c_{ik} 等比划分为 5 级（ $k=0,1,2,3,4$ ），其中 $k=0$ 和 $k=4$ 对应 c_{i0} 和 c_{i4} 的级别。可知 i 指标任意两级 k、l 之间的客观重要性比率为

$$\frac{c_{ik}}{c_{il}} = a_i^{k-1}, \quad k,l = 0,1,\cdots,4 \tag{8-3}$$

取 $l = 0$ ，上式变为

$$c_{ik} = c_{i0} a_i^k \tag{8-4}$$

式中：

$$a_i = (c_{id} c_{i0})^{1/4} \tag{8-5}$$

a_i 定义为 i 指标相邻两级标准的影响程度比率。

应用拓展韦伯-费希纳定律计算各指标的分级标准，通过研究期间同一指标所有数据的最大值和最小值，计算相邻两级标准确定分级情况，具有整体性和客观性，提高了分级标准的科学性和合理性。

二、基于最小二乘法的综合权重优化模型

为科学评价海洋经济系统脆弱性，给各个评价指标赋予权重以反映其对海洋经济系统脆弱性产生的影响。为了达到主客观权重相统一，并尽可能大地反映主客观权重信息，本书建立最小二乘法评估模型，将主观赋权（AHP）与客观赋权（熵值法）相结合，并保证子系统内部权重之和为 1。

设由 AHP 确定的主观权重向量为

$$V = (v_1, v_2, \cdots, v_m)^{\mathrm{T}} \qquad (8\text{-}6)$$

由熵值法确定的客观权重向量为

$$U = (u_1, u_2, \cdots, u_m)^{\mathrm{T}} \qquad (8\text{-}7)$$

基于最小二乘法优化后的指标综合权重向量为

$$W = (w_1, w_2, \cdots, w_m)^{\mathrm{T}} \qquad (8\text{-}8)$$

设待估对象有 N 个，评估指标有 m 个，则标准化后的测量数据矩阵为 $Z = (z_{ij})_{N \times m}$。其中，第 i 个评估对象的评估值为

$$f_i = \sum_{j=1}^{m} w_j z_{ij}, \quad i = 1, 2, \cdots, n \qquad (8\text{-}9)$$

为使综合权重尽可能大地反映主观权重和客观权重的信息，应使判断指标的主观权重和客观权重评估结果偏差越小越好。为此，建立如下最小二乘法综合评估模型：

$$\min H(w) = \sum_{i=1}^{n} \sum_{j=1}^{m} \left\{ \left[(u_j - w_j) z_{ij} \right]^2 + \left[(v_j - w_j) z_{ij} \right]^2 \right\} \qquad (8\text{-}10)$$

式中，$\sum_{j=1}^{m} w_j = 1, w_j \geqslant 0 (j = 1, 2, \cdots, m)$。可对式（8-10）构造一个拉格朗日函数对条件极值进行求解，得到综合优化权重。

由上述过程可以看出，最小二乘法综合优化之后的指标权重系数综合了主观赋权法和客观赋权法的特点，通过降低评价值的偏差实现了两种赋权方法的有机结合，使得评价结果更具科学性。

三、基于信息扩散技术的隶属函数

信息扩散技术是一种为弥补样本信息不足而对样本进行极值化的模糊数学处理技术（张丽娟等，2009；孙才志等，2014），它能够利用已有信息挖掘出尽可能多的有用信息，从而提高系统识别的精度。其主要过程是根据相应的扩散函数将一个有观测值的样本变为一个模糊集，即将单值样本变成集值样本。

本书综合考虑海岛经济脆弱性的特点，选用非线性的正态信息扩散函数构造隶属函数，其主要计算过程如下。

设某评价指标的论域为 U，$U=\{u_1, u_2, \cdots, u_m\}$，其中 u_i（$i=1, 2, \cdots, m$）为指标论域的控制点。评价指标的一个单值观测样本 y_i 通过扩散函数将其携带的信息扩散到指标论域 U 上的所有点，其扩散函数为

$$f_j(u_i) = \frac{1}{h\sqrt{2}} e^{\left[-\frac{y_i - u_i}{2h^2}\right]}, \quad i=1,2,\cdots,m; j=1,2,\cdots,n \qquad （8\text{-}11）$$

式中，h 为扩散系数，一般通过样本集合中的最大值 b、最小值 a 和样本个数 n 来确定。计算公式如下：

$$h = \begin{cases} 0.8146(b-a), & n=5 \\ 0.5690(b-a), & n=6 \\ 0.4560(b-a), & n=7 \\ 0.3860(b-a), & n=8 \\ 0.3362(b-a), & n=9 \\ 0.2986(b-a), & n=10 \\ 2.6851(b-a)/(m-1), & n \geqslant 11 \end{cases} \qquad （8\text{-}12）$$

令

$$c_j = \sum_{i=1}^{m} f_i(u_i) \qquad （8\text{-}13）$$

$$p_{ij} = \frac{f_j(u_i)}{c_j} \qquad （8\text{-}14）$$

由于

$$\sum_{i=1}^{m} p_{ij} = 1 \qquad （8\text{-}15）$$

在进行脆弱性评价时，为了使每一个集值样本点的地位均相同，需要对样本点进行归一化信息分布，故称 p_{ij} 为样本 y_j 在指标评价域上的归一化信息分布。

对于样本 y_i，对于某一级别 k 内的控制点有 u_p，u_{p+1}，$\cdots$，u_q，则样本 y_i 关于 k 级别的隶属度为

$$r_{jk} = \sum_{i=p}^{q} u_i \qquad （8-16）$$

模糊综合评价的结果表示为如下的模糊变换：

$$b_j = \sum_{k=1}^{5} r_{ik} w_k \qquad （8-17）$$

$b=\{b_1, b_2, \cdots, b_n\}$，$0 \leqslant b_j \leqslant 1$，$b_j$ 为模糊综合评价的各级别隶属度。为综合考虑各级别隶属度的影响，通常采用级别特征值确定评价等级，级别特征值的计算公式为

$$c = \sum_{i=1}^{5} b_i k \qquad （8-18）$$

如果 $|c-k| \leqslant 0.5$，则最终评价的级别为 k 级。

第二节　长山群岛经济脆弱性评价

一、指标体系及指标权重

通过对国内经济脆弱性以及海岛经济脆弱性研究成果的对比与分析，基于本书提出的海岛经济脆弱性概念，以科学性、系统性、代表性、数据可获得性、陆海统筹为原则，建构以胁迫性、敏感性、弹性、适应性为基础的评价指标体系。在此基础上，通过应用最小二乘法的优化评估模型将主客观权重合成为综合权重（表 8-1）。

表 8-1　海岛经济脆弱性评价指标体系及权重

准则层	目标层	主观权重	客观权重	综合权重
胁迫性 P	海洋捕捞产量 P_1	0.0664	0.0634	0.0638
	海洋养殖产量 P_2	0.0436	0.0446	0.0431
	渔业灾害损失 P_3	0.1057	0.359	0.0781
	工业 SO_2 排放量 P_4	0.0343	0.0664	0.0469

续表

准则层	目标层	主观权重	客观权重	综合权重
	区域经济产业结构熵 S_1	0.0463	0.0478	0.0419
	财政自给率 S_2	0.0314	0.0343	0.0376
	渔业产值 S_3	0.0244	0.0557	0.0426
	旅游综合收入 S_4	0.0231	0.0336	0.0348
	旅游人数 S_5	0.0142	0.0386	0.0326
敏感性 S	人均GDP S_6	0.0538	0.0393	0.0423
	出口创汇额 S_7	0.0210	0.0696	0.0468
	水产品加工业产值 S_8	0.0216	0.0345	0.0303
	港口旅客吞吐量 S_9	0.0144	0.0565	0.0411
	港口货物吞吐量 S_{10}	0.0593	0.0388	0.0381
	机动渔船数 E_1	0.0850	0.0199	0.0398
弹性 E	全社会从业人员数 E_2	0.0718	0.0328	0.0443
	每千人拥有医院床位数 E_3	0.0339	0.0528	0.0533
	全社会固定资产投资额 A_1	0.0464	0.0434	0.0464
	金融机构年末存款余额 A_2	0.0294	0.0626	0.0417
适应性 A	财政支出额 A_3	0.0473	0.0556	0.0676
	农村居民家庭恩格尔系数 A_4	0.0548	0.0269	0.0356
	农村人均可支配收入 A_5	0.0720	0.0468	0.0514

1）为表征海岛经济面临的胁迫性大小，本书选择海洋捕捞产量、海洋养殖产量、渔业灾害损失、工业 SO_2 排放量四个指标。其中，海洋捕捞产量表征以海洋经济为主要支撑的经济模式对海洋资源的胁迫性大小；海洋养殖产量主要表征海洋养殖对海岛附近的海域造成的生态胁迫；渔业灾害损失主要表征由于海岛所面临的自然气候灾害对海岛经济改为海岛渔业造成的胁迫；工业 SO_2 排放量主要表征海岛经济在进行生产活动过程中对自然生态环境，特别是空气环境造成的胁迫性。

2）为表征海岛经济所具有的敏感性大小，本书选择区域经济产业结构熵、财政自给率、渔业产值、旅游综合收入、旅游人数、人均GDP、出口创汇额、水产品加工业产值、港口旅客吞吐量、港口货物吞吐量十个指标。其中，区域经济产业结构熵是从区域经济整体结构发育水平表征区域经济的敏感性程度；财政自给率是从区域政府财政支撑能力和收入水平表征政府财政的敏感性程度；渔业是海岛经济主要支撑产业，因此以渔业产值表征海岛渔业的敏感性程度；旅游产业为海岛经济支柱性产业，并在海岛经济中占有相当比重，因此可从旅游综合收入的角度整体表征旅游产业的敏感性程度；旅游人数是对旅游综合收入指标的补充，可从旅游潜在收入的角度表征旅游产业的敏感性程度；人均 GDP 是从区域人均收入水平表征区域经济的敏感性程度；出口创汇额是从海岛经济的价值外输角度表征海岛经济的敏感性程度；水产品加工业产值是从海岛主要工业发展水平表征海岛工业的敏感性程度；港口旅客吞吐量和港口货物吞吐量是从港口运输状态表征区域对外交通的敏感性程度。

3）为表征海岛经济所具有的弹性水平，本书选择机动渔船数、全社会从业人员数、每千人拥有医院床位数三个指标。其中，机动渔船数是从渔业基础生产工具数量的角度表征海岛经济所具有的弹性水平；全社会从业人员数是从区域就业状态的角度表征海岛经济所具有的弹性水平；每千人拥有医院床位数是从海岛社会基础服务配套能力表征海岛经济所具有的弹性水平。

4）为表征海岛经济所具有的适应性水平，本书选择全社会固定资产投资额、金融机构年末存款余额、财政支出额、农村居民家庭恩格尔系数、农村人均可支配收入五个指标。其中，全社会固定资产投资额是从海岛建设投资水平的角度表征海岛经济所具有的适应性水平；金融机构年末存款余额是从海岛金融状况的角度表征海岛经济所具有的适应性水平；财政支出额是从地方政府对区域经济发展支持力度的角度表征海岛经济所具有的适应性水平；农村居民家庭恩格尔系数是从家庭生活水平的角度表征海岛经济所具有的适应性水平；农村人均可支配收入是从海岛居民经济水平的角度表征海岛经济所具有的适应性水平。

二、评价值指标分级标准

为充分揭示长山群岛经济脆弱性程度，本书在结合长山群岛实际情况的基础上，将评价指标化为五级，并利用韦伯-费希纳拓广定律，确定各评价指标的分级标准，如表 8-2 所示。

表8-2　海洋经济脆弱性的评价指标分级标准

指标	类型	弱	较弱	一般	较强	强
P_1	正	287 431.00~260 276.20	260 276.20~235 686.90	235 686.90~213 420.60	213 420.60~193 257.90	193 257.90~175 000.00
P_2	正	515 038.00~388 059.10	388 059.10~292 385.90	292 385.90~220 300.30	220 300.30~165 986.90	165 986.90~125 064.00
P_3	正	107 614.00~28 887.72	28 887.72~7 754.57	7 754.57~2 081.62	2 081.62~558.79	558.79~150.00
P_4	正	307.00~250.03	250.03~203.63	203.63~165.84	165.84~135.06	135.06~110.00
S_1	逆	2 429 604.00~3 329 014.00	3 329 014.00~4 561 374.00	4 561 374.00~6 249 940.00	6 249 940.00~8 563 592.00	8 563 592.00~11 733 731.00
S_2	逆	0.34~0.39	0.39~0.44	0.44~0.49	0.49~0.56	0.56~0.64
S_3	逆	260 900.00~336 129.50	336 129.50~433 051.10	433 051.10~557 919.70	557 919.70~718 793.70	718 793.70~926 055.00
S_4	逆	1 800.00~4 162.24	4 162.24~9 624.59	9 624.59~22 255.49	22 255.49~51 462.64	51 462.64~119 000.00
S_5	逆	65.00~73.84	73.84~83.89	83.89~95.30	95.30~108.27	108.27~123.00
S_6	逆	10 585.00~17 393.90	17 393.90~28 582.70	28 582.70~46 968.81	46 968.81~77 181.95	77 181.95~126 830.00
S_7	逆	742.00~1 255.71	1 255.71~2 125.09	2 125.09~3 596.37	3 596.37~6 086.26	6 086.26~10 300.00
S_8	逆	40 599.00~57 923.03	57 923.03~82 639.41	82 639.41~117 902.50	117 902.50~168 212.80	168 212.80~239 991.00
S_9	逆	132.00~147.26	147.26~164.28	164.28~183.28	183.28~204.46	204.46~228.10
S_{10}	逆	47.20~62.36	62.36~82.39	82.39~108.85	108.85~143.81	143.81~190.00
E_1	逆	7 026.00~7 787.20	7 787.20~8 630.88	8 630.88~9 565.95	9 565.95~10 602.33	10 602.33~11 751.00

续表

指标	类型	弱	较弱	一般	较强	强
E_2	逆	41 352.00~44 097.90	44 097.90~47 026.13	47 026.13~50 148.81	50 148.81~53 478.84	53 478.84~57 030.00
E_3	逆	2.50~2.64	2.64~2.79	2.79~2.94	2.94~3.12	3.12~3.28
A_1	逆	70 126.00~109 968.30	109 968.30~172 447.20	172 447.20~270 423.60	270 423.60~424 065.70	424 065.70~665 000.00
A_2	逆	206 895.00~665 000.00	243 823.60~665 000.00	287 343.60~338 631.40	338 631.40~399 073.50	399 073.50~470 304.00
A_3	逆	24 049.00~34 082.98	34 082.98~48 303.44	48 303.44~68 457.11	68 457.11~97 019.50	97 019.50~137 499.00
A_4	逆	21.00~22.97	22.97~25.13	25.13~27.49	27.49~30.07	30.07~32.90
A_5	逆	9 899.00~12 102.21	12 102.21~14 795.79	14 795.79~18 088.88	18 088.88~22 114.90	221 14.90~27 037.00

第三节　长山群岛海岛经济脆弱性分析

通过运用基于信息扩散技术的模糊综合评价模型，计算得到长山群岛海岛经济脆弱性隶属函数判断矩阵，利用式（8-18），进一步计算长山群岛海岛经济脆弱性的级别特征值（图 8-1）。综上可知，级别特征值越高脆弱性越低。

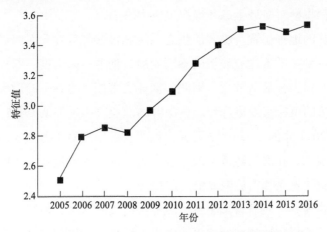

图 8-1　2005～2016 年长山群岛经济脆弱性级别特征值

一、演化分析[①]

由图 8-1 可知，2005～2016 年长山群岛经济脆弱性级别特征值整体呈现上升的态势，但上升速度呈现一定的阶段性现象。由此可以说明，长山群岛经济脆弱性在 2005～2016 年显著下降，且其变化过程呈现阶段性现象。

（一）胁迫性指标数据分析

从胁迫性指标数据演变来看，海洋捕捞产量与海洋养殖产量均显著增加，其中海洋养殖产量增长尤为突出。长山群岛作为以渔业为主的海岛县，主要产业有海洋捕捞业、海水增养殖业、苗种业、水产品加工业和为渔业配套服务的

———————

① 本部分涉及的长山群岛经济社会发展指标数据来源于历年《长海统计年鉴》和《长海县国民经济和社会发展统计公报》。

港口工业及贸易业。但海洋捕捞对海岛邻近海域生态系统稳定性的影响是显著的，作为以海洋资源为经济基础的长山群岛在渔业经济发展过程中，对邻近海域的资源胁迫性是客观存在的。渔业经济的不断转型发展，以及国家和地方政府对海洋捕捞的有效管控，有效缓解了海岛渔业发展与海洋生态环境之间的矛盾。然而，渔业经济转型并未从根本上解决海岛经济与近岸海域之间的可持续发展问题。在海洋捕捞被管控的同时，海洋养殖业迅速发展起来，虽有效缓解了海洋渔业与海洋生物资源之间的矛盾，但海洋养殖业需要大量投放饵料和各种药物，这都将会对海域生态环境产生较大影响。

海岛特殊的地理位置、脆弱的生态系统和极端气候变化对海岛渔业的影响尤为突出。特别是随着渔业经济的不断发展，渔业投入力度不断加大，极端气候变化造成的损失被显著放大。因此，渔业灾害损失也在不断增大，并显著影响着海岛经济的可持续发展进程。长山群岛渔业灾害损失从 2005 年的 15 306 万元上升至 2011 年的 1 076 117 万元，说明自然灾害对于海岛经济发展的影响是巨大的。因此，在海岛经济发展过程中，应该在加大渔业投入的同时，注重灾害预警机制的建立和灾后恢复能力的提升。

工业发展程度一般显著影响着区域经济的发展水平，但工业发展与海岛生态环境之间的矛盾相比陆域经济更为突出。因此，为维持海岛生态环境系统的稳定，海岛上布局的工业一般较少。长山群岛工业 SO_2 排放量从 2005 年的 110 吨，逐渐上升至 2016 年的 299 吨。虽然 SO_2 排放量在不断增加，对区域生态环境的胁迫性也在不断加剧，但相对陆域经济来说，其影响相对较小。

总之，从胁迫性角度来看，长山群岛的海洋捕捞、海洋养殖、渔业灾害、工业 SO_2 排放量等胁迫性影响整体上升，其中渔业灾害因素波动性尤为突出。

（二）敏感性指标数据分析

从敏感性指标数据的演变来看，区域经济产业结构熵稳定上升，产业结构比重由 2005 年的 0.75∶0.09∶0.16 演变为 2016 年的 0.54∶0.06∶0.40（图 8-2）。但根据世界银行发布的《1997 年世界发展报告》，1995 年中等收入国家第一、第二、第三产业在 GDP 中的比重平均值分别为 0.12、0.36、0.52，用该数据衡量长山群岛第二、第三产业在 GDP 中的比重明显过低。

财政收入与支出是反映地方财政状况的指标，可用于反映地方财政的健康状态水平。长山群岛财政自给率从 2005 年的 38.89% 波动演变为 2016 年的

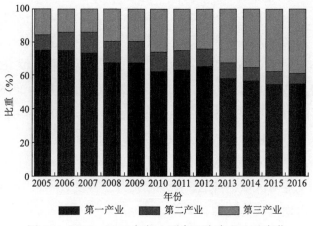

图 8-2　2005～2016 年长山群岛三次产业比重变化

33.97%，其中最大值为 2013 年的 63.91%。由此可以得出，长山群岛财政收支波动较大，且财政敏感性较高。

从渔业发展来看，渔业产值在 2005～2016 年始终保持较高速增长。2005～2011 年，养殖用海面积不断扩大，单位用海面积渔业产值呈下降趋势；2012 年之后养殖用海面积收缩，单位用海面积渔业产值逐年上升。养殖用海面积及其单位面积产值变化说明规模化、集约化用海得到充分实施。除市场供求关系外，受可养殖海域空间及环境承载力的影响，2012 年之前虽然养殖用海面积逐年增加，单位用海面积渔业产值却逐年下降。随着长山群岛养殖用海空间由大长山岛和小长山岛逐渐向其他岛屿周边海域扩展，以及由浅海向深海转移，同时不断加大科技投入，促进海水养殖技术提高，大力提倡集约用海，逐步探索规模化养殖，2012 年之后，在养殖用海面积萎缩的情况下单位用海面积渔业产值却迅速上升，科学用海成效显著。

从旅游综合收入、旅游人数、港口旅客吞吐量、港口货物吞吐量的演变来看，旅游综合收入和旅游人数持续增长。这是由于近年来，随着海岛旅游热的持续升温和长山群岛旅游形象的逐步提升，长山群岛海岛游对游客的吸引力越来越大，海岛旅游经济得到了快速发展，年实现旅游收入、年接待旅游人数均有大幅度提升，旅游业呈现蓬勃发展态势。2017 年，长山群岛共接待旅游人数 131 万人次，同比增长 6.5%；实现旅游综合收入 13.4 亿元，同比增长 12.6%；旅游经济占全县 GDP 的比重达 12.97%，旅游业已成为长山群岛的重要支柱产业。海岛旅游业的快速发展，也带动了长山群岛城镇化的发展，海岛面貌得到明显改观，海岛居民生产生活环境得到改善，新农村建设步伐加快，且新农村建设的稳步推进又为海岛旅游业健康可持续发展创造了基础条件。

从人均 GDP、水产品加工业产值、出口创汇额等指标的演变来看，整体呈现较上升态势。其中，人均 GDP 从 2005 年的 28 106 元上升至 2016 年的 126 830 元；水产品加工业产值从 2005 年的 40 599 万元上升至 2016 年的 182 483 万元；出口创汇额从 2005 年的 3137 万美元上升至 2014 年的 126 830 万美元，2016 年降为 1054 万美元。由此可以看出，长山群岛整体经济处于较为稳定的增长过程，水产品加工业对区域经济的贡献不断提升。但受近年来国际经济形势变化的影响，出口出现较大的波动。

（三）弹性指标数据分析

从弹性指标数据演变来看，机动渔船数、全社会从业人员数、每千人拥有医院床位数呈现不同的演变趋势。其中，机动渔船数从 2005 年的 7590 艘增长至 2011 年的 12 249 艘，其后开始下降，2016 年减至 9116 艘，这是由于随着渔业的转型发展，渔业发展重心由海洋捕捞转向海水养殖；全社会从业人员数从 2005 年的 53 614 人波动下降至 2016 年的 44 949 人。由于从事渔业养殖与捕捞，特别是远洋船作业的风险大，先富裕起来的人已经或正试图从事风险小的职业。在这些制约因素的影响下，富裕阶层从海岛向大陆转移，加之技术人才的流失，从而造成全社会从业人员数的不断下降；每千人拥有医院床位数则从 2005 年的 2.5 个波动上升至 2016 年的 3.28 个，这是由于随着海岛经济的快速发展，政府和医院加大了对医疗水平的提升，由此可以看出长山群岛整体社会保障的弹性能力不断上升。

（四）适应性指标数据分析

从适应性指标数据演变来看，全社会固定资产投资额从 2005 年的 121 187 万元波动上升至 2013 年的 665 000 万元，随之降为 2016 年的 70 126 万元，由此可以看出长山群岛在 2005～2016 年处于持续建设发展的快速时期，而在 2013～2016 年则转为较为缓慢的基础设施建设；金融机构年末存款余额从 2005 年的 24 049 万元波动上升至 2016 年的 470 304 万元，由此可以看出长山群岛区域经济的金融适应性稳定增长；财政支出额从 2005 年的 24 049 万元稳定增长至 2016 年的 137 499 万元，由此可以看出长山群岛在不断发展过程中，政府在财政投入上的力度不断加大，显著助推了长山群岛的经济发展，并有效提升了长山群岛的适应性水平；农村居民家庭恩格尔系数从 2005 年的 24.5%波动上升至 2016 年的 32.9%，虽然长山群岛经济整体得到较大提升，但是农村居民家庭恩格尔系数并没有出现显著提升，这是由于区域经济的贫富差距在经济发展过程中也在不断扩大；农村人均可支配收入从 2005 年的 9899 元持续提升至 2016 年的 27 037 元，由此可以看出在经济持续提升的过程中，长山群岛人民的生活水平不断得到改善，人均购买能力也显著提升，从而进一步促进了海岛经济的发展。

总之，从长山群岛的胁迫性、敏感性、弹性、适应性指标演变分析来看，整体呈现出胁迫性与敏感性不断降低、弹性与适应性不断提升的状态。虽然这些因素促使长山群岛脆弱性水平不断降低，但长山群岛仍然存在诸多扰动因素。

二、扰动因素分析

经济发展到一定阶段，阻力和制约因素开始发挥作用。这些因素包括：①县域内人民生活水平的提高和产业的发展，使岛内淡水、土地等资源短缺；②经济的快速发展使物质、人员和资金等要素的流动加快，而交通不通畅则阻碍了这一过程；③极端气候和灾害性天气使渔业发展受环境因素的影响较大，渔业经济的波动性大；④人口和资本向岛外迁移，使海岛后续发展缺乏动力。由于从事渔业养殖与捕捞，特别是远洋船作业的风险大，先富裕起来的人已经或正试图从事风险小的行业。在这些制约因素的影响下，富裕阶层从海岛向大陆转移，同时也转移了大量的地方财富。加之技术人才的流失，影响了当地技术进步。人口向岛外迁移带来了很大的负面影响，其一是负面的示范效应，使得地方渔民跟风学习，渔民渔业生产不从长计议，往往采取掠夺式开发的方式；其二是富人离开海岛，一部分人会从事水产贸易，销售海岛水产品，赚取产品差价，进而从中获利。上述负面示范效应和赚取差价行为实质上是对海岛财富的掠夺。当然，不可否认的是，海岛人员的流动有助于增加产品的销售渠道，拓展海岛的水产品市场，增加海岛产业及海产品的知名度，带动迁入地区的发展，具有积极的意义。但是，就长山群岛而言，这些行为的负面影响要远大于其正面影响。制约因素影响的进一步结果是：富裕阶层减少，地方消费需求趋弱，人才流失，且地方经济发展的自我造血和补血机制受限，导致投入扩大再生产的资金和人力不足，地方财税增加趋缓，经济发展趋向衰退。

长山群岛产业优化升级分析

第一节　长山群岛海岛经济发展概况①

　　长山群岛是辽宁省海岛经济的重要主体，在海岛社会总产值中，长山群岛占大部分。十一届三中全会以来，长山群岛的人民在党的改革开放路线方针指引下，自力更生，艰苦奋斗，加大了综合开发力度，逐步形成了以渔为主、渔工商综合经营的海岛经济发展模式，加快了由封闭式、小农式自然经济向开放型、外向型市场经济的转化进程，促进了海岛经济和社会的持续、稳定、快速、协调发展。经过多年的发展，长山群岛已经成为富庶、文明、美丽的新海岛，1994 年实现了"八五"计划所确定的主要经济指标和小康目标，跨入了辽宁省农村经济综合实力十强县的行列（位居第四），在全国 100 个水产品总产量最高县（市）评比中名列第六（张耀光和胡宜鸣，1997）。随着经济的进一步发展，到 2016 年，长山群岛社会总产值实现 91.3 亿元（现价），按可比价格计算比"十二五"期末增长了 0.05 倍。具体发展情况分析如下。

　　（1）海洋牧场积极推进

　　海洋渔业是长山群岛的优势产业和主导产业，渔业生产开发程度较高。尤其是"十二五"期间，以"海洋牧场"为中心的现代海洋渔业取得了重大进展。海洋牧场发展空间进一步拓展，海域面积由 7720 平方公里扩大到 10 324 平方公里。从 20 世纪 80 年代开始，长山群岛在发展海洋捕捞业的同时，采取多种合作方式，引进人才和新技术，进行了一系列的技术攻关，使海水养殖技术水平有了大跨越、大提升，海水养殖业取得了较高的经济效益，并且实现了养殖产量大于捕捞产量的新局面。长山群岛依靠科技进步，采取与科研单位、大专院校的技术合作形式，对综合开发利用海洋资源进行了一系列的技术攻关，先后攻破了栉孔扇贝、海湾扇贝、虾夷扇贝三种扇贝养殖阶段和皱纹盘鲍、虾夷扇贝、魁蚶等底播增殖的技术难关，带动了长山群岛海珍品底播增殖的发展。海水增养殖产量在 1985 年 28 000 吨的基础上，一举突破了在产量上"捕养并举"的目标，使海水增养殖业在海岛经济中占有举足轻重的地位。海水养殖业快速发展，到 2016 年，长山群岛的海水养殖面积达到 338 679 公顷，海水养殖

---

　　① 本节所涉数据均来自历年《长海统计年鉴》、《长海县国民经济和社会发展统计公报》和《长海县政府工作报告》。

产量达到 431 897 吨，海洋捕捞产量达到 298 185 吨。1985～2016 年长山群岛海水养殖情况如表 9-1 所示。

表 9-1　1985～2016 年长山群岛海水养殖情况

项目	1985 年	1990 年	1995 年	2000 年	2005 年	2010 年	2015 年	2016 年
海水养殖面积（公顷）	8 982	23 761	43 087	361 552	110 582	324 304	512 661	338 679
海水养殖产量（吨）	101 878	205 768	160 826	190 177	125 064	294 946	388 188	431 897
海水养殖总产值（万元）	757	46 341	50 880	56 700	160 100	547 207	605 137	665 037
水产品总产值（万元）	12 336	71 580	100 188	114 138	260 900	487 054	894 411	963 222

资料来源：历年《长海统计年鉴》和《长海县国民经济和社会发展统计公报》

（2）农业仍处于辅助地位

长山群岛 2016 年粮食及大豆总产为 3839.86 吨，单产为 6246 千克/公顷，与上年相比总产和单产均有所上升。生猪饲养量近年来呈下降趋势，2016 年肉类产量为 373.6 吨，较 2015 年下降约 55.9%。林业虽然被确定为发展重点，由于短期内直接效益不突出，长期未被纳入重点。长山群岛农业总产量构成如表 9-2 所示。

表 9-2　2016 年长山群岛农业总产量构成　（单位：吨）

项目	合计	大长山岛镇	小长山乡	广鹿岛镇	獐子岛镇	海洋乡
粮食及大豆	3839.86	417.39	1000.63	2352.30	0	69.54
①谷物	3444.01	367.87	901.00	2153.00	—	22.14
其中：稻谷	—	—	—	—	—	—
玉米	3444.01	367.87	901.00	2153.00	—	22.14
小麦	—	—	—	—	—	—
②豆类	69.86	5.86	64.00	—	—	—
其中：大豆	69.50	5.50	64.00	—	—	—
③薯类（折粮）	325.99	43.66	35.63	199.30	—	47.40
油料	9.30	—	—	9.30	—	—
其中：花生	9.30	—	—	9.30	—	—
蔬菜、瓜类						
其中：蔬菜	2434.35	808.12	445.73	1116.70	—	63.80
瓜类	38.00	32.60	—	5.40	—	—

资料来源：《长海统计年鉴 2016》

但是，由于长山群岛系大陆基岩岛，远离大陆，海岛内多丘陵岗地，土层薄，土壤肥力差，光、热、水不足，农业发展条件有一定的局限性，粮食、果蔬、肉类不能自给，农作物种植结构单一。随着城镇化的发展和产业结构的调整，农业用地资源日趋减少。

（3）第二产业所占比重偏小

长山群岛由多个海岛组成，陆域面积狭小，资源种类单一，产业结构单调，加之各个海岛之间被海水分割，劳动力、资源、生产手段等经济要素聚集程度低，这些制约因素影响了第二产业的扩大和发展。其结果如表 9-3 所示。

表 9-3　2016 年长山群岛地区生产总值构成

项目	地区生产总值（不变价）（万元）	占地区生产总值比重（%）
第一产业增加值	501 088	54.89
农业	1 226	0.13
林业	151	0.02
牧业	350	0.04
渔业	499 361	54.70
第二产业增加值	57 998	6.35
其中：工业	41 628	4.56
第三产业增加值	353 853	38.76
总计	912 939	100.00

资料来源：《长海统计年鉴 2016》

由表 9-3 可知，2016 年长山群岛产业结构以第一产业为主，而在第一产业中，又以渔业为主，渔业占地区生产总产值的 54.70%；第二产业所占比重较小，仅占地区生产总值的 6.35%。

（4）水产品加工业占有突出地位

长山群岛海域辽阔，渔业资源丰富，2016 年水产品总产量达 656 614 吨，其中鱼类、虾蟹类占大部分，还有各种海珍品（刺参、皱纹盘鲍）、藻类等，这些都为水产品加工业（海味品、调味品）的发展、水产品的综合利用，以及水产品化学工业的发展提供了优越的条件。此外，大量不宜食用的低质鱼、鱼下货、贝壳等废弃物，为发展饲料、饵料加工业提供原料。水产品加工业也开始逐步配套，2016 年，长山群岛水产品加工企业达 45 个，年加工能力 52 040

吨，水产冷库 27 座，一次冷藏量达 3876 吨，年水产加工品总量达到 159 633 吨（表 9-4）。随着海水增养殖的发展，新兴的养殖苗种培育产业正在崛起。为了保证海水养殖苗种的需求，长山群岛建立了扇贝、刺参、皱纹盘鲍等海珍品人工育苗室 40 个，在海洋岛和獐子岛附近海域还形成栉孔扇贝和魁蚶等养殖品种的自然海区采苗场，每年仅苗种收入近千万元。

表 9-4　2016 年长山群岛水产品加工企业概况

项目	大长山岛镇	小长山乡	广鹿岛镇	獐子岛镇	海洋乡	合计
水产品加工企业（个）	16	10	16	2	1	45
加工能力（吨/年）	29 000	12 280	4 260	6 000	500	52 040
水产冷库（座）	14	9	2	1	1	27
冷藏能力（吨/次）	2 836	120	420	500		3 876
水产品加工总量（吨）	34 180	32 076	33 427	50 000	9950	159 633

资料来源：《长海统计年鉴 2016》

（5）第三产业比重有所上升

近年来，长山群岛第三产业的发展主要得益于旅游业、交通运输与邮电业的推动。2017 年，长山群岛第三产业增加值 40.5 亿元，在三次产业构成比例中占比 39.3%，对地区生产总值的贡献率达到 43.0%，拉动经济增长 3.01 个百分点。交通运输与邮电业取得长足进步。2017 年，年末长山群岛公路共 129 条、297.171 公里。其中，县级 21 条、123.697 公里；乡镇级 11 条、18.155 公里；村级 97 条、155.319 公里；长山大桥完成竣工验收工作。目前，全县路网体系已经基本建成。同时，依据其自身港口建设优势，建设港口码头，开展海陆运输，年末码头达 20 个，开通航线 31 条，全年海上客运量达 248.9 万人次，同比增加 22.3 万人次，比上年增长 9.9%。全年港口货物吞吐量达 187.5 万吨，其中出港货物 88.48 万吨，进港货物 99.02 万吨。邮电事业的发展主要体现在固定电话用户减少，移动电话和互联网用户增多，以及发往国内外的函件数目增多等方面。2017 年，年末固定电话用户 1.7 万户，较上年减少 0.31 万户，年末全县互联网用户 2.08 万户，比上年增加 0.6 万户。全县移动电话用户 9.1 万户。

旅游业发展在地区第三产业发展中占据重要地位，成为长山群岛支柱产业和外汇收入的重要来源。长山群岛是辽宁省省级风景名胜区和辽宁省旅游强县，海域空间广阔，自然环境优美，生物资源多样，各类景观丰富。独具特色的海岛风光，冷热适中的宜人气候，使长山群岛成为我国长江口以北唯一的群岛型休闲避暑胜地。长山群岛大部分都是近海型海岛，因此其旅游发展主要受大连市的旅游品牌和影响力的影响。长山群岛社会经济条件较好，旅游业发展已经粗具规模，尤其在"十一五"期间的迅猛发展使得长山群岛旅游具备飞速提升的条件。其后，随着长山群岛经济的逐步发展，其基础设施进一步完善，旅游环境进一步优化，旅游综合实力显著提高。2010 年 5 月，大连市委、市政府决定设立大连长山群岛旅游避暑度假区（长山群岛海洋生态经济区），经省政府批准，成为省级旅游度假区。除新增旅游景点和旅游设施以外，长山群岛也在旅游服务硬件和软件能力上有所提升。2016 年，地方政府为促进宣传载体多样化，完善旅游官方网站，引进了旅游官方微博和微信公众平台，利用现代互联网技术，增强了各类宣传推介、咨询服务、旅游活动等信息的推介能力。2017 年，长山群岛有星级饭店 6 家，各种客房 400 间，床位 880 张；小型旅店饭店 142 家；渔家旅店 505 家，渔家旅店床位 2.6 万张。观光游艇 157 艘。旅游服务机构 5 家，旅行社 3 家，全年上岛旅游人数为 131 万人次，比上年增长 6.5%，旅游综合收入为 13.4 亿元，旅游业发展能力进一步提升。

第二节　主导产业选择方法概述

一、层次分析法

层次分析法（analytic hierarchy process，AHP）是由美国运筹学家 Saaty 于 20 世纪 70 年代提出的一种定性与定量相结合的决策分析方法，是一种将决策者对复杂系统的决策思维过程模型化、数量化的过程，适用于解决多目标、多准则、多要素、多层次的非结构化战略决策问题。AHP 可以将一个由相互关联、相互制约的众多因素构成的复杂系统加以量化，然后将所要解决的问题或要达到的目标及其影响因素，分为相互联系的有序层次，根据对客观现实的分析，对每一层次各个因素的相对重要性赋予权重进行衡量，最后根据因素间的相互关联和隶属关系，按照不同层次聚集组合，形成一个多层次的分析结构模型。运用这种方法，决策者通过将复杂问题分解为若干层次和若干因素，在各因素之间进行简单的比较和计算，即可得到不同方案重要性程度的权重，进而为最佳方案的选择提供依据。因此，AHP 具有综合性、简便性、灵活性、实用性、广泛性等特点，被广泛应用于能源规划、人才预测、资源分配、政策评价、企业管理、环境保护等领域，成果显著。

AHP 的基本思想如下：如果有一组物体，需要知道它们的质量，而又没有衡器，那么就可以通过两两比较它们的相互质量，得到每对物体质量比的判断，从而构成判断矩阵；然后通过求解判断矩阵的最大特征值 λ_{max} 和它所对应的特征向量，就可以得到这一组物体的相对质量。具体实例如下。

假设有 n 个物体 A_1，A_2，$\cdots$，A_n，它们的质量分别计为 W_1，W_2，$\cdots$，W_n。现将每个物体的质量两两比较如表 9-5 所示。

表 9-5　物体质量组合

项目	A_1	A_2	$\cdots$	A_n
A_1	W_1/W_1	W_1/W_2	$\cdots$	W_1/W_n
A_2	W_2/W_1	W_2/W_2	$\cdots$	W_2/W_n
$\vdots$	$\vdots$	$\vdots$	$\cdots$	$\vdots$
A_n	W_n/W_1	W_n/W_2	$\cdots$	W_n/W_n

若以矩阵表示各物体的这种相互质量关系，即

$$A = \begin{pmatrix} W_1/W_1 & W_1/W_2 & \cdots & W_1/W_n \\ W_2/W_1 & W_2/W_2 & \cdots & W_2/W_n \\ \vdots & \vdots & \vdots & \vdots \\ W_n/W_1 & W_n/W_2 & \cdots & W_n/W_n \end{pmatrix} \quad (9\text{-}1)$$

A 称为判断矩阵。若取质量向量 $W = [W_1, W_2, \cdots, W_n]^T$，则有 $AW = nW$，W 为判断矩阵 A 的特征向量，n 为 A 的一个特征值，是矩阵 A 的唯一非零解，也是最大的特征值，而 W 为 n 所对应的特征向量。

在 AHP 操作流程中，先进行问题描述，而后判别影响要素并建立层级结构，设计问卷项目，然后依据问卷收集的数据资料找出各层级间决策属性的相对重要性，并依此建立成对比较矩阵用以计算矩阵特征值与特征向量，所得到的数据经由一致性检定及层级结构一致性检定的回馈修正后，便可计算出各指标权重以协助选出最优决策方案。

二、主成分分析法

主成分分析法（principal components analysis，PCA）由 Karl Pearson 于 1901 年发明（Pearson，1901），是一种分析、简化数据集的技术，用于分析数据及建立数理模型。其主要是通过对协方差矩阵进行特征分解（Abdi and Williams，2010），以得到数据的主成分（即特征向量）与它们的权值，即特征值（Söderbaum and Shaw，2003）。主成分分析法是最简单的以特征向量分析多元统计分布的方法。其结果可以理解为对原数据中的方差做出解释：哪一个方向上的数据值对方差的影响最大。换言之，主成分分析法提供了一种降低数据维度的有效办法；如果分析者在原数据中除掉最小的特征值所对应的成分，那么所得的低维度数据必定是最优的。主成分分析法的基本原理和计算步骤如下。

1）建立 n 个区域 p 个指标的原始数据矩阵 X_{ij}（$i=1，2，\cdots，n$; $j=1，2，\cdots，p$），并对其进行无量纲化或标准化处理，一般采用 Z-score 法无量纲化，得到 Z_{ij} 矩阵。

对正指标有

$$Z_{ij} = \frac{X_{ij} - \bar{X}_j}{S_j}$$

对逆指标有

$$Z_{ij} = \frac{\bar{X}_j - X_{ij}}{S_j}$$

式中，$\bar{X}_j$ 表示矩阵中第 j 个变量的平均值；S_j 表示矩阵中第 j 个变量的标准差，计算公式为

$$\bar{X}_j = \frac{1}{n}\sum_{i=1}^{n} X_{ij}$$

$$S_j = \sqrt{\sum_{i=1}^{n} \frac{\left(X_{ij} - \bar{X}_j\right)^2}{n}}$$

2）计算 X_i 与 X_j 指标的相关系数矩阵 R_{ij}。

$$R_{ij} = \frac{\sum_{k=1}^{n}\left(X_{ki} - \bar{X}_i\right)\left(X_{kj} - \bar{X}_j\right)}{\sqrt{\sum_{k=1}^{n}\left(X_{ki} - \bar{X}_i\right)^2\left(X_{kj} - \bar{X}_j\right)^2}}$$ 且有当 $i=j$ 时，$R_{ij}=1$; $R_{ij}=R_{kj}$。

3）求特征值 λ_i（$i=1$, 2, $\cdots$, p）和特征向量 L_i（$i=1$, 2, $\cdots$, p）。根据特征方程 $|R-\lambda I|=0$ 计算特征值 λ_i，并列出特征值 λ_i 的特征向量 L_i。

4）计算贡献率 $T_i = \dfrac{\lambda_i}{\sum\limits_{k=1}^{p}\lambda_k}$（$i=1$, 2, $\cdots$, p）和累积贡献率 $D_i = \dfrac{\sum\limits_{k=1}^{i}\lambda_k}{\sum\limits_{i=1}^{p}\lambda_i}$（$i=1$, 2, $\cdots$, p），选取 $D_i\geqslant 90\%$ 的特征值 λ_1, λ_2, $\cdots$, λ_m（$m\leqslant p$）对应的几个主成分。

5）计算主成分指标的权重 W_j。将第 m 个主成分特征值的累积贡献率 D_m 定为 1，计算得到 T_1, T_2,$\cdots$, T_m 所对应的新的 T_1', T_2',$\cdots$, T_m'，即为主成分指标的权重值。

6）计算主成分得分矩阵 $Y_{ij}(i=1,2,\cdots,n; j=1,2,\cdots,m)$。

7）根据多指标加权综合评价模型 $F_i = \sum\limits_{j=1}^{p} W_j Y_{ij}(i=1,2,\cdots,n; j=1,2,\cdots,p)$ 计算综合评价值，其中 W_j 为第 j 个指标的权重，Y_{ij} 为第 i 个区域单元的第 j 个指标的单项评价值，此时 $W_j=T_j'(j=1,2,\cdots,m)$，$Y_{ij}(i=1,2,\cdots,n; j=1,2,\cdots,m)$ 即为主成分得分矩阵。

主成分分析经常用于减少数据集的维数，同时通过保留低阶主成分，忽略高阶主成分，以使低阶成分能够保留数据的最重要方面，保持数据集中对方差贡献最大的特征。但是，主成分分析对数据质量依赖性强，导致数据的准确性对分析结果的影响很大。

三、灰色关联分析法

灰色关联分析法（grey relational analysis，GRA）由我国学者邓聚龙于 1982 年提出，是一种对系统发展变化态势的定量描述和比较的方法，其基本思想是通过确定参考数据列和若干个比较数据列的几何形状相似程度来判断其联系是否紧密，以此衡量曲线间的关联程度（朱兴珊和徐凤银，1994）。此方法通过对动态过程发展态势的量化分析，完成对系统内时间序列有关统计数据几何关系的比较，求出参考数列与各比较数列之间的灰色关联度。以因素的数据序列为依据，用数学的方法研究要素间的集合对应关系，即序列曲线的几何形状越接近，则它们之间的关联度越大，反之越小。具体计算步骤如下。

1）确定分析数列。确定反映系统行为特征的参考数列和影响系统行为的比较数列。反映系统行为特征的数据序列称为参考数列；影响系统行为的因素组成的数据序列称为比较数列。设 $x_1,x_2,\cdots,x_n$ 为 n 个因素，反映各因素变化特性的数据列为 $\{x_1(t)\},\{x_2(t)\},\cdots,\{x_n(t)\},t=1,2,\cdots,m$。

2）变量的无量纲化。系统中各因素列中的数据可能因量纲不同，不便于比较或在比较时难以得到正确的结论。因此，在进行灰色关联度分析时，一般都要进行数据的初值变换，变换公式如下：

$$x_i'(t)=\frac{x_i(t)}{x_i(1)},\quad i=1,2,\cdots,n;t=1,2,\cdots,m \qquad (9\text{-}2)$$

3）计算关联系数，因素 x_j 对 x_i 的关联系数定义为

$$\varepsilon_{ij}(t)=\frac{\min\limits_{j}\min\limits_{i}\Delta_{ij}(t)+\rho\max\limits_{j}\max\limits_{i}\Delta_{ij}(t)}{\Delta_{ij}(t)+\rho\max\limits_{j}\max\limits_{i}\Delta_{ij}(t)},\quad t=1,2,\cdots,m \qquad (9\text{-}3)$$

式中，$\varepsilon_{ij}(t)$ 为因素 x_j 对 x_i 在 t 时刻的关联系数；$\Delta_{ij}(t)=\left|x_i'(t)-x_j'(t)\right|$；$\rho$ 为分辨系数。ρ 越小，分辨力越大，一般 ρ 的取值区间为（0，1），具体取值可视情况而定。当 $\rho \le 0.5643$ 时，分辨力最好，通常取 $\rho=0.5$。

4）计算关联度。因为关联系数是比较数列与参考数列在各个时刻（即曲线中的各点）的关联程度值，所以它的数不止一个，导致信息过于分散不便于进行整体性比较。因此，有必要将各个时刻（即曲线中的各点）的关联系数集中为一个值，即求其平均值，作为比较数列与参考数列间关联程度的数量表示，关联度 r_{ij} 计算公式如下：

$$r_{ij}=\frac{1}{n}\sum_{i=1}^{n}\varepsilon_{ij}(t),\quad t=1,2,\cdots,m \qquad (9\text{-}4)$$

5）关联度排序。关联度按大小排序，如果 $r_1<r_2$，则参考数列 x_1 与比较数列 x_2 更相似。在算出 $x_i(t)$ 序列与 $x_j(t)$ 序列的关联系数后，计算各类关联系数的平均值，平均值 r_{ij} 就称为 $x_j(t)$ 与 $x_i(t)$ 的关联度。

关联度有绝对关联度和相对关联度之分，绝对关联度采用初始点零化法进行初值化处理，当分析的因素差异较大时，由于变量间的量纲不一致，往往影响分析，难以得到合理的结果。而相对关联度用相对量进行分析，计算结果仅与序列相对于初始点的变化速率有关，与各观测数据大小无关，这在一定程度上弥补了绝对关联度的缺陷。

四、偏离份额分析法

偏离份额分析法（shift-share analysis，SSA）是由丹尼尔·克里默（Daniel Creamer）在 20 世纪 40 年代早期开发的，后来于 1960 年由埃德加·邓恩（Edgar S. Dunn）正式确定。偏离份额分析法是将一个特定区域在某一时期的经济总量变动分为三个分量，即份额分量、结构偏离分量和竞争力偏离分量，以此说明区域经济发展和衰退的原因，评价区域经济结构优劣和自身竞争力的强弱，找出区域具有相对竞争优势的产业部门，进而确定区域未来经济发展的合理方向和产业结构调整的原则。偏离份额分析法的基本原理和计算步骤如下。

将行业中变量 e 在 t 和 $t+n$ 两个年份的变化，定义为三个偏离份额效应的总和：国家增长效应 NS_i、行业组合效应 IM_i 和本地份额效应 RS_i（Stevens and Moore，1980）。特定行业内经济变量的起始值和结束值分别为 e_i^t 和 e_i^{t+n}。三种效应中的每一种都被定义为经济变量起始值的百分比。

$$NS_i = e_i^t(G) \tag{9-5}$$

$$IM_i = e_i^t(G_i - G) \tag{9-6}$$

$$RS_i = e_i^t(g_i - G_i) \tag{9-7}$$

所有行业全国经济变量的总变化百分比为 G，而国家和地区行业特定的百分比变化分别为 G_i 和 g_i。

第三节 长山群岛主导产业选择

一、模型建立

本书应用层次分析法对长山群岛进行主导产业的选择，针对所要解决的问题，确定模型为三个层次。模型的最高层，即总体目标为长山群岛经济发展的主导产业选择。主导产业选择原则作为模型的第二层次，根据长山群岛的产业基础与背景、产业发展所处的阶段等影响因素，选择经济效益、市场需求、发挥地区优势且合理利用资源三项指标作为长山群岛经济发展的主导产业选择原则。模型的第三层次为主导产业的备选对象，在此选择农业、海洋渔业生产、水产品加工业、船舶修造工业、交通运输业、港口物流业、旅游业、建筑业、商贸业和信息服务业十个产业，具体如图 9-1 所示。

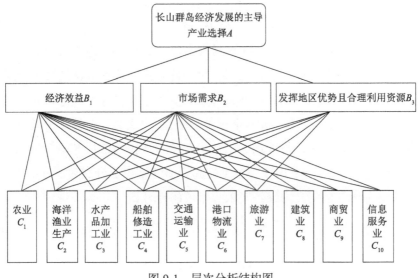

图 9-1　层次分析结构图

由图 9-1 可知，经济效益、市场需求与下一层次存在完全层次关系，发挥地区优势且合理利用资源这一准则只与海洋渔业生产、水产品加工业、船舶修造工业、港口物流业、旅游业五个对象有联系，因此是不完全层次关系。

二、模型计算

（1）准则层的权重计算与一致性检验

准则层在总体目标中的权重及其排序如表 9-6 所示。

表 9-6　*A-B* 判断矩阵及权重排序

A	*B*₁	*B*₂	*B*₃	权重	排序
*B*₁	1	3	5	0.6370	1
*B*₂		1	3	0.2583	2
*B*₃			1	0.1047	3

该判断矩阵的最大特征值λ=3.0385，一致性指标 CI=0.0193，平均随机一致性指标 RI=0.5180，随机一致性比值 CR=0.0327<0.1，该矩阵具有显著的一致性。

（2）对象层的权重计算及一致性检验

对象层在准则层 B_1 中的权重及其排序如表 9-7 所示。

表 9-7　B_1-C 判断矩阵及权重排序

B_1	C_1	C_2	C_3	C_4	C_5	C_6	C_7	C_8	C_9	C_{10}	权重	排序
C_1	1	1/7	1/5	1/3	1/2	1/3	1/6	1/2	1/3	1/3	0.0231	10
C_2		1	3	5	5	5	3	7	6	9	0.3091	1
C_3			1	3	5	3	1	4	3	3	0.1575	2
C_4				1	2	2	1/3	2	1/3	2	0.0699	5
C_5					1	1/3	1/3	5	2	3	0.0606	7
C_6						1	1	5	3	7	0.1084	4
C_7							1	5	3	9	0.1491	3
C_8								1	1/3	1/2	0.0262	9
C_9									1	2	0.0637	6
C_{10}										1	0.0323	8

该判断矩阵的最大特征值λ=11.1456，一致性指标 CI=0.1273，平均随机一致性指标 RI=1.4861，随机一致性比值 CR=0.0857<0.1，该矩阵的一致性显著。

对象层在准则层 B_2 中的权重及其排序如表 9-8 所示。

表 9-8　B_2-C 判断矩阵及权重排序

B_2	C_1	C_2	C_3	C_4	C_5	C_6	C_7	C_8	C_9	C_{10}	权重	排序
C_1	1	1/5	1/3	1/4	1/3	1/5	1/7	1/2	1/3	1/2	0.0257	9
C_2		1	1	3	5	3	2	7	5	6	0.2276	1
C_3			1	3	5	5	1	7	5	6	0.2063	2
C_4				1	2	1/2	1/3	5	3	4	0.0907	5
C_5					1	1/3	1/3	3	1	1	0.0484	6
C_6						1	1	5	3	3	0.1198	4
C_7							1	7	5	6	0.1741	3
C_8								1	1/3	1/2	0.0241	10
C_9									1	2	0.0482	7
C_{10}										1	0.0351	8

该判断矩阵的最大特征值λ=10.5638，一致性指标 CI=0.0626，平均随机一致性指标 RI=1.4834，随机一致性比值 CR=0.0422<0.1，该矩阵的一致性显著。

对象层在准则层 B_3 中的权重及其排序如表 9-9 所示。

表 9-9　B_3-C 判断矩阵及权重排序

B_3	C_2	C_3	C_4	C_6	C_7	权重	排序
C_2	1	3	4	3	2	0.3999	1
C_3		1	2	2	1	0.1801	3
C_4			1	1/2	1/3	0.0781	5
C_6				1	1/3	0.1107	4
C_7					1	0.2312	2

该判断矩阵的最大特征值λ=5.1189，一致性指标 CI=0.0297，平均随机一致性指标 RI=1.1089，随机一致性比值 CR=0.0268<0.1，该矩阵的一致性显著。

（3）对象层在总目标层的权重与排序

对象层在总目标层的权重与排序如表 9-10 所示。

表 9-10　A-C 层次总排序

A	B_1	B_2	B_3	权重	排序
C_1	0.0231	0.0257	0.0000	0.0214	10
C_2	0.3091	0.2276	0.3999	0.2976	2
C_3	0.1575	0.2063	0.1801	0.4384	1
C_4	0.0699	0.0907	0.0781	0.0761	5
C_5	0.0606	0.0484	0.0000	0.0511	7
C_6	0.1084	0.1198	0.1107	0.1116	4
C_7	0.1491	0.1741	0.2312	0.1642	3
C_8	0.0262	0.0241	0.0000	0.0229	9
C_9	0.0637	0.0482	0.0000	0.0530	6
C_{10}	0.0323	0.0351	0.0000	0.0296	8

该判断矩阵的最大特征值 λ=10.9036，一致性指标 CI=0.1004，平均随机一致性指标 RI=1.4466，随机一致性比值 CR=0.0694<0.1，该矩阵的一致性显著。

三、结果分析

1）由表 9-6 可知，就长山群岛经济发展的主导产业选择这一总体目标而言，主导产业的选择应首先考虑经济效益，其权重最高，为0.6370；其次是市场需求，权重为0.2583；最后考虑发挥地区优势且合理利用资源，其权重为0.1047。

2）由表9-7可知，从经济效益的角度出发，应首先考虑海洋渔业生产，其排序第一，权重为0.3091。其次是水产品加工业和旅游业，权重分别为0.1575和 0.1491。余下依次为港口物流业，权重为 0.1084；船舶修造工业，权重为0.0699；商贸业，权重为0.0637；交通运输业，权重为0.0606；信息服务业，权重为0.0323；建筑业，权重为0.0262；农业，权重为0.0231。

3）由表9-8可知，从市场需求的角度出发，也同样应首先考虑海洋渔业生产，权重为0.2276。余下依次为水产品加工业，权重为0.2063；旅游业，权重为0.1741；港口物流业，权重为0.1198；船舶修造工业，权重为0.0907；交通运输业，权重为0.0484；商贸业，权重为0.0482；信息服务业，权重为0.0351；农业，权重为0.0257；建筑业，权重为0.0241。

4）由表9-9可知，从发挥地区优势且合理利用资源的角度出发，应首先考虑海洋渔业生产，权重为0.3999。余下依次为旅游业，权重为0.2312；水产品加工业，权重为0.1801；港口物流业，权重为0.1107；船舶修造工业，权重为0.0781。

5）由表9-10可知，可以得到各个产业相对于总体目标的权重值。排在前三位的依次是水产品加工业、海洋渔业生产、旅游业，权重分别为 0.4384、0.2976、0.1642。余下依次为港口物流业，权重为0.1116；船舶修造工业，权重为0.0761；商贸业，权重为0.0530；交通运输业，权重为0.0511；信息服务业，权重为0.0296；建筑业，权重为0.0229；农业，权重为0.0214。比较各个产业的权重值，确定水产品加工业和海洋渔业生产为两大主导产业，如图9-2所示。

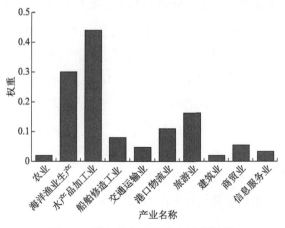

图9-2　长山群岛主导产业选择结果

第四节　长山群岛产业结构优化升级

区域产业结构是区域经济发展水平的重要指标，其优化程度决定了区域经济增长速度的快慢；而且在区域经济发展过程中，区域经济的总体发展水平与区域产业结构密切相关，二者相互影响，互为因果；可以说，一个区域的优势发挥在很大程度上取决于其内部各产业间的联系与比例关系。因此，调整区域产业结构和优化升级产业结构，是区域经济发展的关键，而在优化升级产业结构过程中，主导产业又对整个过程起着重要作用。

长山群岛作为我国八大群岛之一，地处朝鲜半岛、日本列岛及辽东半岛、山东半岛等经济较发达地区之间，是大连地区距离日本、韩国最近的区域，是大连市区域经济的重要组成部分，也是东北亚航运中心的组成部分，是大连市及辽宁省发展海洋产业、振兴海洋经济的支点和前沿阵地。因此，从其经济区位条件和区域战略地位来看，产业结构的优化升级在长山群岛区域经济发展过程中必不可少。

一、长山群岛产业结构优化升级依据

产业结构的调整过程是一种从量变到质变的变化过程，要遵循一定的规律。区域经济发展的初级阶段，最先解决的是衣食住行问题，所以应该首先发展第一产业，在人们的基本生活要求得到满足后，第一产业比重开始呈现下降趋势，但是作用不减，这时的产业中心应该转向第二产业。但是，只要第二产业比重小于第一产业比重，发生的变化只是量变，只有第二产业比重超过第一产业比重，才真正发生质变。随着经济的进一步发展，人们将追求的目标转向高级的物质和精神生活，第三产业开始蓬勃发展，产业结构达到高级化阶段，即第三产业比重大于第二产业比重，第二产业比重大于第一产业比重。

长山群岛是县级海岛区域，有完整的综合性社会经济系统，产业结构调整要以未来市场需求和资源潜在优势的分析预测为依据，充分考虑区位优势及沿海市场背景，重点建设海洋产业，逐步形成以港口、海上运输和海洋牧场为先导，以滨海旅游、海洋捕捞等为骨干的海洋产业群；长山群岛作为大连市的一个县级区域，其经济发展与产业结构的变化，受到大连市经济发展的影响，因而，大连市产业结构的调整将在一定程度上促进长山群岛产业结构的调整，并为其提供重要依据。由此可见，长山群岛的产业结构调整是一个漫长的过程。在此过程中，不仅要考虑区域优势和市场需求，借鉴大连市的经验，更要考虑宏观环境，从有利于长山群岛综合服务功能的增强和整体优势的发挥出发，根据国家产业政策，参照国际上海岛产业发展的一般规律，推进与加速长山群岛产业结构的协调化和高度化，科学配置三次产业比重，使之相互促进、协调发展，最终能够形成主导产业带动力量大，产业整体技术水平先进，第一产业稳定发达，第二产业稳步提高，第三产业成为主体的新型海岛产业结构模式。

二、长山群岛产业结构优化升级原则

（1）坚持依托资源，发挥优势原则

长山群岛四面环海，海域广阔，海洋生物资源丰富，海洋优势显著。因此，在产业结构优化升级过程中，长山群岛应依托资源优势，科学合理地组织生产，挖掘海洋潜力，做好海洋资源的综合开发和利用，延长产业链，加大科技含量，提高产品附加值，构建特色产业和研究开发新产品，充分体现区域资源优势，打造特色区域产业结构圈。

（2）坚持科技先导，转变经济增长方式原则

在发展经济和调整产业结构的同时，更要注意资源环境保护。从只讲经济效益、不讲生态效益，只讲经济成本、不讲生态环境的发展理念转变到可持续发展的战略要求上；坚持环境效益、经济效益、社会效益三者的和谐发展。避免先污染后治理的经济运营方式，从高投入、高消耗、低循环、低效益的粗放型增长道路转变到节约型道路上，注重科技进步，降低工业化过程中的能源消耗和浪费，大力发展循环经济，走新型的可持续发展工业化道路。

（3）坚持立足渔业原则

长山群岛海域环境条件良好，海域资源丰富，存在大量的游泳生物、潮间带生物和底栖生物，并且适宜海水增养殖的空间广阔，是我国主要的渔业生产区。长山群岛的海洋渔业生产在大连市及全国海岛县（市、区）中占有较重要的地位，渔业增加值在地区生产总值、第一产业中的比重都很高，是长山群岛

的主导产业之一，这一点从第三节的分析中也可以看出。因此，在产业结构优化升级过程中，要调整优化渔业结构，不断巩固和壮大水产业基础地位，全方位发挥长山群岛先导区和示范区的作用，增加产业科技含量，发展生态渔业，走出一条新型的现代渔业之路。

（4）坚持强化工业原则

长山群岛的工业门类少，结构单一，难以形成规模经济，工业增加值及产值比重小，基础主要是水产品加工业。因此，发展工业也就是提高水产业的地位，从第三节的分析可知，水产品加工业是长山群岛今后的主导产业之一。因此，要大力发展水产品精深加工业，打造知名水产品精深加工产业基地；以水产品加工业带动相关产业，如船舶修造、渔业装备制造等临港工业，形成产业链条，打破县域经济格局，实施"走出去"战略，创造主导品牌，占领市场，以水产业带动工业进步，实现"强化工业"。

（5）坚持振兴旅游原则

随着人们对生活质量要求的提高，海岛旅游倍受旅游者的青睐。海岛的开发和当地区域经济的发展都将促使海岛旅游业成为其支柱产业和外汇收入的重要来源；同时，长山群岛具有集阳光、沙滩、大海和海鲜于一身的旅游资源；海岛山地景观系统的形成又为发展生态旅游提供了基础；悠久的历史和众多的人文景点为发展旅游业提供了深厚的文化积淀。长山群岛的旅游业发展也呈现出勃勃生机，来岛旅游人数和旅游综合收入逐年增长，景点、景区逐渐完善，旅游设施有新增加。因此，优化旅游产业结构，实现海岛旅游业从初级产业向支柱产业升级，是旅游业发展的重大战略任务，也是实现振兴旅游目标的关键所在。

三、长山群岛产业结构优化升级模式与路径

探讨产业结构的演进过程可以通过三次产业结构重心轨迹的动态变化来研究。以某点为原点，引三条射线，两两相交成120°，记为 X_1、X_2、X_3 轴，这三个轴的尺度表示三次产业的百分点，把三次产业占 GDP 的比重分别表示在三个轴上，依次得到 A、B、C 三点，把三点相连即得到某年度的产业结构三角形（图9-3），进而根据三角形的形状判断三次产业的分布状况（姚静和张二勋，2000）。

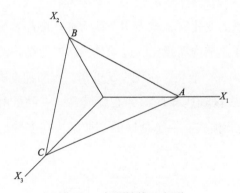

图 9-3　产业结构三角形

　　把历年的三次产业比重依次绘在一张图上，每个三角形都有各自的重心，从重心轨迹可动态地看出某一时期三次产业结构的变化状况。把 X_1 和 X_2 轴作为平面仿射坐标系的坐标轴，把产业结构三角形的 120°夹角平分，其平分线将平面划分为六个区域（图 9-4），把结构三角形的重心描绘在仿射坐标系中，其轨迹对应于不同的产业结构状况。

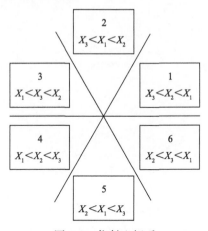

图 9-4　仿射坐标系

　　计算某一个地区的产业结构变化时，需要将该地区某年三次产业结构比重，按第一、第二、第三产业依次点在由两两相交成 120°夹角的轴上，然后连接轴上各点形成一个该年度的结构三角形。每个三角形都有重心，连接历年结构三角形的重心，则可动态表示出重心轨迹的变化。根据结构三角形重心位置的变化，即可断定产业结构是否发生了质的变化。当各年产业结构的重心位置在同一个区域内变化时，三次产业的顺序不发生变化，产业结构未发生质的变化。

当重心位置有跨区域的变化时，就表明三次产业的顺序发生了变化，产业结构发生了质的变化。产业结构高级化的过程是三次产业结构的重心落在 4 区，达到了 $X_1<X_2<X_3$，即第三产业化。由图 9-5 可知，有两种方式进入 4 区，一种是由 1 区经过 2 区和 3 区到达 4 区，为右旋模式；一种是由 1 区经过 6 区和 5 区到达 4 区，为左旋模式。一个地区的产业结构在多数情况下是按照右旋模式发展。

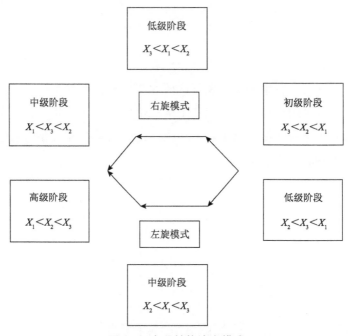

图 9-5 产业结构演变模式

目前，长山群岛的产业结构是 $X_2<X_3<X_1$，即产业结构三角形的重心位于 6 区。长山群岛海洋渔业在国民经济产业体系中所占比重较大，随着海岛旅游业的迅速发展，极大地带动了第三产业，所以超过了基础薄弱的工业，也就间接超过了第二产业。由左旋模式和右旋模式理论可知，长山群岛产业结构升级，达到产业结构高级阶段，需要经过左旋模式，即经过 6 区和 5 区到达 4 区。长山群岛应先发展第三产业，使之产值超过第一产业，在对第三产业重视度不变的情况下，大力发展第二产业，使之超过第一产业，从而实现产业结构的高级化。

四、长山群岛产业结构优化升级对策

（1）依据资源优势，科学指导，构筑新型现代渔业体系

目前，长山群岛的产业结构特点是，第一产业为主，渔业生产占主导，并且在未来的一定时间，产业结构不会发生太大的变化，海洋渔业生产仍将是主导产业。从第三节的分析可知，水产品加工业和海洋渔业生产是长山群岛的两大主导产业。因此，调整海洋渔业结构是长山群岛产业结构优化升级的关键。海洋渔业主要包括海水增养殖业、海洋捕捞业和育苗产业三个方面。

在海水增养殖业方面，要继续扩大海水增养殖生产规模，增加海水增养殖面积，引进、推广适合本地区养殖的名、优、新、特品种，提高海水增养殖经济效益；优化浮筏式养殖结构，扩大底播增殖规模，确定工厂化养殖和深水网箱养鱼为主攻方向；健全良种繁育、注重病虫害防治、加强技术推广，大力培育产业集群，重点发展高质、高产、高效的海珍品增养殖业，推进海水增养殖基地化、规模化、产业化进程，建设无污染的养殖基地，不断提高海珍品养殖的集约化和现代化水平，力争将长山群岛建成全国现代海洋牧场和最大的生态渔业示范基地。

在海洋捕捞业方面，要贯彻和实施"合理开发利用沿岸资源，巩固提高近海捕捞生产，积极稳妥推进大洋性渔业"的发展方针，通过结构调整、引进技术和技术创新等手段，以科学为指导，有效地开发与利用沿岸、近海和远洋渔业资源。对于近海捕捞，要限制其捕捞数量，严格控制浅海渔场捕捞强度，引导和扶持渔民面向中、深海发展大洋性渔业，积极引导渔民转产、转业，开拓新的海洋就业渠道。扶持建立现代化远洋捕捞船队，引进先进的渔业技术，加强渔船技术更新改造，发展外向型远洋渔业，壮大远洋渔业企业集团规模，重点建设远洋渔业基地，提高新渔场渔业资源的开发能力。

育苗产业是海水增养殖业的核心，因此要重点抓好海珍品原良种繁育基地建设，拓宽苗种来源渠道，严格把握苗种生产及引进的质量，不断完善苗种生产技术工艺。立足自身优势，挖掘内涵潜力，坚持以常规主导品种培育为基础，以优良新品种引进培养为重点，将地方品种与外引品种培育相结合，扩大苗种培育规模，使育苗产业不仅能够满足长山群岛海水增养殖生产的需要，还能销往全国各地。

（2）确定水产业的产业地位，调整工业结构，构筑新型工业体系

长山群岛水产品加工业是长山群岛工业的重中之重，发展水产品加工业是

提升工业实力的必然选择。因此，长山群岛应大力推动水产品精深加工产业，拓宽水产品加工范围，重点开发海洋无公害食品，力求多样化发展；鼓励企业利用新技术、新工艺、新设施，开发新产品，促进海洋科研成果转化，提高水产品加工的科技含量和产品附加值，增强水产品出口创汇能力。对于现有加工企业，整合资源，形成原料生产、初级加工和精深加工相互依托的产业链条，打造水产品加工业集群。在加工产品的形态上，坚持质量优先，实施名牌和品牌战略，努力打造国际、国内一流的知名品牌，提升产品的国际竞争力和知名度，占领市场，扩大市场范围；水产品加工业的发展，需要渔业加工区的建设。因此，应调整工业布局，集中建设精品渔业加工区，做好加工区基础设施建设，积极吸引入驻企业，将园区建设成为绿色环保、清洁生产、功能设施齐备的国际一流渔业食品加工区。

对船舶修造、网绳网具及塑料制品等工业要加大重视力度，配合水产业的发展。鼓励长山群岛相关企业引进先进技术、设备和经营管理制度，通过改扩建工程，从以修船和建小船为主的经营模式转变为修造船并举，提高船舶修造企业的生产能力，培养其具有建造大型先进船舶的实力；对网绳网具及塑料制品的发展应以产品质量为先导，提高现有网绳网具及塑料制品企业的生产能力和技术水平，加快企业技术更新改造步伐，加大新产品的开发力度，使其满足海洋渔业发展的步伐。

当今社会，人们对生活质量的要求越来越高，进而产生了许多生产新产品的工业部门，这为壮大新兴工业提供了有效途径。为此，探索发展新兴工业及生活所需要的必备品、必备件及配套产品等行业，培育研究新产品的企业，积极发展高新技术产业，使新行业成为工业的重要补充，增加工业的整体实力；同时，依托补充产业，还能积极推进能源和淡水生产供应等企业的发展。

（3）发展海岛特色旅游，打造都市休闲度假旅游区

旅游资源是发展旅游业的基础。长山群岛自然风光迷人，气候宜人，岛上沙滩洁净，山石奇特，是天然的休闲乐园，这些是发展海岛旅游业得天独厚的条件。旅游业还具有投资少、收益快、利润高等特点，因此发展海岛旅游，可以振兴海岛经济，扩大就业范围，增汇创收。长山群岛应利用自身旅游资源优势，提升海岛旅游功能，完善海岛旅游体系，打造旅游产业链，最终形成以发展海岛特色、休闲度假旅游为主体，突出海岛生态和休闲渔业两大特色的旅游模式，使旅游业成为长山群岛国民经济的新兴支柱产业和第三产业的龙头产业。

在发展特色旅游方面，应建设多种功能的旅游基础设施，完善旅游交通网络，重点发展富有特色的长山群岛海上旅游交通工具，将现代化融合在自然风光中，提供特色服务，建设生态旅游岛，提升海岛旅游品位。

在发展休闲度假旅游方面，长山群岛可以凭借自身优越的地理区位优势，结合海岛生态旅游的特点，通过科学规划和整体协调，着力建设方便、快捷、安全的旅游集散系统，完善海岛旅游体系，通过发展各种形式的商务旅游，努力提高休闲度假设施档次，提升自身的竞争力和品牌形象，开发具有特色的休闲度假旅游区，提升海岛旅游功能。

开发旅游产品，发展形式各异的主题旅游。依托海岛旅游资源，整合空间和市场，形成一批在国内外具有影响力，兼具观光游览、休闲度假和养生功能于一体的旅游产品，进一步突出"生态长山"；充分挖掘文物古迹、特色社区、民间习俗等各类人文资源的旅游开发潜力，鼓励探索旅游开发与资源保护相协调的创新模式，形成具有区域特色和市场竞争力的文化旅游精品。

加快发展旅游服务业。旅游资源和产品的开发带动了旅游服务业的发展，旅游服务业的好坏直接影响着海岛旅游能否健康发展，因此要逐步建立和完善旅游基础设施建设，提高商务酒店档次，建设新型度假酒店，不断提高旅游档次和接待水平；建立旅游发展基金，动员各方面力量，扶持旅游企业，鼓励兴办开发旅游项目，充分发挥旅游协会的作用，推行行业自律，服务文明规范，加快旅游服务业的规范化建设步伐，改善和提升海岛旅游软环境。

（4）平衡其他产业，统筹兼顾，全面协调，平稳发展

从第三节的分析可知，农业所占比重较小，海岛因为陆域面积狭小，农业发展潜力不大，因此在农业生产方面，要注重发展精品农业。海岛耕地少，生活资源短缺，发展精品农业是必然趋势。农业的未来发展方向应该是推广先进实用技术，引进优质高效品种，农业生产从自给型实现市场需求型，进而满足城乡居民的生活需求。

在建筑业方面，要做好建筑发展规划，确保建筑业与城区功能和其他产业协调发展，避免重复建设，超强度开发，避免出现城区人口密度过大和环境恶化，树立高标准设计和建设生态型、智能化社区的理念，建设绿色生态服务生活小区，满足人们的精神文化需要；加强建筑企业的经营管理，提高技术装备和水平，保证施工质量，创造有利条件，拓展岛外市场。

在商贸业方面，要以发展开放式商贸为目标，将发展外向型经济、扩大对

外贸易作为发展商贸业的重点，大力开拓国际市场；合理规划、布局城乡商业网点，推进专业化市场建设；完善市场设施与环境建设，加快便民店和超市的发展；以旅游产业为龙头，促进商贸业从规模化向高档次、高质量和优质功能的转变，重点发展高档次旅游商贸服务业；最终形成布局合理、结构优化、管理规范、服务优良的商业体系。

长山群岛港湾众多，水路畅通，交通运输业是海岛与大陆联系的纽带和维系海岛人民生计的行业。建设长山群岛陆岛交通体系，构筑"一个中心、两个基地、三个通道"的发展格局显得尤为重要。"一个中心"是指陆岛交通体系以长山群岛各岛港口集群为中心，"两个基地"是指以皮口港、金石滩港为物流主要进出口基地，"三个通道"是指由皮口航线、金石滩航线、长山群岛各岛之间的区域航线构成陆岛交通海上运输网络。以"中心"发展为主线，以"基地"发展为支撑，完善海上运输网络，打造标准物流平台，形成现代化陆岛物流体系。在客运方面，调整优化客运结构，重点优化运力，提高船舶档次，增强其抗风能力，适当控制数量，科学调整航班。在海上运输方面，积极争取发展国际远洋运输，以现有国际航运水产品运输船舶为基础，发展多种经济成分并举的海上运输船队，力争使海上运输业成为长山群岛海洋经济的一个新方向。

在信息服务业方面，加快现代信息技术发展，实现长山群岛经济和社会的信息化，推动经济、社会的全面发展和进步。以建设"数字长山"为目标，以全面推进信息化建设为核心，利用计算机网络和通信技术，建立面向企业和公众服务的信息网络，构建信息资源的高度共享、互联互通的综合信息平台，形成长山群岛完整的电子网络化体系，以信息化推动长山群岛经济、社会的全面发展和进步。

第十章

长山群岛可持续开发模式与路径选择

第一节 海岛开发模式的比较研究

目前，关于海岛开发建设的研究与实践较为丰富，本书选取辽宁长兴岛和上海崇明岛为案例，研究其开发模式，以期对长山群岛的开发提供参考。

一、长兴岛开发模式研究

（一）长兴岛概况

（1）地理位置

长兴岛位于辽东半岛中西部，渤海东岸，大连市瓦房店的西侧，全岛面积为 252.5 平方公里，是中国第五大岛，长江以北第一大岛。长兴岛海洋对外交流优势明显，是大连市 5 个对外开放先导区之一。2012 年 3 月，《东北振兴"十二五"规划》将其列为东北三大对外开放重点地区之一。长兴岛距离天津港 170 海里，距离秦皇岛港 84 海里，距离日本长崎港 646 海里，距离韩国仁川港 339 海里，地理位置优越①。

（2）气候条件

长兴岛处于北温带地区，属温带季风气候区，受海洋调节影响，气候温和湿润，夏季受北太平洋东南季风的影响，冬季受西伯利亚西北季风的影响，冬无严寒，夏无酷暑，春冬季节空气干燥，雨雪稀少，多大风，夏季降水集中，秋季气候凉爽，易出现冰雹；平均气温为 13.0 摄氏度，夏季最高温度平均为 14.8 摄氏度，冬季最低气温平均为 9 摄氏度，气温年较差为 28～31.7 摄氏度。年最大降水量约为 970 毫米，年最小降水量为 301 毫米（张智群，2018）。

（3）地貌条件

长兴岛地层由石英岩、石英砂岩、灰岩等组成，多为侵蚀剥蚀丘陵和海蚀阶地貌。主要以山地、丘陵为主，山地高程不超过 800 米，地势南部和西部高，中部和东部低洼，形似犀牛（袁翠萍，2018）。

---

① 参见 http://www.ccxi.gov.cn/info/1024/5237.htm。

（4）历史文脉

长兴岛有着悠久的历史，新石器时期这里就有了人类活动的痕迹。春秋战国以后，长兴岛的复州地区正式建制，公元 220 年～公元 1117 年，在历史的动荡浮沉中，长兴岛也经历着不断地变化。清朝以后，在政府的鼓励之下，长兴岛区划建制，逐渐兴盛起来。2005 年，辽宁省开始重视沿海经济的发展，提出"五点一线"发展战略，将长兴岛设立为大连长兴岛临港工业区。2010 年 4 月，经国务院批准升级为大连长兴岛经济技术开发区（袁翠萍，2018）。

（5）社会经济概况

2018 年长兴岛实现地区生产总值 101.3 亿元，较 2017 年同比增长 8.8%；规模以上工业总产值 535.9 亿元，较上年增长 28.9%；全社会固定资产投资 375.9 亿元，较上年增长 120.8%；社会消费品零售总额 15.0 亿元，较上年增长 14.7%；港口吞吐量近 3000 万吨，较上年增长 18.8%；公共港区吞吐量突破 1000 万吨，首次实现扭亏为盈[1]。

（二）长兴岛开发的总体思路

大连市长兴岛是国家"一带一路"倡议、辽宁省"一带五基地"和环渤海经济圈等发展规划中的重要环节，长兴岛的合理统筹规划对于整个东北亚地区的发展意义重大。根据《大连长兴岛临港工业区总体规划（2008—2020）》，长兴岛开发的主要思路如下：主要发展大型专业化深水港口和临港产业集群，吸引东北腹地装备制造业走向沿海地区，引导老工业基地的传统布局由资源依托型向交通依托型转变，促进传统产业和产品的升级换代，最终形成东北对外开放的重要基地，东北地区新的港口工业快速增长区域。具体而言，在功能定位上，要建成大连东北亚国际航运中心的组合港区，临港产业加工区，国际、东北腹地产业升级转移及大连产业结构优化承接区，能源进口储备和大型散杂货中转基地，内贸集装箱支线中转港。在开发建设上，按照"整体规划，分期实施，基础先行，局部启动"的思路，将长兴岛开发为大型组合港区、临港工业区、城市及旅游区。通过基础设施建设、产业发展和城市建设的同步进行，建设以港口为基础、以工业为主导的综合性港城。长兴岛的开发是站在建设国际航运中心的高度，从工业港的功能入手，通过招商引资和资本运营的手段，

---

[1] 参见 http://www.ccxi.gov.cn/info/1036/13153.htm 和 2018 年长兴岛经济区管理委员会工作报告。

完成产业资本与金融资本的结合，最终实现长兴岛的全面、可持续快速发展。

（三）长兴岛开发的指导原则

在《大连长兴岛临港工业区总体规划（2008—2020）》中体现出的长兴岛开发所采用的指导原则，概括起来主要有以下几条。

1）坚持科学发展观，贯彻循环经济理念，按照新体制、新机制、新思路、新方式，建设开放性的、生态良好的新兴城市。

2）综合考虑资源优势、产业布局与港口布局，按照"深水深用，浅水浅用"，节约使用土地资源，合理利用和保护好深水岸线和港口资源。

3）依托港口优势，发挥区位、资源优势，发展临港产业，协调好与大连及周边地区产业发展的关系，防止结构趋同，确定有发展前景的优势主导产业，发挥产业集聚效应。

4）统筹做好基础设施建设，一次规划，分期分片开发，远近结合，滚动发展。开发规模适度，加强用地规模管理，基础设施建设与项目引进同步进行，避免土地资源和公用工程设施的浪费。

5）产业布局要相对集中，有利于各园区之间的生态结合、协调及公共设施的共享。布局规划具有超前性，既具有短期内的可控性，又适应长期的发展趋势。

6）加强环境保护，根据长兴岛优越的自然环境优势，严格保护沿海海洋资源、旅游资源和生态环境，积极发展旅游业和生态农业。

（四）长兴岛开发的目标定位

根据《大连长兴岛临港工业区总体规划（2008—2020）》，长兴岛初步规划到 2020 年，开发面积为 129.7 平方公里。其中，港口区面积为 21.1 平方公里，产业区面积为 71.7 平方公里；居住及旅游区面积为 36.9 平方公里。具体的战略目标，在时间上可以分作四步来分析。

1）到 2008 年，初步完成起步区的开发投资建设，基本完成装备制造工业区和港口起步区的基础设施建设工作，使投资环境有较大的改善；逐步建立起适合现代临港工业区发展所需的金融服务体系、中介服务体系、投资服务体系，在港区内建成综合性的物流中心；初步形成以装备制造业为主要特色的临港产业区，并引入知名大型企业和一批中小企业；初步完成起步区港口基础设施建设，承接大连渤海一侧的部分航运任务和本地企业的货物运输。

2）到 2010 年，完成全部基础设施建设，初步形成以装备制造业为主要特色的临港产业区，形成大连东北亚重要国际航运中心组合港区框架；服务体系进一步完善，现代物流中心和临港产业区很好地整合在一起；初步建成 5 个 5 万～7 万吨级多功能泊位，年通过能力为 800 万吨，承接大连港部分航运任务，开始涉足国际航运业务。工业总产值达到 800 亿元以上。在规划区内初步形成城市框架。

3）到 2020 年，基本建成大连东北亚重要国际航运中心的组合港区，具有国际竞争力的装备制造业基地，形成面向东北和东北亚地区具有一定影响力的新兴临港工业体系，建立起现代金融、中介、投资服务体系和较完善的集疏运体系，产业规模达到 2000 亿元产值左右。部分建成现代化的大型综合性国际深水港，形成 3000 万吨以上的吞吐能力，在环渤海区域内的综合竞争力强，能承担部分国际集装箱运输等国际航运业务，成为东北重大装备制造业基地、新的对外开放先导区和经济快速增长区域。

4）远景目标，基本建成具有大型综合性深水港口、新型现代化临港工业体系和综合服务体系的生态良好的新兴城市。

二、崇明岛开发模式研究

（一）崇明岛概况

（1）地理位置

崇明岛位于长江入海口，濒临东海，东部和北部与江苏省启东市和海门市隔水相望，西南部与浦东新区、宝山区和太仓市一江之隔。崇明岛是长江的冲积岛屿，为中国第三大岛屿，岛屿面积为 1267.68 平方公里，岛上地势平坦，是中国最大的河口冲积岛，位置处于长江入海口。受到地理因素的影响，整个岛屿形状东西宽，南北狭长。受长江水流持续带来的泥沙淤积影响，东部和北部的滩地不断淤长，东滩每年以 100 多米的速度向东海推进，致使整个岛屿的面积每年增长大约 5 平方公里，崇明岛大部分属于上海市，有一小部分属于江苏省南通市和启东市（郑世开，2017；李晓文，2018）。

（2）气候条件

崇明岛地处中国东部沿海，属于亚热带季风区，四季分明，夏季湿热多雨，盛行东南风，冬季干冷少雨，盛行西北风，年平均气温为 15.3 摄氏度，1 月最低平均气温为 2.8 摄氏度，7 月最高平均气温为 27.5 摄氏度，岛屿东部和西部的气温稍有不同，东部受海洋的影响大，东部年平均气温要高于西部。年平均降水量在 1000 毫米左右，降水主要集中在 4~9 月，雨量最大的月份为 6 月，雨量最小的月份为 1 月。此外，夏秋两季易受台风的影响（郑盛涛，2015；姚振兴，2018）。

（3）社会经济条件

2017 年，崇明区完成地区生产总值为 332.8 亿元，比上年增长 6.8%，完成年度计划目标。在增加值的三次产业构成中，第一、第二、第三产业的比重由上年的 7.2∶43.8∶49.0 调整为 6.6∶41.6∶51.8。2017 年末，全区共有户籍人口 67.6 万人，比上年增加 0.5 万人。人民生活水平日益提高。2017 年，全区农村居民家庭人均年可支配收入达 23 177 元，比上年增长 10.4%；完成社会消费品零售总额 116.9 亿元，比上年增长 9.0%，完成年度增长目标[1]。

（4）生态环境状况

2017 年是崇明世界级生态岛的启动之年，生态岛建设渐入佳境，生态环境质量明显提高。第六轮环保三年行动计划（2015~2017 年）基本完成，第七轮环保三年行动计划（2018~2020 年）编制完成并启动实施，清洁空气行动计划、水污染防治行动计划有序推进，土壤污染防治行动计划适时启动。

不同于长兴岛港口依托型的开发模式，崇明岛采取了以"建设生态岛"为开发宗旨的生态经济的开发模式，综合体现了"长江入口绿色之岛、人与自然和谐发展"的开发原则。

（二）崇明岛开发的总体思路

崇明岛拥有十分丰富的生态资源，建设生态岛，就是要利用自身独特的资源优势，吸引多种多样生产要素的集聚，逐步形成富有竞争力的经济优势，从而实现经济、社会和环境的协调发展。根据建设生态岛的总体目标，崇明岛在开发过程中积极创造条件，力求实现各产业的综合发展。具体来说，崇明岛各产业的开发重点如下。

1）休闲型旅游度假和户外运动产业。重点发展户外假日运动基地、大型主

---

[1] 《2017 年崇明区国民经济和社会发展统计公报》。

题乐园、度假和休疗养中心、国际邮轮、长江游艇停泊港和农家乐旅游等。

2）生态型现代农业。大力推进以高效生态农业为主的现代农业，重点发展绿色种养业、观光农业，建设明珠湖生态观光园、东平国家森林公园、前卫村生态农业示范区三大观光农业基地。

3）自然型现代办公服务业。崇明岛拥有上海地区最接近大自然的良好生态环境，有条件建设上海现代服务业高地、吸引国际组织和跨国公司总部进入。主要发展方向包括跨国公司总部、研发中心、国际组织机构所在地、国际高等教育办学区、商务会展设施等。

4）清洁型工业。倡导循环经济，推行清洁生产。依托现代化农业园区，发展具有自然资源优势的绿色食品加工业；依托绿色产业园区，发展具有现代生态理念的科技密集型产业；依托市级工业园区，发展能创造较多就业岗位的都市型工业。

（三）崇明岛开发的指导原则

坚持生态立岛既是崇明区自身发展的需要，也是上海市发展的需要、国家战略的需要。高标准、高品质推进崇明世界级生态岛建设，首要是坚持生态立岛毫不动摇，坚定不移地做好生态文章。生态立岛主要从以下三个方面进行。

1）生态环境。保护原有的海岛生态环境，完善海岛生态系统，保护生物多样性，按照"中国元素、江南韵味、海岛特色"的要求，保护自然基底格局和江河入海口的自然特色。挖掘人文魅力，将自然环境和人文环境有效结合起来，凸显出崇明岛特有的海岛风貌。海岛上倡导绿色低碳出行，出行方式以公交和慢行为主，并与岛上的生态景观有机融合。

2）人居环境。控制人口数量与提升人口质量相结合，优化人口结构，将生态功能岛的建设融入人居环境，积极引进高层次人才，完善岛上的基础设施，打造特色海岛功能区，注重促进与当地居民的文化交流，打造和谐的海岛文化环境。

3）产业环境。崇明岛以生态岛为主要发展目标，将生态发展的目标融入农业、工业、服务业的方方面面。发展农业和旅游业等绿色创新经济，构建生态农业体系，打造特色绿色农产品，将消费市场和产品生产对接起来，按照订单生产，高效利用岛上资源。构建多元化的旅游方式，在旅游的过程中能体会到身心的健康和愉悦，依托岛上原有的风景资源，拓展丰富的旅游活动，适度地向农业研发、文化创意、大数据等方向发展。

（四）崇明岛开发的目标定位

2017 年 7 月 20 日，上海崇明区发布《上海市崇明区总体规划暨土地利用总体规划（2016—2040）》草案，明确到 2020 年形成现代化生态岛基本框架，到 2040 年成为与上海全球城市地位和功能相匹配的，在生态环境、资源利用、经济社会发展、人居品质等方面具有全球引领示范作用的世界级生态岛，成为全球鸟类的重要栖息地、世界自然资源多样性的重要保护地、长江生态环境大保护的示范区、国家生态文明发展的先行区。崇明生态岛建设旨在实现社会经济高度发展、生态环境得到有效保护和提升、居民生活品质明显改善、人与社会和谐发展和跨越式发展。

三、经验总结与借鉴

长兴岛和崇明岛都是依靠区位特点和自身资源优势，探寻出一条属于自己特色的海岛开发模式。长兴岛依靠港口优势、毗邻东北亚的区位优势和丰富的海洋资源，在海岛的开发建设中，因地制宜，发展临港产业集群和深水港口，在传统工业的布局上由传统的资源依托向交通依托转变，要建成大连东北亚国际航运中心的组合港区。基础设施、产业发展和城市建设同步进行。加强对长兴岛自然环境的保护，以工业港口的形象对外开放、招商引资和资本运营，实现长兴岛的全面协调可持续发展。崇明岛主打生态之岛，综合开发休闲型旅游度假和户外运动产业、生态型现代农业、自然型现代办公服务业和清洁型工业，崇明岛的开发建设模式是要实现人与社会环境的协调发展，同时也对崇明岛的资源和环境提出了更高的要求。

基于此，考虑长山群岛的资源和区位优势、社会经济人口环境条件，借鉴长兴岛和崇明岛的开发模式，可以按照以下几个方面进行长山群岛的开发。

1）依托长山群岛的资源和优势，对传统海岛产业优化升级。对海洋渔业、海洋运输业、滨海旅游业进行升级改造，将海洋生物育种、海洋生物医药、海水淡化技术、海洋可再生能源纳入海岛的总体战略规划。

2）积极引进新的技术，加强对海岛产业的创新。加强海岛资源和环境方面的研究，增强自主创新能力，利用海岛资源优势，形成品牌特色产业链。引入新的监测技术，加大对岛屿自然灾害的预测，更好地为海岛产业经济发展服务。加大地方政府和企业界对科技投入的贡献。加快海岛人才队伍的建设，打造高水准的海洋科研团队。从海岛开发的权益出发，加强与其他地区的交流合作。

3）优化海岛区域的经济格局。发挥重点区域的辐射带动作用，多层次海岛产业共同发展，优先发展能够带动区域海洋经济的前后向关联程度大的产业。促进区域整体产业水平的提高，鼓励社会各界和各类经济体参与到海岛的开发建设中，更好地为海岛经济发展提供资金支持。

4）加强对海岛资源环境的保护，实现资源和环境可持续。资源和环境的好坏决定着海岛经济发展质量的高低，必须给予高度重视。在现有自然保护区的基础上，建立专属于海岛的自然保护区，建立生物多样性信息系统和检测系统。重视对海岛生物资源的保护，加强和完善对渔业资源的管理，控制近海水域的捕捞强度，对海岛污染物的排放进行监测治理，建立海洋生态损害补偿制度，加强对普通民众的宣传教育，提高公众参与海洋资源和生态环境的积极性，完善海洋和海岛环境与资源保护的各项管理制度。

第二节　长山群岛区域开发模式的选择

一、长山群岛的 SWOT[①] 分析

（一）SWOT 分析方法简介

SWOT 分析方法也称态势分析法，是由旧金山大学的管理学教授 H. 韦克里（H. Weihrich）于 20 世纪 80 年代提出的。SWOT 分析方法是一种能有效识别自身优势与劣势、判别机会与威胁的战略分析方法。利用该方法可以找出有利和不利的因素，以及外部环境中存在的机会与威胁，发现所面临的问题，做出最优和次优决策。

SWOT 分析方法一般从内部因素（优势和劣势）和外部环境（机会和威胁）两个方面进行分析。每一个单项又可根据不同的分析对象从政治、经济、社会

---

① SWOT 对应的是 strength（优势）、weakness（劣势）、opportunity（机会）、threat（威胁）。

和技术等角度进行具体分析。然后将以上内容在矩阵中列出，形成四种策略，即利用自身优势并充分把握机会的机会优势策略（SO），把握机会并克服自身劣势的劣势机会策略（WO），利用自身优势并应对威胁的优势威胁策略（ST），以及在威胁中克服自身劣势的劣势威胁策略（WT），如图 10-1 所示。

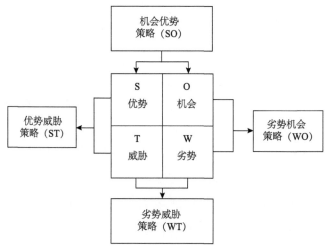

图 10-1　SWOT 分析方法

（二）长山群岛开发 SWOT 分析

（1）长山群岛开发的优势

1）自然生态条件优良。从长山群岛的地理条件看，海域广阔，海岛港湾多，岛、坨、礁星罗棋布，水道四通八达，海底平坦，利用水域发展渔业生产条件非常优越。从海况条件看，沿岸水域浮游生物多、容量大，海洋水温条件良好，是鱼虾贝藻类栖息繁育的优良场所。从空间看，有适宜浮筏养殖的水面 20 万亩，有适应增养各种贝类和对虾的潮间带面积 5 万多亩；有适宜网箱养鱼的水面 80 万亩等大量优良的天然渔业资源。如果这些资源全部开发利用起来，产值相当可观。

2）海洋捕捞业的技术经济力量较强。长山群岛已形成一支较强的海洋捕捞船队，设备齐全，机械化水平较高，技术力量较强，生产和经济效益一直很好。近年来，水产品的产量持续、稳定，经济效益不断增加，使捕捞业在海岛的国民经济中一直占据优势地位。今后，在继续保护资源的前提下，合理利用近海资源，创造条件开发外海、远洋资源，发展外海、远洋渔业，这仍然是海岛建设渔业商品生产基地的一大产业优势。

3）海洋渔业资源丰富，水产加工潜力极大。长山群岛海洋渔业极为丰富，且随着海水养殖业的发展，鱼类、虾蟹类、贝类、藻类、海参等活鲜产品和珍贵海产品产量大幅提升，为海洋水产品加工和综合利用提供了更丰富的原料。另外，海洋渔业中大量低质鱼、鱼下货、贝壳等废弃物，为发展饲料、饵料加工业提供原料。从水产品加工业情况来看，长山群岛已具备一定的生产能力，水产制品正在向深度、精度的方向探索。可以预见，随着渔业生产的加速发展，水产品加工业必将有一个大的发展，海岛工业"短腿"的局面必将从水产品加工业入手加以突破，进而形成协调发展的新局面。

4）人民生活水平较高。随着海岛经济的快速发展，文化教育、卫生医疗、城镇基础设施建设等各项条件日益完善，以及生活条件的改善，人民生活水平快速提高。

（2）长山群岛开发的劣势

在进行开发建设时，长山群岛也有自身的短板，具体如下。

1）矿产、电力、水资源不足，这是海岛经济发展最重要的限制因素。尤其是对海岛需要重点发展的水产品加工业而言，这已经成为最大的制约因素。

2）观念落后。主要是效益观念差、市场观念差、竞争观念差，缺乏在市场竞争环境下发展商品生产和商品交换的理念、经验，往往"小富即安"，没有将渔业优势充分发挥出来，缺乏将企业做大做强的进取心。

3）领导决策水平有待提升。长山群岛是一个远离大陆的海岛经济体，除渔业资源外，其他资源优势小，经济实力薄弱，抗御外界影响的能力较弱，受宏观政策变化的影响大。因而，海岛经济发展的快慢，在很大程度上取决于决策者如何在客观形势变化时，做出相应的正确处置。然而要做到这一点，必须认真实行决策民主化、科学化。

（3）长山群岛开发的机会

1）"一带一路"倡议。"一带一路"倡议提供了新的对外开放机遇。在此大背景下，大连市建设东北亚重要国际航运中心目标的确立，有利于进一步促进本地区的全面开放，长山群岛可以充分利用国内外两个市场，在更大范围内进一步扩大对外开放，积极主动地参与国际合作和竞争，提高长山群岛整体经济实力和综合发展能力。

2）全面建成小康社会的到来。在2020年我国全面建成小康社会之际，随着人们收入水平和生活质量的不断提高，将大大加快和推动产业结构及居民消费结构的优化升级，从而形成进一步推动长山群岛经济社会全面可持续发展的重要动力条件。

3）东北振兴战略和大连航运中心战略实施。大连市通过贯彻实施国家振兴东北老工业基地和建设东北亚重要国际航运中心的战略措施，不断加速产业结构战略调整和体制机制创新的步伐，必将激发整个地区，特别是长山群岛全面建设小康社会的热情，必将加快推进区域共同发展、共同富裕的进程。

4）海洋高科技产业的发展。21世纪是海洋的世纪，随着海洋高新技术产业的不断发展和推进，长山群岛所拥有的海洋资源优势开始显现，并通过走发展开放型经济的道路，积极吸引岛外地区的先进技术、设备和管理经验，逐步实现地区经济结构由传统向现代化转变，实现经济增长方式由劳动密集型向技术密集型转变，从而带动长山群岛经济结构的优化升级，为长山群岛寻求加快和谐可持续发展拓展新的空间和领域。

（4）长山群岛开发的威胁

1）知识经济对社会经济发展提出更高要求。在经济全球化背景下，随着信息技术的飞速发展，知识已经成为经济增长的重要动力，知识经济初现端倪。知识经济尤其是海洋知识经济，将促使长山群岛管理部门的决策和管理知识化，加快全球经济一体化的进程，从根本上推动人类社会的可持续发展。这就给长山群岛跨越式发展提出了更高的要求。

2）周边地区开发带来巨大的竞争压力。近年来，长山群岛周边地区如大连高新技术产业园区、金州区、普兰店区、庄河市凭借自身区位优势，迅速发展。长山群岛所处地理位置的区域特点，决定着本区域无论是经济总量，还是技术、人才的对外引进都难以与周边地区相抗衡，竞争压力日趋加大。

3）国家供给侧结构改革和新兴产业发展提出更高要求。随着国家供给侧结构改革和新兴产业发展战略的深入实施，对长山群岛未来产业体系提出了更高的要求，也使以传统渔业为主、工业为辅的产业格局面临诸多挑战，这将迫使长山群岛有关政府部门加快产业结构的调整优化，积极寻求新的经济增长点。

4）生态保护和资源环境开发之间的矛盾冲突。经济开发可能会带来一定的环境污染，发展经济不能以牺牲环境为代价，尤其是海域生态环境是长山群岛最宝贵的资源，如何处理经济发展和生态保护的关系是长山群岛经济开发战略选择的关键。

（5）长山群岛开发的 SWOT 综合分析

根据以上分析得到长山群岛经济开发过程中的 SWOT 分析图（图 10-2）。

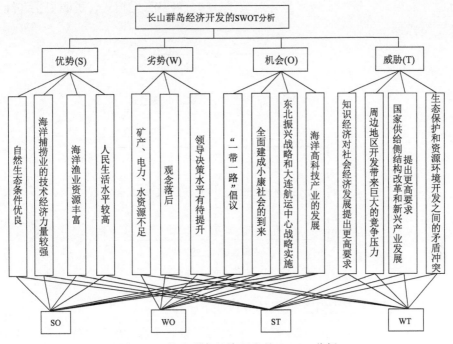

图 10-2　长山群岛经济开发的 SWOT 分析

二、长山群岛开发的四象限模式分析

（一）四象限模式分析方法简介

梳理众多的区域开发理论与模式，发现横贯其中最重要的约束条件和制约因素有两项：一是社会经济及科技发展水平，即经济环境与经济实力；二是自然资源、区位因素等。这两项因素既构成了区域开发的社会经济背景，也形成了区域开发的外部约束条件。因此，着重提取这两项因素，以经济、科技发展水平作为纵向指标，资源禀赋及自然区位作为横向指标，构建区域开发的四象限模式图（图 10-3）。它们的不同组合，在坐标系的四个象限中形成了四种不同的区域开发模式，简称四象限模式。四象限中自下而上代表经济、科技发展水平由低到高，从左至右代表资源禀赋及自然区位由劣到优。由此建立起一种分析区域开发模式及区域经济发展的理论框架，既可用于对区域开发的成功模式进行理论分析，也可用于指导区域开发及区域经济发展的实践，同时可成为制定区域经济政策的理论依据。依据四象限模式得出四种区域开发模式，即综合型开发模式、资本及技术型开发模式、特色经济开发模式、资源型生态经济开发模式。

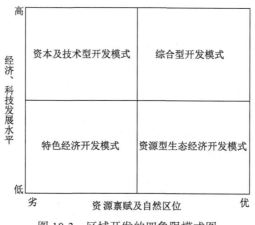

图 10-3　区域开发的四象限模式图

对区域开发的四象限模式具体分析如下。

1）综合型开发模式。处于第一象限的区域属于双优区。从纵向看，经济、科技发展水平较高，经济基础好，开发创新能力强，在人力资本、资源配置能力等诸多方面具有显明的优势；从横向看，自然资源丰富且聚集程度高，同时还具有区位上的优势。这类地区在区域开发及区域经济发展中宜选择综合型开发模式，以形成合理的产业结构。因此，这类地区往往是一个国家和地区的经济增长中心，也是政治、文化、科技和金融中心。

2）资本及技术型开发模式。四象限模式中的第二象限区域，在资源禀赋及自然区位上处于劣势，但具有经济、科技发展上的优势。也就是说，这一区域聚集了大量高素质的人力资本、领先的技术、雄厚的资本等。尽管资源匮乏，区位上也不占优，但是，该区域具有较强的创新能力、资源配置与整合能力，是发展高新技术产业的理想地。同时，从动态角度分析，当一个区域的经济发展到相当规模之后，形成地理空间上的极化效应，吸引着周围地区大量生产要素的流入，区域上的劣势就会逐渐消失。

3）特色经济开发模式。经济、科技发展落后，自然资源匮乏，也不具有区位优势的地区，如何发展当地经济，是一个困扰经济学家和各国政府的难题。

"西部问题"似乎具有世界性特点，许多国家，尤其是大国，都不同程度地存在"西部问题"，如巴西、法国、美国、中国等。"西部问题"的共性是经济区位处于劣势，经济、科技发展水平低下。基于这样的条件，这一区域的经济发展和产业选择，应重点放在发展特色产业上。

4) 资源型生态经济开发模式。在四象限模式中，处于第四象限的区域，在经济、科技发展方面存在劣势，但是在资源禀赋及自然区位上有比较优势。具有这些特征的区域，在制定区域开发战略时，要立足本地优势资源，在生态经济模式下发展资源型经济，可以起到事半功倍的开发效果。海岛地区的经济开发，往往属于这种模式。

综上所述，区域开发的四象限模式，是通过对区域经济增长要素的理论抽象，将区域经济发展的约束条件简化为两个方面，并置于平面坐标系中，从而得到四种开发模式。这四种开发模式，实际上也是对区域开发实践的理论总结与归纳，为区域开发的产业选择和政策选择提供了一种分析框架。在这种框架下，有利于我们清晰地比对一个地区的发展类型，以及准确地选择相应的开发模式。

（二）长山群岛四象限模式分析

1) 综合型开发模式。长山群岛属于典型的海岛经济，在资源禀赋上，面临着土地、淡水等资源匮乏的难题。而且长期以来海岛与大陆、海岛与海岛之间的交通不便，使海岛居民在接受教育、获取信息方面一直处于较落后状态。海岛经济相对封闭的特性，使海岛上人员流动较少。因而，长山群岛在人才及科技状况上，面临着自身培养人才不足、外来科技人员匮乏的局面。因此，综合开发模式不适用于长山群岛。

2) 资本及技术型开发模式。与综合型开发模式适用对象不同，长山群岛作为海岛型经济体，虽然有其资源禀赋及自然区位上的劣势，但是，也有许多自身独特的优势，如渔业资源、港口资源等。反而在经济及科技发展上，长山群岛具有先天的不足。高素质人力资本的匮乏，资源配置与整合能力的欠缺，对外交流沟通的不变等，这些要素决定了长山群岛的开发模式不能选择第二象限的资本及技术型开发模式。

3) 特色经济开发模式。虽然，长山群岛在客观上具有经济结构较为单一、技术发展缺乏支撑等劣势，但是，如果简单地将其开发模式定位于特色经济开发模式，而忽略了其已有的一定的工业基础，尤其是海产品加工业的基础和技术积淀，舍弃长山群岛较好的海岛经济基础而谋求新的"特色产业"，无疑会造成资源的浪费，不利于长山群岛的开发建设。

4）资源型生态经济开发模式。综合考虑长山群岛的外部环境、自身区位特点、资源优劣等因素，可以认为，长山群岛具有丰富的海洋渔业资源、多样的滨海旅游资源和充足的港口资源。其开发模式应首先立足于对其占优势的海洋资源的有序开发与充分利用上。因此，长山群岛的开发，应该采用四象限模式中第四象限的模式——资源型生态经济开发模式。

在四象限模式的框架下，长山群岛作为一个典型的海岛区域，一方面土地、淡水等自然资源贫乏，交通不便，严重地限制了其经济发展；但是另一方面，其特殊的区位使其在临海的渔业、旅游等产业上具有丰富独特的资源优势。因此，从总体上说，长山群岛的开发应该属于四象限模式中的第四象限模式——资源型生态经济开发模式。具体来说，就是要走一条充分利用临海的生态、自然资源，以及人与自然和谐发展、共同促进的生态经济的道路。

第三节　长山群岛开发路径选择

一、生态渔业的开发模式——"海洋牧场"

渔业是长山群岛的主导产业。开发长山群岛，首要就是开发长山群岛的渔业。长山群岛的海洋渔业得益于环境条件好、海域资源丰富、适宜海水增养殖业的空间广阔等得天独厚的条件，发展渔业生产的自然禀赋十分突出。但是，随着近年的过度开发，长山群岛的渔业陷入了增长的瓶颈，单位面积产量下降等问题开始显现。为了调整优化渔业结构，巩固和壮大水产业的基础地位，充分发挥渔业作为长山群岛先导产业的作用，应该大力发展生态渔业，建设"海洋牧场"。

"海洋牧场"的提出，主要是由于海产品中人类食用量较大而资源量逐渐减少，人们利用广大海域的自然生产力，对贝、藻、鱼、虾等生物资源进行人工养殖或增殖，提高其产量，从采捕天然资源变为以采捕人工养殖资源为主的生产方式，从而向社会提供更多的水产品，满足人们的需求。

当前社会，人们的环保意识日益增强，消费倾向也从数量型向质量型转变。所以新时期海洋渔业必须打破传统发展模式，积极探索新发展模式，以"海洋牧场"开发模式为载体，积极发展无公害渔业、绿色渔业、品质渔业等，提高产品质量。此外，水产品质量安全问题涉及开拓国际市场和保障人民群众身体健康。因此，要发挥"海洋牧场"集中化管理、水产品易于控制等优点，抓好水产品质量监督检测环节，提高水产品的国内外市场竞争力。长山群岛在这方面有较大优势，不但海域污染较轻，而且自然生长着刺参、皱纹盘鲍、大连紫海胆等具有较高经济价值的海珍品。今后，在"海洋牧场"的建设过程中，还应继续保持环境优势、资源优势、生物优势，确保生物体健康、物种的纯正及性状优良稳定；还应加强海洋生态环境的保护，注意控制养殖面积等，定期对海域生物环境质量、环境容量进行检测和定性定量评价，确保海洋水产品的质量；同时，完善水产品质量检测机制，加快渔业行业标准和水产品质量标准的制定等。

二、生态旅游业的开发模式——"生态旅游"

旅游产业在推动长山群岛经济结构调整和优化升级过程中发挥着重要作用，通过对旅游业的开发，使其由初级产业向支柱产业升级，既有利于长山群岛三次产业比重优化升级，也有利于建设"生态长山"，促进长山群岛社会经济协调可持续发展总体目标的实现。

长山群岛生态旅游业开发的总体原则如下。

（1）市场需求原则

旅游市场需求是旅游者通过支付一定的货币、时间和精力去换取某一经历、某种服务和商品的实际意愿。旅游市场需求是旅游市场形成的基础。项目策划如果不遵守市场需求原则，旅游市场就会萎缩、消亡，此时旅游地即使价值再高，其使用价值也无法实现，从而难以实现最佳旅游效益。

（2）因地制宜原则

旅游资源大多有位置不可移动特性，这就必然要求旅游产品设计和开发要以旅游地资源和条件资源类型为基础，要因地制宜。因地制宜往往是突出旅游产品个性特色的主要途径，越有个性和特色的旅游产品往往越具有观赏性或参与性。因地制宜往往有利于发挥旅游地资源的优势。

（3）生态保护原则

现代旅游是以环境友好的方式开发的旅游活动，旨在实现经济、社会、美学价值的同时，寻求适宜的利润和环境资源价值的维护，在保持资源完整性、基本生态过程、生物多样性、生命保障系统正常的情况下开发旅游产品。对于海岛有限的资源来说，生态环境的维护尤为重要，这也是发展生态旅游业的意义之一。除了要考虑开发商的利润、旅游者的休闲之外，还要考虑旅游活动对环境带来的影响。通过约束开发商和旅游者行为，使之共同分担维护景观资源价值的成本，力求对自然资源的影响降至最低，从而达到保护生态环境、促进旅游资源可持续发展的目的。

（4）特色原则

特色的意义在于为旅游地创造赏心悦目的魅力。各旅游地只有具备与众不同的特色，才能在激烈的旅游市场竞争中确定鲜明的市场形象，这种特色反映了旅游区的整体氛围。首先，具有鲜明的、易于认同的主题；其次，表现为自然环境、人文景观、民俗风情、娱乐活动，乃至环境设施、宣传品、导游图、门票等，均能围绕这一整体形象目标。

三、生态农牧业的开发模式——"绿色长山"

海岛的地理区域独特，农牧业生产有其自身的特点。长山群岛农牧业生产的特点主要包括：耕地面积逐年下降、垦殖指数低，农、林、牧业产值在大农业产值中比重低，种植业结构单一，单产水平不高，蔬菜生产不能满足需求，畜牧业产品以猪肉、禽蛋为主等。海岛的主要生产基地在海上，但以土地资源为基础的农业生产利用不应被忽视。为了减少海岛资源压力，满足经济发展的需要，长山群岛应利用海岛自然条件，充分利用土地资源，提高耕地的经济效益，将生态经济学应用到农业生产中，打造生态农业圈，实现"绿色长山"。

生态经济是指在一定区域内，以生态环境建设和社会经济发展为核心，遵循生态学原理和经济规律，将区域内生态建设、环境保护、自然资源的合理利用、生态的恢复与该区域社会经济发展及城乡建设有机结合起来，通过统一规划，综合建设，培育天蓝、水清、地绿、景美的生态景观，弘扬整体、和谐、开放、文明的生态文化，孵化高效、低耗的生态产业，建立人与自然和谐共处的生态社区，实现经济效益、社会效益、生态效益的可持续发展和高度统一。生态经济的本质就是将经济发展建立在生态环境可承受的基础之上，在保证自然再生产的前提下扩大经济的再生产，从而实现经济发展和生态保护的"双赢"，建立经济、社会、自然良性循环的复合型生态系统。由此可见，长山群岛生态农牧业的开发模式应以发展绿色农业为主。

绿色农业包括生态农业、高效农业和产后农业，其实质是一种生态农业，它要求农业发展要遵循生态学规律，合理利用农业资源，在物质和能量不断循环利用的基础上发展农业，使农业经济系统和谐地纳入自然生态系统的循环过程中，实现农业经济活动的绿色化转向。也就是说，在农业生产的过程中，要控制污染，保护环境，使人与自然和谐发展，进而达到农业生产过程中无污染、无公害、无损于子孙后代的"三无标准"，实现有利于人类、生态和自然平衡，有利于永续利用，以及有利于生产和消费的可持续发展的"三个有利于"的长远目标。由此可见，绿色农业是绿色食品、无公害农产品和有机食品生产加工的总称。绿色农业的核心理念是科学、安全、高效、和谐，其具有以下三大内涵：一是倡导资源节约型、环境友好型社会的建设，追求清洁生产，绿色产品和资源的循环利用，控制和合理使用化学物质，实现生产、生活废弃物的资源化处理，保护和利用农业野生资源，逐步改善农村生产、生活和生态环境。二是倡导树立"以人为本"的战略思想。绿色农业的基本功能是提供营养合理、卫生安全、数量充足的食物。绿色农业强调的安全不是拒绝农药，而是符合我国食物安全战略的农药、化肥的合理使用。三是积极倡导和贯彻农业全程一体化管理的理念，将优质、安全、营养的绿色食品作为终端产品的生产，转化为产前、产中、产后的全过程控制；同时，注重发挥农业的多功能性，推进都市农业、观光农业等的发展。

（一）长山群岛发展绿色农业的意义

长山群岛中每个岛屿都是一个独立的土地单元，水、土地资源各岛之间不能互通，与大陆间的交通联系也不方便，每个岛屿都有其明显的自然边界，都是独立的生态系统，生态系统具有独特性、脆弱性特征；同时，岛陆面积狭小，属于人多地少的地区。因此，长山群岛的农业发展，要与土地资源的合理利用和建设良好的生态环境紧密结合。绿色农业正符合二者的要求。

首先，绿色农业是真正的农工贸一体化。绿色农业既强调产前的环境监测，又强调产中投入品的标准，还强调产后的绿色加工、销售，既具有种养业的环境标准、生产标准，又有加工、包装、储藏、运输的生产标准和环境标准，保证了加工原料的质量，在绿色种植、养殖、加工、流通等方面实现一体化经营，增强了农业产业关联度，形成了一个新的农业系列。其次，绿色农业因为绿色食品的收购价格明显高于常规农产品而具有高增值性。最后，绿色农业符合可持续发展的要求。绿色农业以保护优良生态环境为基础，以生产安全优质产品为核心，合理开发利用资源，进而满足消费者对绿色食品的需求，最终实现农业的良性循环和人与自然的和谐发展。

（二）长山群岛发展绿色农业的原则

（1）效益统一性原则

绿色农业的根本是坚持经济效益、生态效益和社会效益三者的统一。海岛交通不发达，耕地面积少，经济相对落后。增产增收是农业的首要任务和物质保证，在强调经济效益的同时，更要保证生态效益和社会效益。海岛的资源环境系统较脆弱，某些生态遭到破坏后，很难恢复或者根本消失，以牺牲资源环境为代价而换取经济效益是不可取的。因此，实现经济效益、生态效益和社会效益三者统一是可持续发展的关键。

（2）生产集约性原则

长山群岛的耕地面积逐年减少，农作物播种面积也相应减少，农作物总产量也在下降。为了解决所面临的问题，必须实行集约化经营，增加农业投入，提高农业集约化水平；充分挖掘资源潜力，提高土地利用率；实行精细耕作，提高农产品产出率，实现海岛农业的集约化生产。

（3）结构协调性原则

农业是国民经济的基础，合理调整农业内部结构可增强农业的基础地位。长山群岛的海岛农业有别于陆地，在农业产业结构调整过程中，要根据实际情况，协调好农、林、牧、渔的关系，发挥渔业资源优势，重点发展渔业，培养其成为支柱产业，促进其快速发展，为农业的可持续发展奠定坚实的物质基础。

（4）技术先进性原则

绿色农业的发展，离不开科学技术，因此应积极推广农业先进技术和成果，促进科学技术转化为现实生产力，将现代化科学技术和设备应用到农业中，不但可以提高资源使用效率，实现土地集约化生产，更能促进绿色农业的持续稳定协调发展。

（三）长山群岛发展绿色农业的有效途径

（1）加强绿色技术创新

科学技术是推动农业发展的强大动力。传统农业在向现代农业的飞跃过程中，技术创新起着举足轻重的作用，农业生产效率和农业产出的提高，在很大程度上得益于新的农业科学技术的广泛应用；而大多数的农业科学技术都是从经济效益层面出发，生态层面的研究很少。因此，绿色农业的实现必须要有绿色技术创新的支持。绿色技术创新是指符合可持续发展需要的一种技术创新。它不仅追求技术创新的工具效率，而且将农业技术创新活动融入自然生态循环的系统中，既能改善生态环境、提高人类生活质量，又能获得潜在利润；既是一项使绿色技术成果商品化的经济活动，也是一项使绿色技术成果公益化的社会活动。由此可见，绿色技术创新不同于一般的技术创新。

（2）加大市场创新力度

培育绿色市场，要充分发挥市场对绿色农业的导向和激励作用，使市场机制成为促进绿色农业发展的基本机制，让农民自觉发展绿色农业，促进绿色农业的发展壮大。

（3）建设生态示范区

充分利用自然优势，建设与恢复生态，走生态农业之路。通过生态示范区的建设，可大力开发绿色农业，向岛内外提供丰富的绿色食品，不但有利于人们健康，而且有利于提高海岛的声誉。从根本上扭转单纯的大规模农业耕地所带来的生态失调和环境恶化，极大地改善和提高生态环境质量。

（4）加大农业标准化推广实施的力度

最终农产品的安全必须从生产环节入手。在初级产品的生产环节，实施农业标准化，加强农产品质量管理工作，教育、引导生产者，使他们自觉保护农业环境，科学种养，提高终极产品的质量。此外，还可以采取多种形式宣传农产品质量安全的有关法规政策，增强人们的安全意识，形成全社会监管的氛围。

四、生态工业的开发模式——"循环工业"

循环经济是一种新的发展理念，它是一种以资源的高效利用和循环利用为核心，以"减量化、再利用、资源化、无害化"为原则，符合可持续发展理念的经济增长模式，发展循环经济除了要有新的发展理念为先导，还要有经济收益和技术上的支撑，以及政策上的扶持，形成政府积极推进、市场有效驱动和公众自觉参与的体制，将循环经济的发展理念贯穿到经济发展、城乡建设和产品生产中，走出一条科学发展之路。

"循环工业"的开发模式，主要包括以下两大方面。

首先，基于循环经济理念的工业开发模式，推广已有好的做法：长山群岛现在已有一些注重资源高效利用的好的方法，如虾夷扇贝加工零废弃、用贝壳等制造人工礁石，用以优化改造渔场，促进增养殖业发展等，如果这些好的方法得以在大范围内推广应用，则对长山群岛的经济开发具有极大的促进作用。

其次，在工业建设中树立循环经济的理念。在工业建设中，应该加强资源的节约和有效利用，对生产的废弃物进行综合利用，变废为宝，形成可持续发展的循环经济。在实际开发过程中，建议：①以循环经济理念为先导，为发展海洋环保、海洋化工、海洋保健品等临港工业做好前期准备。②利用贝壳、海螺壳等，发展旅游纪念品制造等工艺品加工业，既可提高循环工业中废料的利用率，也可促进长山群岛生态旅游业的发展。

总体而言，长山群岛的开发建设，必须遵循节约型社会和发展循环经济的理念，原因主要如下。

第一，我国的基本国情决定了必须要加快建设节约型社会。我国人口众多，资源相对不足，环境承载能力较弱。为此，通过建设节约型社会，在节约资源、保护环境的前提下实现经济较快发展，促进人与自然和谐相处，提高人民生活水平和生活质量。在发展经济的同时，加快环境保护和治理。坚持资源开发与节约并重，将节约放在首位，以节约使用资源和提高资源利用率为核心，以节能、节水、节地、节材、资源综合利用和发展循环经济为重点，加快经济发展模式的转变，建立节约型生产模式、消费模式和城市建设模式，务求建设节约型社会，尽快取得实质性进展和明显成效。

长山群岛的经济社会发展与资源开发存在高度依存关系，循环经济发展空间较大，主要体现在：利用广大的海域空间资源发展海水增养殖等；利用岛屿森林资源和海域环境发展生态旅游业；利用再生能源资源发展清洁能源；利用海水资源发展海水淡化业。此外，长山群岛在经济开发过程中，还要重视生物工程，即充分利用森林涵养水源的作用，结合生态旅游的发展，提高森林覆盖率，增强森林对海岛水资源调节的作用，从而缓解水资源对海岛工业建设的制约影响。

第二，从战略高度和全局高度，将建设节约型社会和发展循环经济摆在更加突出的重要位置，也是促进长山群岛生态保护，建设生态示范区的关键环节。①以产业调整和产业结构升级为重点构建节约型循环经济发展模式。从节约资源、保护环境的角度出发，建设长山群岛生态示范园区，实现长山群岛经济社会的可持续发展。具体而言，就是从"海洋牧场""生态旅游""绿色长山""循环工业"等方面入手，实施生态经济开发模式，打造资源节约型经济体系，在巩固渔业、壮大工业的同时，将发展服务业放在更加重要的位置，提高第三产业在国民经济中的比重，带动长山群岛的发展进入和谐可持续的循环中。②建设节约型社会，必须对高能耗落后工艺、技术和设备实行淘汰制度。要以技术创新为重要手段，加快落后工艺、技术和设备的淘汰与高新技术的利用，用新材料技术转变传统产业功能。

第三，大力发展循环经济，从产业链条到循环链条构建节约型产业体系，建立以清洁生产和废弃物综合利用为基础的经济发展模式。充分利用生产和生活中产生的各种废弃物，对其加工处理后，再以资源的形式重新进入生产流程，从节约资源、保护环境的角度出发，按照"中循环"和"小循环"的分类，在产业园区和生产企业的层面推进循环经济。

"中循环"——生态型产业园区。工业生产中的资源消耗最大，因此要用"生态工业"理念作指导，建立一种体现生态效率的工业发展模式。建立生态产业园区，能够将生产中的废弃物排放企业和再处理企业安排建立在一个园区内，形成有机的循环组合。其中一个企业产生的废弃物或副产品，是另一个企业投放的原料。这样，区域内彼此靠近的工业企业即可形成一个相互影响，类似于生态食物链过程的"工业生态系统"。生态产业园区资源共享、副产品互换的产业共性，使得废弃资源在自身企业得到利用的同时，又以再循环的流程变为另一个企业的能源或原料，资源的再生利用得到了有效发挥。

"小循环"——在企业内部物料使用、物料循环与少排放、零污染的层面上推进循环经济。长山群岛要按照"减量化、再利用、资源化、无害化"的原则，打造企业内部循环链条。一方面,要全面推行清洁生产,从源头减少废弃物的产生;另一方面,鼓励企业循环式生产,促进资源循环式利用。特别是,要通过发展深加工的能力和技术,延长产业、产品链条,最大限度地减少对再生资源的依赖。

第四,发展海洋循环经济。长山群岛应大力开发海洋经济,区域内的海水养殖业、滨海旅游业、港口运输业、船舶修造业等均为组成海洋经济的主要产业部门。就海洋经济(包括海岛)而言,循环经济的思想非常契合海洋经济可持续发展的要求。具体来说,海洋循环经济的发展包括海洋产业内部的小循环、海洋产业间区域层面的中循环和海洋社会整体层面的大循环三个层面。当前发展海洋循环经济就是要依靠海洋区位优势,以海洋资源的高效与循环利用为核心,依托循环经济技术,形成海陆大循环发展机制与模式。发展海洋循环经济,不仅是落实科学发展观的重要举措,而且是实现海洋经济可持续发展的必由之路。

目前,对于长山群岛来说,海洋资源利用效率较低,海水养殖单产水平较低,特别是海水综合和循环利用还不够深入,海水淡化规模还小。因此,在按照循环经济理念实施海岛开发时,在经济发展规划和布局中对各产业之间或产业群之间的产业关联度和协调性还大有工作可做,如在发展循环工业、生态旅游业和绿色养殖业中,加强资源的节约和有效利用,对生产废弃物进行综合利用,以资源的高效利用和循环利用为核心,以"减量化、再利用、资源化、无害化"为原则,建立符合可持续发展理念的经济增长模式。

第十一章

基于人地关系的长山群岛可持续发展对策及建议

第一节　长山群岛可持续发展原则

一、纵向关联原则

　　基于人地关系理论，实现长山群岛的可持续发展需要坚持纵向关联原则。一方面，实现产业链条的纵向连接发展。以长山群岛循环工业为例，在工业建设中，应该加强资源的节约和有效利用，对生产的废弃物进行综合利用，变废为宝，以循环经济理念为先导，为发展海洋环保、海洋化工、海洋保健品等临港工业做好前期准备。另一方面，实现代际间的纵向持续发展。以长山群岛生态旅游业为例，在旅游资源开发和利用的过程中，既要满足外来游客的旅游需求及长山群岛居民的利益需要，又要兼顾长山群岛资源环境承载能力和海岛居民的生存环境及利益需求。

二、横向协调原则

　　实现以和谐人地关系为导向的长山群岛可持续发展就要坚持横向协调原则，即实现海岛环境保护、海岛资源开发与经济社会发展的协调。考虑到长山群岛的发展现状，长山群岛在发展经济的同时，也应当基于生态足迹和生态承载力指标建立海岛生态补偿机制，优化海岛资源环境配置，从而实现海岛的横向可持续发展。

三、突出重点、兼顾一般原则

　　海岛人地关系的发展是人与地在较长时间范围内相互作用的结果，其中大自然内外力的作用促成海岛的形成与演变，是海岛人地关系的自然与本质基础（陈金华，2015）。而人是由海岛经济、社会、文化等各方面因素组成的海岛社会经济综合体，具有自然属性和社会属性，是影响人地关系最活跃的因素。实现长山群岛可持续发展需要突出重点，兼顾一般。以长山群岛生态旅游业为例，在整合生态旅游业发展的过程中需要着重控制"人"这一关键点，尤其是外来游客，即发展海岛深度旅游，以质量取胜，以海岛自然环境容量、经济容量、社会心理容量为基准，控制游客过快增长。与此同时，兼顾海岛社区的就业、福利等的社会可持续发展，让海岛居民在旅游开发中享受发展红利，最终完善海岛社区福利体系。

第二节　长山群岛可持续发展导向

一、经济导向

不同的海岛因其自然及社会经济条件差异，导致其主导产业不同，有些以第一产业为主，有些以第二产业为主，有些以旅游业为主。因而，对于不同的海岛而言，其人地关系整合的经济主导产业是不同的。尽管如此，对于长山群岛而言，实现人地关系协调的可持续发展必然要坚持：①依据当地自然及人文基础，坚持发展主导产业，打造特色产业；②既要注意经济发展速度，又要注意经济体系结构，包括产业结构、资源环境结构等。

二、社会导向

海岛在发展经济的过程中因资源配置与经济发展的不平衡，导致社会存在不公平的现象。一些海岛在发展经济的同时，没有兼顾海岛社区的社会福利问题，海岛居民经济转型的参与感较低，社区福利空间较小。以人地关系为基础实现长山群岛的可持续发展，必然要兼顾社会的可持续发展。因此，要通过加大海岛社会的帮扶力度，提升海岛社区居民的参与能力，重视社区传统休闲与交流空间的维护，提升社区福利空间。

三、生态导向

生态导向对应可持续发展中的生态可持续发展。生态资源、生态环境是海岛经济与社会可持续发展的自然基础和环境依赖。生态资源环境既包括优质的生态资源环境，又包括非优质的生态资源环境。在长山群岛人地关系发展的过程中，优质的资源生态环境较早地为人们所注意，开发利用较早，存在一些利用过度或不合理的现象，因而针对这些资源环境，应建立生态补偿机制，延长资源环境修复期。对于区位条件较差或资源禀赋较弱的非优质自然资源环境，在长山群岛可持续发展的整合过程中要重视将这些非优质资源环境通过产业升级、增强技术应用力度等方式及时转化为优质资源环境并进行合理利用。

第三节　长山群岛可持续发展理念

十八届五中全会提出，破解发展难题，厚植发展优势，必须牢固树立并切实贯彻创新、协调、绿色、开放、共享的发展理念。这是新时期中国共产党对中国经济社会发展规律的认识和把握，是关于发展观念的又一次理论创新。长山群岛可持续发展应始终坚持以"五大发展"为引领，谋求生态、经济、社会、文化、经济协调发展。

一、以创新发展理念增强可持续发展内生动力

长山群岛应及时转变观念，以创新为手段激发市场活力，推动体制机制创新；以企业为核心提升生产效率，着手经营理念创新；以人才为关键，引导科学技术创新。在国际及国内激烈的竞争中，引导海洋新技术转化应用和海洋新产业、新业态的形成，依托"智慧海洋"工程等培育海洋经济增长新动力，提升海洋经济发展质量和效益。同时，充分协调利用市场"看不见的手"与政府"看得见的手"，发挥企业在市场竞争中的主导作用，创新人才引进方式，以科技与知识取胜。

（1）制度环境创新

首先，强化市场基础性作用，健全现代海洋经济市场体系。加快形成统一开放、竞争有序的现代海洋经济市场体系，促进海洋经济要素自由有序流动，

实现海洋各类资源与要素的市场化配置。其次，拓宽融资渠道，加快海洋经济投融资体制改革。积极引进民间资本，借助涉海企业及社会金融机构的力量，打造海洋经济与海洋科技之间协调发展的平台；支持涉海高技术中小企业在产业化阶段的风险投资、融资担保；支持有条件的地区建立各类投资主体广泛参与的海洋产业引导基金；引导海洋产业与多层次资本市场对接，拓展涉海企业融资渠道。

（2）经营理念创新

注重企业创新的主体地位和主导作用，支持涉海科技型中小企业的发展，鼓励企业开展海洋技术研发与成果转化。对于县域海洋产业的规模化经营，企业作为盘活市场的主体，应当树立长远的经营理念，吸收科技创新人才，提升企业科技研发水平，增强企业创新能力，以核心技术的增值效益强化企业地位，壮大经营能力，提升企业收益。同时，政府一方面应为企业创新提供适度的政策支持、资金支持，鼓励企业创新带动生产增长；另一方面，应着力破除束缚创新和成果转化的制度障碍，优化创新政策供给，形成企业创新活力竞相迸发、创新成果高效转化、创新价值充分体现的体制机制。长山群岛应改变传统的"渔家乐"和零散的"作坊式"经营模式，注重海岛旅游业和海洋水产品加工业的产业化经营，通过人才投入的方式提升旅游业规划开发效益、水产品加工业核心技术，通过企业化运作，以技术创新促进生产变革，形成创新驱动的良好企业生产环境，为社会科学研究与产业发展提供服务。

（3）科学技术创新

当下，海洋经济的竞争已在很大程度上变为海洋知识经济的竞争。海洋知识经济是以知识增长和高新技术发展为基础的海洋经济（张耀光，2009），现代海洋产业已呈现出海洋科学、海洋技术、海洋开发的海洋经济融为一体的趋势，海洋经济发展的深度和广度取决于海洋高新技术的开发与海洋科技的贡献率。因此，当前长山群岛发展海洋经济应当做到：第一，壮大海洋科技人才队伍，创新人才引进模式，打造高水准的海洋科研团队，为科技创新奠定基础。目前，长山群岛依托辽宁省海洋类高等院校及专业，从具体的科研成果领域出发，给予政策导向，建立吸引人才和有利于科技创新的良好机制，构建科技创新人才体系，留住海洋科技人才。另外，长山群岛可利用自身区位优势，吸引国外先进人才和技术。第二，增强自主创新能力，以科技创新平台构建带动科技资源优化整合、科学技术协同发展。加快构建以市场为导向、以金融为纽带、产学研相结合的海洋产业创新联盟；大力发展海洋众创平台建设，扶持培育新型创业创新服务机构，加快与互联网融合创新打造众创、众包、众扶、众筹空间；建设海洋科技成果交易和转化的公共服务平台，联合邻近区域科技资源，支持涉海高等学校、科研院所、重点实验室向社会开放，提高海洋科技贡献率，共享科研仪器设备、科技成果。

二、以协调发展理念谋划"陆-岛-海"全域统筹格局

陆海统筹是事关国家发展与安全的重大战略，推动国家发展战略由"以陆为主"向"陆海统筹"的转变，对于实现国家区域发展战略、海洋发展战略的有效衔接和陆海之间的战略平衡，真正将我国建设成为海洋强国具有重要的战略指导意义。海岛作为连接陆域与海域的"岛桥"，是开发海洋的重要基地。推动长山群岛陆海统筹协调发展，应该以海岛海洋资源开发为支撑，推动海岛与陆地一体化发展，促进海岛海洋产业协调发展，实现海岛经济与环境双向发展，为拓展国家发展战略空间、实现陆海发展战略平衡和军民融合提供重要保障。

（1）推动海岛与陆地一体化发展

陆海发展关系的协调是陆海统筹战略实施的重要方面。从现阶段解决陆海发展中存在的资源开发脱节、产业发展错位、空间利用冲突、资源和生态环境退化等问题的角度出发，资源开发、产业发展、基础设施建设、生态环境保护领域的统筹应该是陆海关系协调的重点任务。海岛作为特殊的地理单元，具有向海亲近、向陆封闭的特点，在推进陆海统筹战略实施的过程中，应当更加注重发挥海岛的陆海衔接作用。在长山群岛海岛资源开发过程中，应当在保证自身发展的基础上，更加注重辽宁省、环渤海地区的资源利用需求，实现陆海资源内在有序利用。同时，在海洋空间利用方面，长山群岛应当以空间集约高效利用为导向，为环渤海地区陆海联动、形成陆港联运网路体系提供便捷的支撑服务。

（2）促进海岛海洋产业协调发展

海岛经济作为一种特殊的区域经济类型，具有独特的经济结构和演变机制，形成符合其内部资源优势的海岛产业结构对于海岛经济的长远发展具有重要意义。长山群岛拥有丰富的海洋渔业资源，对发展海洋渔业养殖和海洋水产品加

工业具有天然的资源优势。在立足海洋第一产业发展优势的基础上，长山群岛应当在保持海洋第三产业重视度不变的情况下，提升海洋第二产业发展质量，推动海洋产业结构合理优化和协调发展。

（3）实现海岛经济与环境双向发展

目前，长山群岛已认识到协调发展的重要性，强调经济效益、社会效益、环境效益并重，全面加强海洋国土和环境保护工作。在发展中，要保证生态系统协调发展，必须发挥其资源优势，通过集约高效的资源利用，将生态环境保护和推进经济增长方式的转变有机结合起来。另外，在海域生态环境和海洋生物资源保护方面,也应当重视建立海洋景观自然保护区和海岛鸟类自然保护区。在资源集约利用和资源有效保护的基础上，促进长山群岛海岛经济和海洋资源长远可持续发展。

三、以绿色发展理念实现生态经济双赢

推动长山群岛可持续发展需坚持以节约优先、保护优先、自然恢复为主的方针，加强海洋环境保护与生态修复力度，推进海洋资源集约利用与产业低碳发展，以"绿色化发展"为导向，建设海洋生态文明，繁荣海岛产业经济。

（1）强化海洋资源环境保护

首先，着重加强海洋生态环境保护，改善基础设施配套能力。建立海洋生态保护红线制度，实施强制保护和严格管控；启动海域使用管理示范区建设，完善海洋生态环境补偿制度，探索多元化的生态补偿方式；利用地理信息系统、遥感技术，实时观测记录生物多样性资源变化情况，建立生物多样性信息和检测系统，完善海洋预警防御系统。同时，加强海洋环境的综合治理，实施联防联治，加大政府对海域入海直排口的监督管理力度。

其次，落实长山群岛"开发规划先行，资源集约利用"的发展思路。长山群岛的开发建设必须具备明确的海岛规划方案，必须清晰地指出岛屿的领域、保护对象、资源利用效率、废弃物处理方案，坚决制止带有破坏性质和资源浪费性质的开发方式。

最后，培养居民参与意识，提高公众参与程度，实现海洋资源环境保护实时全覆盖。一方面，加强对海岛居民生态环境保护的道德教育，鼓励居民自觉承担起保护生态环境、节约海岛资源的责任，增强海岛居民的参与性；另一方

面，实现海岛各利益主体间的信息对称，在此基础上，鼓励社会公众和新闻媒体参与海洋资源环境保护过程的监督，为打造保护生态、绿化海岛、繁荣经济的社会文明新风尚贡献力量。

（2）推动海洋经济绿色化发展

推进海洋资源集约节约利用与产业低碳发展，在绿色化的基础上探索更适合长山群岛的开发建设方式，尤其是寻找与长山群岛生态及发展规律相适应的高效科学的产业发展方式，坚持创新推进可持续发展的进程。基于长山群岛的优势海洋产业基础，海洋第一产业应坚持建设以"海洋牧场"为主，依托优势港口资源，兴盛远洋捕捞业的新型现代渔业体系。长山群岛发展海洋渔业的环境优势、资源优势、生物优势十分突出，海洋渔业是其主导产业。调整海洋渔业结构是长山群岛产业结构优化升级的关键。一方面，由采捕天然资源变为以采捕人工养殖资源为主的生产方式，从而解决长山群岛海洋鱼类资源供给小于需求的问题；另一方面，利用集中化管理的优势，严格把控水产品质量监督大关，打造无公害渔业、绿色渔业、有机渔业，满足人们从数量型向质量型转变的海洋鱼类消费倾向。

长山群岛的海洋第二产业应以"循环工业"为核心，根据人才补给类型，拓展产业经营类型和方式。长山群岛"循环工业"的开发模式需在以下三个方面做出突破：第一，以循环经济理念为先导，建设生态型产业园区，实现生产过程废弃物的再处理，以再循环的流程变为另一个企业的能源或原料，为发展海洋环保、海洋化工、海洋保健品等临港工业做好前期准备。第二，利用贝壳、海螺壳等，发展旅游纪念品制造等工艺品加工业，提高循环工业中废料的利用率，同时促进长山群岛第二、第三产业的协同发展。第三，从企业角度入手，加强管理层可持续发展思想再教育，从根源处深化"循环工业"和"绿色发展"的理念。

长山群岛的海洋第三产业应走复合型发展道路。一方面，创建独具海岛特色的文化品牌，通过整理出版长海历史、文化书籍，加强"长海号子"国家级非物质文化遗产保护传承和小珠山遗址的开发利用，进一步放大海岛文化的影响力，加快推动海岛文化与旅游产业深度融合，形成"一岛一品"和"一岛一节"。另一方面，充分利用长山群岛独特的自然资源大力发展生态文化游，建设观鸟赏鲸基地，扩大"中国黄嘴白鹭之乡"的知名度和影响力。依据长山群岛各岛自然景观的独特风貌、独特魅力和文化特色精准定位，明确发展方向，形成"一岛一特色"。

四、以开放发展理念开拓人地系统新空间

根据系统熵理论，系统只有通过开放与外界进行物质、能量、信息交换才能向更加有序的方向发展。海岛系统是典型的封闭孤立系统，其开放程度显著地决定着海岛内部经济、文化、教育等各方面的发展。为使海岛系统得到可持续发展，就必须从外界不断地输入负熵或排出正熵，以维持海岛系统的稳态。同时，应该注意到，海岛的对外开放程度，以及吸引外界人员、资本和信息依然是以海岛发展状况为基础，因此在加大开放的同时应该根据海岛独特的自然条件和发展现状着力提升海岛自身的吸引力。从开放的角度来看，针对海岛独特的自然与区位条件，海岛作为一种相对孤立的系统，与外界进行物质、能量、信息交换主要依靠交通与通信设施，因此建设并拓宽对外联系渠道是长山群岛未来经济发展的决定因素。陆岛和岛岛交通体系的完善、综合运输能力的扩大、口岸开放与功能的提升，以及通信设施的完备等对长山群岛的外资引入、人才技术引进及岛内产品的对外推广都具有重大影响。

首先，建议以长山群岛各主要岛屿现有港口为中心，以皮口港、金石滩港为物流主要进出口基地，以皮口航线、金石滩航线、金州黑岛航线构成的陆岛交通海上运输网络为支撑，加强各岛屿港口建设，拓展港口功能，提高综合运输能力，形成区域陆岛物流体系。同时，加快口岸开放步伐，扩大口岸功能，对长山群岛现有港口、码头进行升级改造，必要时建设新的港口、码头。在现有条件下，着力进行运输承载力结构优化调整，开放长山群岛存量港口，开辟新航线，开展陆岛间、岛屿间旅游航线运输业务和相应服务，积极争取发展国际远洋运输。以现有国际航运水产品运输船舶为基础，发展多种经济成分并举的海上货运船队，推进海上运输物流体系建设，促使海上运输业成为长山群岛又一新的经济增长点。在信息连接方面，加快互联网信息服务发展，推进数字信息传输网等通信设施建设，以及电信网、计算机网和有线电视网的升级改造和融合应用。

其次，建议注重加强岛屿之间的交通线连接规划，强化岛岛通达性。对现有机场要做强做大，一方面要将长海机场规划建设成为大连市乃至东北地区具有海岛区位优势和特色的旅游性空港。另一方面，要提升航空质量，优化长海

机场基础设施及配套建设，提高空地服务水平，逐步规划建设长海机场货站和海岛航空综合物流园，搭建以鲜活水产品、海珍品等高端销售商品为主的货运交易平台。同时，加强各岛内公交线路扩展，推进县级公路大中修及农村公路网建设，提高镇村道路等级，构筑海陆畅通的城乡交通网，村屯间道路实现刚性化，增强岛内交通可达性。

最后，资金与人才既是开放的关键，又是开放的成果。资金及人才的引入和培养有助于促进一系列项目的实施建设，借以提升长山群岛软硬环境水平，为长山群岛对外开放搭建平台。另外，要推进政府职能转变，强化公共服务职能，注重拓宽利用外资渠道，优化资金结构，加强服务和管理，营造良好的投资环境，从而为资金与人才的流通提供更好的制度支撑。

五、以共享发展理念拓展生态文明建设成果

作为中国新时代发展的重要主题，共享发展是可持续发展内涵的具体实践，是可持续发展有关公平性和共同性原则的内在要求。同时，共享发展也是人与人、人与社会、人与自然之间矛盾真正解决的历史过程（糜海波，2018）。可持续发展的核心在于在环境得以保护、资源永续利用的前提下促进经济和社会的发展，为广大人民群众能够更好地生存和发展提供良好的生态环境，共享生态文明建设成果。因此，在长山群岛人地关系可持续发展中，一定要坚持共享发展的基本理念，加快生态文明建设步伐，让生态文明建设成效最大限度地惠及广大人民群众。

首先，坚持全民共享，鼓励社区参与。社区参与的实质是社区中常住居民以特定方式，通过法定程序，参与所有涉及生态环境利益的决策和实施，表达利益诉求并施加影响，从而有效地维护自身生态环境的合法权益。长山群岛居民无论是生活，还是生产活动，均表现为较强的社区集聚性。可持续发展成果由全民共享，同时，生态环境责任也要由全民共担。因此，要通过不断完善社区参与制度，畅通社区民众参与渠道，实现可持续发展全程由社区参与、监督和评价，用制度手段保障社区居民的环境知悉、监督和诉求等权利，以解决与民众利益切实相关的重大生态利益问题为切入点，发挥民众的共建智慧，共建生态文明海岛，共享生态文明成果。

其次，坚持全域共享，推动岛际公平。长山群岛岛屿较为分散，海岛空间

资源、环境资源、生态资源、社会资源分布极为不均，海岛间发展不均衡问题表现突出。另外，出于海岛生态环境保护的需要，各岛发展政策也不尽相同，一些生态型岛屿被列为限制发展区域，使其处于经济发展与环境保护的矛盾之中。要坚持共享发展理念，充分调动各岛屿发展力量，充分发挥各自优势条件，集中优势资源进行发展。同时，在发展中要通过差异化的政策使各类资源，尤其是流动性较强的社会资源，如资本、劳动力、优惠政策，向欠发达岛屿倾斜，以扶持限制发展地区另辟途径获取公平发展机会，改善落后岛屿的基础条件，提升发展质量，提高生态经济系统发展效率。

最后，坚持全时共享，树立责任精神。共享发展首先是起点的公平，共享发展作为公民权利的维护和实现，需要作为公共利益代表的政府和作为发展主体的个体持有一种责任精神。从时间维度考虑，可持续发展要兼顾代际公平，即当代人的发展不能影响后代人满足其发展需要的权利。对于当代人来讲，有义务为后代保持好海岛资源环境承载能力，当代人在利用自然资源时，应同时考虑后代人利用资源的机会和获取可能资源的数量。长山群岛在发展中，存在土地资源开发、水资源利用、渔业资源保护等诸多矛盾和问题，虽然近年来，长山群岛人口数量有持续下降的趋势，但其生态足迹一直保持增长态势，生态压力并未减轻。长山群岛的每一代人在享受生态经济发展带来的福利时，应树立责任精神，保障后代人享受资源环境的权利。

第四节　新时期海岛振兴策略

一、发展现代渔业，助力海岛产业振兴

挖掘现代海岛渔业新动能，加强"农旅文"深度融合，助力海岛产业振兴。用好用深用活海岛资源，坚持质量兴农、绿色兴农，促进渔业发展方式由注重产量增长向注重质量效益转换；实施人工鱼礁及海底改造工程，推进参、鲍、藻、三倍体牡蛎等多品种、多样化生态养殖模式，积极推广应用"微生物+"渔业生态养殖技术，大力发展标准化、生态化、集约化增养殖。打造水产品加工升级版，推进水产品精深加工项目，助力渔业产业链向高端延伸。培育和完善

海洋渔业资源保护修复、健康养殖等产业链条，探索一批集生态旅游、互联网等先进生产要素于一体的"现代化海洋牧场"，打造具有国际竞争力的优质农产品品牌。实施"大企业进入、大项目带动"旅游发展战略，加快发展海岛旅游业，推进海岛"旅游+三农"新产业新业态发展。以长山群岛旅游避暑度假区建设为龙头，依托丰富的海岛旅游资源和海上丝绸之路文化资源，加快推动海岛文化与旅游产业深度融合，形成"一岛一品"和"一岛一节"，打造现代涉海文化旅游、研学旅游、养生旅游等精品旅游产品体系。推动旅游业与农渔业融合发展，通过农业补贴、完善基础设施、入户培训等方式大力发展海岛生态采摘游，全面推广"赏海上风景、看渔民捕鱼、品鲜活海味"海上渔家体验项目。大力发展民宿旅游，注重将民宿发展与海岛旅游发展有机结合，做深"民宿+"融合产品，打造兼具风土人情、文化风俗、人文典故的高品质民宿；积极支持民宿项目招商引资，引导民宿标准化、个性化、特色化建设。

二、建设美丽海岛，实现海岛生态振兴

以《建立国家公园体制总体方案》的提出为契机，建设我国首个海洋海岛国家公园——长山群岛国家海洋公园，实现中共中央、国务院推行国家公园体制的陆海全覆盖，保护好周边海域生态环境和岛陆岩礁自然景观。践行人海和谐共生理念，严格落实海洋生态红线制度，规范海洋资源开发利用活动；建立"垃圾前端、中端、末端处置一体化"的生活垃圾管理新模式，实现海岛垃圾分类减量和资源回收。重点推进围绕垃圾污水处理、再生能源利用、水土治理保护、岸线沙滩恢复、岛体自然景观修复和植被绿化保护的海岛整治修复项目，借力环保倒逼海岛经济结构转型。坚持生态管海用海，贯彻落实《海域、无居民海岛有偿使用的意见》，加强无居民海岛监视监测，严禁非法采砂行为。创建长山群岛防灾减灾综合示范区，加强边远海岛的救灾物资应急保障能力建设，提高海洋灾害观测预警能力，打通防灾减灾"最后一公里"。加强海岛巡护，严厉打击各类破坏海岛及周边海域的违法行为，规范海岛开发利用秩序。

三、坚持陆海统筹，推动海岛军民融合

紧密围绕"一带一路"倡议和陆海岛一体化发展模式，继续推进辽宁省渔

人码头项目建设，使陆海岛能够在经济发展过程中发挥一方优势，带动另一方协调发展，互为经济产品加工销售基地和经济开发后勤保障基地，推进陆海岛统筹发展。建立完善的军民融合法律法规体系，规范军民融合的各级组织机构、责任与权限、工作规程、管理体制与机制，强化规划落实，引领军民融合发展常态。把握"一带一路"倡议实施的核心，共建具有重要国防意义的海底光缆等军民融合基础设施，将国防和军队建设深度融入区域发展战略规划中。推进基础设施建设体系与军队战场布局、战场设施建设有机融合，将"市场"和"战场"统一起来。构建重要信息联通、重大活动联动、突发事件联处、互涉案件联办、全岛治安联防和平安建设联创的军民"六联"协同机制，建设"双拥双赢、资源共享、同守共建、军民联防、富岛强兵"的和谐海岛，打造海岛军民融合深度发展新格局。

四、破解人才瓶颈，实现海岛人才振兴

加强人才队伍建设，破解人才瓶颈制约，实现海岛人才振兴。结合海岛地区实际，建立辽宁省应届高中毕业生定向培养长效机制，引导高等院校、职业教育学校与企业合作开展"订单式"人才培养和专业技能培训。充分发挥院校人才培养主渠道作用，重点依托大连海洋大学、大连工业大学、中国科学院大连化学物理研究所、大连海事大学等单位，定向培养海岛卫生、教育、边海防等行业专业紧缺人才，应对海岛建设人才缺口。积极扶持人才"本地产"，加强海洋文化民间艺人、高端海岛民宿业主、水产品养殖能手等海岛人才的培养，围绕贝雕、古船木、民宿旅游、水产品养殖等优势产业，选择民宿业主等新型领域优秀人才作为示范标兵，努力培养海岛振兴的"领头雁"。实施本土人才回归工程，以乡情乡愁为纽带，鼓励回岛创业和就业的辽宁籍企业家、党政干部、专家学者、规划师等社会各界人才，通过下乡担任志愿者、投资兴业、开展项目等方式服务海岛振兴，并给予创业资助资金和就业奖励。推广"项目+人才"模式，根据辽宁省"蓝色海湾"项目等推进的需要，有目的性地引进人才，创建柔性人才洼地。完善海岛地区人才特殊优惠政策，并分层次为引进人才提供周转住房、生活津贴、科研补助经费、科研办公用房、人才公寓等条件，解决子女就学，妥善安排家属就业，切实加强海岛地区人才的住房保障、表彰激励和服务保障工作，切实留住海岛骨干人才。

五、着力保障民生，共享海岛振兴福祉

深入推进基础设施提升工程，着力保障和改善民生，共享海岛振兴新福祉。着力加强边远海岛扶持力度，改扩建和新建交通码头，实现陆路和水路"无缝对接"，解决海岛居民出行难问题；实施道路亮化工程，加强输变电设施建设，推进提升电网供电保障和抗灾能力，加快高速宽带网络和 WiFi 网络覆盖步伐；全面普及清洁燃气使用，实施岛外引水工程项目，扎实推进交通、通信、电力、燃气、给排水等基础设施建设，促进海岛基础设施互联互通。完善海岛旅游配套基础设施，开展旅游厕所建设管理提升工程，新建、改建旅游厕所（包含第三卫生间），实现景区工作的规范化、制度化管理。加大基础设施建设资金投入力度，建立省市财政直接投资、专项转移支付、政府债券等多渠道补助体系，成立专项海岛建设基金与海岛保护基金，对进入海岛进行基础设施建设的企业实行税收减免等优惠政策。加快形成财政优先保障、金融重点倾斜、社会积极参与的多元化投入格局；在对资金拨付审核上，建立绿色通道，减少重复立项和审批流程。完善偏远海岛公共服务体系，实施民生保障提升工程，推行各项利民、惠民、富民新举措。严格落实低保、大病救助、临时救济等各项扶助政策，加速推进海岛县医院新建项目，补齐医疗卫生计生短板。改造海岛乡村薄弱学校，实施标准化学校项目建设，进一步加大中心校、中心幼儿园建设力度，重视教育均衡优质发展。建立航运、水、电、通信服务等企业的成本补助机制，适当降低海岛船票和水电价格，降低海岛居民的生活成本。健全公共文化服务体系，加强基层文化建设。开通海岛菜鸟物流专线，为海岛渔民提供便捷的智慧物流服务。建设以大数据为支撑的"智慧岛"服务管理指挥中心，实现多项业务"一窗受理、一网通办"。深化"最多跑一次"审批制度改革，立足需求优化环节，让企业和群众"陆上办事不回岛，岛上办事不出岛，海上办事不上岛"。

参 考 文 献

安虎森. 2004. 区域经济学通论[M]. 北京: 经济科学出版社.

安筱鹏, 韩增林. 2006. 城市区域协调发展的制度变迁与组织创新[M]. 北京: 经济科学出版社.

奥林 B. 2001. 地区间贸易和国际贸易[M]. 王继祖, 译. 北京: 首都经济贸易大学出版社.

白永平. 2004. 区域工业化与城市化的水资源保障研究[M]. 北京: 科学出版社.

白永秀. 2008. 区域经济论丛[M]. 北京: 中国经济出版社.

毕星. 2005. 我国城市可持续发展评价指标体系建构的误区与改进[J]. 自然辩证法研究, 21(9): 85-89.

蔡运龙. 1995. 持续发展——人地系统优化的新思路[J]. 应用生态学报, 6(3): 329-333.

蔡运龙. 1996. 人地关系研究范型: 哲学与伦理思辩[J]. 人文地理, 11(1): 1-6.

蔡运龙. 1998. 人地关系研究范型: 地域系统实证[J]. 人文地理, 13 (2): 7-13.

曹威威, 孙才志. 2019. 能值生态足迹模型的改进——以海南为例[J]. 生态学报, 39(1): 216-227.

长海县人民政府. 2017. 长海县人民政府工作报告[R]. https://www.dlch.gov.cn/details/index/ tid/510378. html[2019-05-26].

长海县志办公室. 2002. 长海县志[M]. 大连: 大连出版社.

车国庆. 2018. 中国地区生态效率研究——测算方法、时空演变及影响因素[D]. 吉林: 吉林大学博士学位论文.

陈才. 2001. 区域经济地理学[M]. 北京: 科学出版社.

陈慧琳, 郑冬子. 2013. 人文地理学[M]. 北京: 科学出版社.

陈金华. 2015. 旅游型海岛人地关系的整合[M]. 北京: 社会科学文献出版社.

陈金华, 秦耀辰, 李晓莉. 2008. 国外旅游型海岛人地关系研究进展[J]. 人文地理, 23(2): 95-99.

陈金华, 周灵飞. 2008. 海岛居民对旅游影响感知的实证研究——以福建东山岛为例[J]. 地域研究与开发, 27(2): 90-94.

陈静生, 蔡云龙, 王学军. 2001. 人类-环境系统及其可持续性[M]. 北京: 商务印书馆.

陈晓涛. 2007. 产业演进论[D]. 成都: 四川大学硕士学位论文.

陈毓川. 2006. 矿产资源展望与西部大开发[J]. 地球科学与环境学报, (1): 1-4.

陈忠, 金炜. 2002. 复杂性的探索: 系统科学与人文[M]. 合肥: 安徽教育出版社.

成刚. 2014. 数据包络分析方法与 MaxDEA 软件[M]. 北京: 知识产权出版社.

程钰. 2014. 人地关系地域系统演变与优化研究——以山东省为例[D]. 济南: 山东师范大学博士学位论文.

池源, 石洪华, 孙景宽, 等. 2017. 城镇化背景下海岛资源环境承载力评估[J]. 自然资源学报, 32(8): 1374-1384.

崔旺来, 周达军, 刘洁, 等. 2011. 浙江省海洋产业就业效应的实证分析[J]. 经济地理, 31(8): 1258-1263.

大连市统计局. 2018. 大连统计年鉴 2017[M]. 北京: 中国统计出版社.

狄乾斌, 韩增林, 刘锴. 2007. 海岛地区人口容量与海洋水产资源承载力初步研究——以大连长海县为例[J]. 中国渔业经济, (2): 28-33.

狄乾斌, 刘欣欣, 王萌. 2014. 我国海洋产业结构变动对海洋经济增长贡献的时空差异研究[J]. 经济地理, 34(10): 98-103.

杜能 J H von. 1986. 孤立国同农业和国民经济的关系[M]. 吴衡康, 译. 北京: 商务印书馆.

段七零. 2008. 基于能值分析的江苏省耕地生态足迹区域差异[J]. 地理科学进展, 27(4): 96-102.

方创琳. 2003. 区域人地系统的优化调控与可持续发展[J]. 地学前缘, 10(4): 629-635.

方创琳. 2004. 中国人地关系研究的新进展与展望[J]. 地理学报, 59(S1): 21-32.

方创琳, 马海涛, 王振波, 等. 2014. 中国创新型城市建设的综合评估与空间格局分异[J]. 地理学报, 69(4): 459-473.

方创琳, 王岩. 2015. 中国城市脆弱性的综合测度与空间分异特征[J]. 地理学报, 70(2): 234-247.

方修琦, 张兰生. 1996. 论人地关系的异化与人地系统研究[J]. 人文地理, 11(4): 8-13.

封志明. 1993. 土地承载力研究的起源与发展[J]. 资源科学, 15(6): 74-79.

封志明, 李鹏. 2018. 承载力概念的源起与发展: 基于资源环境视角的讨论[J]. 自然资源学报, 33(9): 1475-1489.

封志明, 杨艳昭, 闫慧敏, 等. 2017. 百年来的资源环境承载力研究: 从理论到实践[J]. 资源科学, 39(3): 379-395.

傅国华, 许能锐. 2015. 生态经济学(第二版)[M]. 北京: 经济出版社.

盖美, 刘伟光, 田成诗. 2013. 中国沿海地区海陆产业系统时空耦合分析[J]. 资源科学, 35(5): 966-976.

高吉喜. 2001. 可持续发展理论探索: 生态承载力理论、方法与应用[M]. 北京: 中国环境科学出版社.

高乐华, 高强. 2012. 海洋生态经济系统界定与构成研究[J]. 生态经济, (2): 62-66.

高阳, 冯喆, 王羊, 等. 2011. 基于能值改进生态足迹模型的全国省区生态经济系统分析[J]. 北京大学学报(自然科学版), 47(6): 1089-1096.

戈峰. 2008. 现代生态学(第二版)[M]. 北京: 科学出版社.

龚建华, 承继成. 1997. 区域可持续发展的人地关系探讨[J]. 中国人口·资源与环境, 7(1): 11-15.

顾朝林. 1989. 论海岛经济开发系统设计[J]. 地域研究与开发, 8(2): 1-4, 62.

顾朝林. 2012. 人文地理学导论[M]. 北京: 科学出版社.

顾世显. 1989. 论海岛的生态建设[J]. 海洋环境科学, 8(4): 61-64.

郭惠丽. 2011. 基于生态足迹和物质流分析的长海县可持续发展评价[D]. 青岛: 青岛大学硕

士学位论文.

郭露, 徐诗倩. 2016. 基于超效率DEA的工业生态效率——以中部六省2003—2013年数据为例[J]. 经济地理, 36(6): 116-121, 58.

郭伟峰, 王武科. 2009. 关中平原人地关系地域系统结构耦合的关联性分析[J]. 水土保持研究, 16(5): 20-25.

郭晓佳. 2014. 定西、甘南、临夏人地耦合关系演变分析[D]. 兰州: 兰州大学博士学位论文.

郭跃, 王佐成, 赵纯勇. 2002. 基于MAPGIS和ArcView的城市水土流失地理信息系统设计与开发[J]. 西南师范大学学报(自然科学版), (2): 244-249.

国家海洋环境监测中心. 2009. 长海县海域养殖容量与增殖潜力调查研究报告[R]. 大连: 国家海洋环境监测中心.

国家海洋局. 2012. 全国海岛保护规划[EB/OL]. http://www.mnr.gov.cn/gk/ghjh/201811/t20181101_2324822.html[2019-05-26].

国家海洋局. 2017. 中国海洋统计年鉴2016[M]. 北京: 海洋出版社.

韩波, 邵波. 1992. 门槛分析法在区域承载力测算中的应用研究: 以海岛承载力研究为例[J]. 经济地理, 12(4): 15-20.

韩勇, 余斌, 卢燕, 等. 2015. 国外人地关系研究进展[J]. 世界地理研究, 24(4): 122-130.

韩增林, 郭建科, 刘锴. 2008. 海岛地区生态足迹与可持续发展研究——以长山群岛为例[J]. 生态经济, (2): 63-67, 86.

韩增林, 李彬, 张坤领, 等. 2016. 基于CiteSpace中国海洋经济研究的知识图谱分析[J]. 地理科学, 36(5): 643-652.

韩增林, 刘桂春. 2007. 人海关系地域系统探讨[J]. 地理科学, 27(6): 761-767.

韩增林, 张耀光, 栾维新, 等. 2004. 海洋经济地理学研究进展与展望[J]. 地理学报, 59(z1): 183-190.

何则, 杨宇, 宋周莺, 等. 2018. 中国能源消费与经济增长的相互演进态势及驱动因素[J]. 地理研究, 37(8): 1528-1540.

侯孟阳, 姚顺波. 2018. 1978—2016年中国农业生态效率时空演变及趋势预测[J]. 地理学报, 73(11): 2168-2183.

胡伟, 韩增林, 葛岳静, 等. 2018. 基于能值的中国海洋生态经济系统发展效率[J]. 经济地理, 38(8): 162-171.

胡啸, 王军, 何云. 2015. 关于中国有居民海岛可持续发展对策的探讨——日本屋久岛发展模式的几点借鉴[J]. 中国发展, 15(1): 21-24.

黄秉维. 1996. 论地球系统科学与可持续发展战略科学基础[J]. 地理学报, 51(4): 350-354.

黄常锋, 何伦志. 2011. 相对资源承载力模型的改进及其实证分析[J]. 资源科学, 33(1): 41-49.

黄春, 邓良基, 高雪松, 等. 2014. 基于能值理论的秸秆利用生态足迹评估——以成都平原典型稻麦轮作区为例[J]. 中国生态农业学报, 22(6): 722-728.

黄凤华. 2010. 能值生态足迹的灰色预测模型及应用研究[D]. 兰州: 兰州大学硕士学位论文.

黄和平. 2015. 基于生态效率的江西省循环经济发展模式研究[J]. 生态学报, 35(9): 2894-2901.

黄和平, 胡晴, 乔学忠. 2018. 基于绿色GDP和生态足迹的江西省生态效率动态变化研究[J]. 生态学报, 38(15): 5473-5484.

黄英明, 支大林. 2018. 南海地区海洋产业高质量发展研究——基于海陆经济一体化视角[J]. 当代经济研究, (9): 55-62.

康文星, 王东, 邹金伶, 等. 2010. 基于能值分析法核算的怀化市绿色 GDP[J]. 生态学报, 30(8): 2151-2158.

柯丽娜, 王权明. 2012. 海岛可持续发展评价模型及其应用——以长海县为例[J]. 海洋环境科学, 31(4): 529-533.

蓝盛芳, 陈飞鹏, 刘新茂. 1995. 农业生态经济系统的能值分析[J]. 生态科学, (2): 172.

蓝盛芳, 钦佩. 2001. 生态系统的能值分析[J]. 应用生态学报, 12(1): 129-131.

蓝盛芳, 钦佩, 陆宏芳. 2002. 生态经济系统能值分析[M]. 北京: 化学工业出版社.

乐志奎. 1996. 海岛水环境污染现状及水资源保护对策探讨[J]. 水资源保护, (2): 24-28.

黎春红. 2006. 海南西岛旅游可持续发展道路探析[J]. 海洋开发与管理, 23(3): 126-131.

李博, 韩增林. 2010. 沿海城市人地关系地域系统脆弱性研究——以大连市为例[J]. 经济地理, 30(10): 1722-1727.

李博, 苏飞, 杨智, 等. 2018. 基于脆弱性视角的环渤海地区人海关系地域系统时空特征及演化分析[J]. 生态学报, 38(4): 1436-1445.

李锋. 2010. 无居民海岛生态补偿机制初探[J]. 海洋技术, 29(3): 125-127.

李福柱, 肖云霞. 2012. 沿海地区陆域与海洋产业结构的协同演进趋势及空间差异研究[J]. 中国海洋大学学报, (1): 38-42.

李鹤, 张平宇. 2011. 全球变化背景下脆弱性研究进展与应用展望[J]. 地理科学进展, 30(7): 920-929.

李后强, 艾南山. 1996. 人地协同论——兼论人地系统的若干非线性动力学问题[J]. 地球科学进展, 11(2): 178-184.

李嘉图 D. 2009. 政治经济学及赋税原理[M]. 丰俊功, 译. 北京: 光明日报出版社.

李蕾, 李京梅. 2011. 基于生态足迹模型的海岛生态资源利用的评价研究——以长岛县为例[J]. 海洋开发与管理, 28(9): 93-99.

李双成. 2014. 生态系统服务地理学[M]. 北京: 科学出版社.

李文龙, 余翠, 赵新来, 等. 2017. 基于能值生态足迹模型的青藏高原东部高寒牧区可持续发展研究[J]. 草业学报, 26(4): 1-14.

李小云, 杨宇, 刘毅. 2018. 中国人地关系的历史演变过程及影响机制[J]. 地理研究, 37(8): 1495-1514.

李晓文. 2018. 基于TCM方法的崇明岛生态游憩价值评估[D]. 南昌: 江西财经大学硕士学位论文.

李旭旦. 1983. 大力开展人地关系与人文地理的研究[J]. 地理学报, 37(4): 421-423.

李旭旦. 1984. 中国大百科全书·地理学: 人文地理学[M]. 北京: 中国大百科全书出版社.

李旭东. 2013. 贵州乌蒙山区资源相对承载力的时空动态变化[J]. 地理研究, 32(2): 233-244.

李扬, 汤青. 2018. 中国人地关系及人地关系地域系统研究方法述评[J]. 地理研究, 37(8): 1655-1670.

李振泉. 1983. 关于人类与环境的几个问题[J]. 经济地理, (3): 224-227.

李祚泳, 彭荔红. 2003. 基于韦伯-费希纳拓广定律的环境空气质量标准[J]. 中国环境监测, 19(4): 17-19.

梁涵玮, 倪玥琦, 董亮, 等. 2018. 经济增长与资源消费的脱钩关系——基于演化视角的中日韩美比较研究[J]. 中国人口·资源与环境, 28(5): 8-16.

刘桂春. 2007. 人海关系与人海关系地域系统理论研究[D]. 大连: 辽宁师范大学博士学位论文.

刘凯. 2017. 生态脆弱型人地系统演变与可持续发展模式选择研究[D]. 济南: 山东师范大学

博士学位论文.

刘凯, 任建兰, 李雅楠. 2018. 基于供需视角的黄河三角洲人地关系演变[J]. 经济地理, 38(6): 28-34.

刘凯, 任建兰, 张理娟, 等. 2016. 人地关系视角下城镇化的资源环境承载力响应——以山东省为例[J]. 经济地理, 36(9): 77-84.

刘亮, 曹东, 吴姗姗, 等. 2012. 海洋自然资源条件对无居民海岛开发的影响评价[J]. 海洋通报, 31(1): 26-31.

刘淼, 胡远满, 常禹, 等. 2008. 基于能值理论的生态足迹方法改进[J]. 自然资源学报, 23(3): 447-457.

刘某承. 2014. 中国生态足迹的时间动态与空间格局[M]. 北京: 化学工业出版社.

刘容子, 吴珊珊. 2009. 环渤海地区海洋资源对经济发展的承载力研究[M]. 北京: 科学出版社.

刘树华. 2009. 人类环境生态学[M]. 北京: 北京大学出版社.

刘天宝, 韩增林, 彭飞. 2017. 人海关系地域系统的构成及其研究重点探讨[J]. 地理科学, 37(10): 1527-1534.

楼朝明. 1999. 宁波市海洋资源开发的可持续发展之路[J]. 宁波经济, (3): 19-20.

楼东, 谷树忠, 朱兵见, 等. 2005. 海岛地区产业演替及资源基础分析——以舟山群岛为例[J]. 经济地理, 25(4): 483-487.

卢亚灵, 颜磊, 许学工. 2010. 环渤海地区生态脆弱性评价及其空间自相关分析[J]. 资源科学, 32(2): 303-308.

卢志滨. 2016. 区域物流-经济-环境系统耦合发展研究[D]. 哈尔滨: 哈尔滨工业大学博士学位论文.

陆大道. 2002. 关于地理学的"人-地系统"理论研究[J]. 地理研究, 21(2): 135-139.

陆大道, 郭来喜. 1998. 地理学的研究核心——人地关系地域系统——论吴传钧院士的地理学思想与学术贡献[J]. 地理学报, 53(2): 3-11.

栾维新, 王海壮. 2005. 长山群岛区域发展的地理基础与差异因素研究[J]. 地理科学, 25(5): 544-550.

骆华松. 2005. 旅游地质资源与人地关系耦合研究——以丽江市为例[D]. 昆明: 昆明理工大学博士学位论文.

骆永明. 2016. 中国海岸带可持续发展中的生态环境问题与海岸科学发展[J]. 中国科学院院刊, 31(10): 1133-1142.

吕祥, 方忠彪. 2018. 海岛经济与环境协调发展问题研究——以舟山群岛新区为例[J]. 生产力研究, (8): 99-103, 131.

糜海波. 2018. 共享发展理念的伦理阐释[J]. 党政论坛, (12): 24-27.

穆治霖. 2007. 从海岛生态系统和自然资源的特殊性谈海岛立法的必要性[J]. 海洋开发与管理, (2): 44-46.

宁修仁, 刘子琳, 史君贤. 1995. 渤、黄、东海初级生产力和潜在渔业生产量的评估[J]. 海洋学报(中文版), 17(3): 72-84.

牛文元. 2007. 中国可持续发展总论[M]. 北京: 科学出版社.

欧阳玲. 2008. 人地关系理论研究进展[J]. 赤峰学院学报(自然科学版), (3): 103-105.

秦伟山, 孙剑锋, 张义丰, 等. 2017. 中国县级海岛经济体脆弱性综合评价及空间分异研究[J]. 资源科学, 39(9): 1692-1701.

秦伟山, 张义丰. 2013. 国内外海岛经济研究进展[J]. 地理科学进展, 32(9): 1401-1412.

邱灵, 王娟, 申玉铭. 2007. 吉林省 2003 年生态足迹计算与分析[J]. 首都师范大学学报(自然科学版), 28(4): 85-90.

任启平. 2005. 人地关系地域系统结构研究[D]. 长春: 东北师范大学博士学位论文.

任启平. 2007. 人地关系地域系统要素及结构研究[M]. 北京: 中国时代经济出版社.

任启平, 任建兰. 2006. 人地关系地域系统要素流研究[J]. 山东师范大学学报(自然科学版), (3): 95-98.

荣慧芳, 陈晓华. 2013. 基于能值生态足迹整合模型的城市可持续性评价——以安徽省池州市为例[J]. 池州学院学报, 27(3): 68-72.

佘丽敏, 许学强, 程川生. 2006. 海岛国家(地区)的经济增长速度与增长易变性研究[J]. 世界地理研究, 15(2): 1-9.

申娜. 2005. 长山群岛可持续发展社会经济支撑系统研究[D]. 大连: 辽宁师范大学硕士学位论文.

申玉铭. 1998. 论人地关系的演变与人地系统优化研究[J]. 人文地理, 13(4): 34-38.

盛业旭, 刘琼, 欧名豪, 等. 2014. 基于能值-生态足迹修正模型的区域可持续发展研究——以江苏省南通市为例[J]. 水土保持通报, 34(3): 211-217.

史丹, 王俊杰. 2016. 基于生态足迹的中国生态压力与生态效率测度与评价[J]. 中国工业经济, (5): 5-21.

宋涛, 蔡建明, 倪攀, 等. 2013. 基于能值和 DEA 的中国城市新陈代谢效率分析[J]. 资源科学, 35(11): 2166-2173.

宋星宇, 王生福, 李开枝, 等. 2012. 大亚湾基础生物生产力及潜在渔业生产量评估[J]. 生态科学, 31(1): 14-18.

苏浩, 雷国平, 李荣印. 2014. 基于生态系统服务价值和能值生态足迹的河南省耕地生态补偿研究[J]. 河南农业大学学报, 48(6): 765-769.

孙才志, 于广华, 王泽宇, 等. 2014 环渤海地区海域承载力测度与时空分异分析[J]. 地理科学, 34(5): 513-521.

孙才志, 张坤领, 邹玮, 等. 2015. 中国沿海地区人海关系地域系统评价及协同演化研究[J]. 地理研究, 34(10): 1824-1838.

孙会荟, 高升, 曹广喜. 2018. 快速开发背景下海岛的生态安全评价——以平潭岛为例[J]. 应用海洋学学报, 37(4): 560-567.

孙凯飞. 1997. 社会系统观[J]. 系统辩证学学报, (4): 1-4.

孙湫词, 谭勇华, 李家彪. 2018. 新时代我国海岛的生态保护和开发利用[J]. 海洋开发与管理, 35(8): 22-27.

孙玉峰, 郭全营. 2014. 基于能值分析法的矿区循环经济系统生态效率分析[J]. 生态学报, 34(3): 710-717.

孙兆明, 马波, 张学忠. 2010. 我国海岛可持续发展研究[J]. 山东社会科学, (1): 110-114.

孙振钧, 周东兴. 2010. 生态学研究方法[M]. 北京: 科学出版社.

谭德明, 何红渠. 2016. 基于能值生态足迹的中国能源消费可持续性评价[J]. 经济地理, 36(8): 176-182.

谭珂, 周学锋. 2015. 基于可持续发展的海岛治理体系初探[J]. 赤峰学院学报(自然科学版), 31(9): 80-82.

唐呈瑞, 逯承鹏, 杨青, 等. 2017. 东北老工业区生态安全动态演变过程及驱动力[J]. 生态学报, 37(22): 7474-7482.

唐建荣. 2005. 生态经济学[M]. 北京: 化学工业出版社.

田星星. 2014. 海洋强国评价指标体系构建及世界主要海洋强国综合实力对比研究[D]. 上海: 华东师范大学硕士学位论文.

王爱民, 缪磊磊. 2000. 地理学人地关系研究的理论评述[J]. 地球科学进展, 15(4): 415-420.

王长征, 刘毅. 2004. 人地关系时空特性分析[J]. 地域研究与开发, 23(1): 7-11.

王丹, 张耀光, 陈爽. 2010. 辽宁省海洋经济产业结构及空间模式演变[J]. 经济地理, 30(3): 443-448.

王恩涌. 1992. 人地关系的思想——从环境决定论到和谐[J]. 北京大学学报(哲学社会科学版), (1): 82-110.

王广成, 李中才, 孙玉峰. 2009. 海岛地区生态经济模型及其实证研究[M]. 北京: 经济科学出版社.

王红征. 2012. 中国循环经济的运行机理与发展模式研究[D]. 开封: 河南大学博士学位论文.

王丽萍, 夏文静. 2018. 基于生态足迹理论的中部六省可持续发展评价研究[J]. 环境保护, 46(10): 38-43.

王玲玲, 殷克东. 2013. 我国海洋产业结构与海洋经济增长关系研究[J]. 中国渔业经济, 31(6): 90-93.

王敏. 2017. 海陆一体化格局下我国海洋经济与环境协调发展研究[J]. 生态经济, 33(10): 48-52.

王敏旋. 2012. 影响海洋经济可持续发展的十大因素[J]. 生态经济, (8): 107-111.

王明全, 王金达, 刘景双, 等. 2009. 基于能值的生态足迹方法在黑龙江和云南二省中的应用与分析[J]. 自然资源学报, 24(1): 73-81.

王鹏成, 郑国璋. 2017. 基于能值理论的城市生态经济系统可持续发展研究——以山东省威海市为例[J]. 华中师范大学学报(自然科学版), 51(3): 378-388.

王圣云. 2006. 海岛港口地域组合空间结构研究[D]. 大连: 辽宁师范大学硕士学位论文.

王圣云, 沈玉芳, 张耀光. 2009. 海岛港口地域组合形成演化模式与机制——基于长山群岛港口形成演变过程的分析[J]. 人文地理, 24(5): 71-75.

王颖. 2013. 中国海洋地理[M]. 北京: 科学出版社.

王铮, 佟凤勒, 钟颖杰, 等. 1995. 论可持续发展的宏观生态原则[J]. 中国管理科学, (4): 33-37.

王子超. 2017. 海州湾渔业资源对海洋开发活动的生态承载力分析[D]. 上海: 上海海洋大学硕士学位论文.

魏黎灵, 李岚彬, 林月, 等. 2018. 基于生态足迹法的闽三角城市群生态安全评价[J]. 生态学报, 38(12): 4317-4326.

吴爱玲. 2018. 环渤海地区生态效率及其影响因素研究[D]. 大连: 辽宁师范大学硕士学位论文.

吴传钧. 1979. 地理学的昨天、今天与明天[R]. 广州: 第四次地理学会代表大会.

吴传钧. 1991. 论地理学的研究核心——人地关系地域系统[J]. 经济地理, (3): 1-6.

吴传钧. 1998. 中国经济地理[M]. 北京: 科学出版社.

吴大进, 曹力, 陈立华. 1990. 协同学原理和应用[M]. 武汉: 华中理工大学出版社.

吴海燕. 2012. 海岛生态环境保护问题与对策研究[D]. 湛江: 广东海洋大学硕士学位论文.

吴良兴. 2009. 大型煤矿矿区的资源环境承载力研究[D]. 西安: 西北大学硕士学位论文.

吴青青, 杨桂元. 2012. 基于 DEA 方法的安徽省各地市经济发展效率评价[J]. 科技和产业, 12(12): 112-117.

吴涛. 2013. 海岛土地利用变化及其生态承载力评价——以南澳岛为例[D]. 广州: 广州大学硕士学位论文.

席小慧, 赵东洋, 刘明, 等. 2018. 基于综合评价模型的辽宁海岛开发潜力研究[J]. 海洋湖沼通报, (1): 46-51.

夏东兴, 曲锦旭, 林金祥, 等. 1986. 浅论我国海岛开发[J]. 海洋开发, (4): 1-3.

夏湘远. 1999. 从混沌到觉醒: 人地关系的历史考察[J]. 求索, (6): 72-76.

香宝. 1994. 浅谈人地系统[J]. 内蒙古师范大学学报(自然科学汉文版), (1): 75-79.

肖荣波, 欧阳志云, 韩艺师, 等. 2004. 海南岛生态安全评价[J]. 自然资源学报, 19(6): 769-775.

肖兴威. 2005. 中国森林生物量与生产力的研究[D]. 哈尔滨: 东北林业大学博士学位论文.

谢高地, 曹淑艳, 鲁春霞. 2011. 中国生态资源承载力研究[M]. 北京: 科学出版社.

谢高地, 曹淑艳, 鲁春霞, 等. 2010. 中国的生态服务消费与生态债务研究[J]. 自然资源学报, 25(1): 43-51.

谢鸿宇, 王羚郦, 陈贤生. 2008. 生态足迹评价模型的改进与应用[M]. 北京: 化学工业出版社.

熊德国, 鲜学福, 姜永东. 2003. 生态足迹理论在区域可持续发展评价中的应用及改进[J]. 地理科学进展, 22(6): 618-626.

徐冰. 2017. 我国海洋资源开发存在的主要问题及对策研究[A]//中国太平洋学会海洋维权与执法研究分会. 中国太平洋学会海洋维权与执法研究分会 2016 年学术研讨会论文集. 大连: 中国太平洋学会海洋维权与执法研究分会: 16.

徐福英, 刘涛. 2014. 旅游型海岛人地关系系统的演进、构建与协调[J]. 资源开发与市场, 30(6): 664-666.

徐胜, 司登奎. 2014. 蓝色经济区海洋产业碳排放绩效研究[J]. 地域研究与开发, 33(3): 122-125.

徐中民, 张志强, 程国栋, 等. 2003. 中国 1999 年生态足迹计算与发展能力分析[J]. 应用生态学报, 14(2): 280-285.

许启望, 张玉祥. 1998. 海洋经济与海洋统计[Z]. 北京: 国家海洋信息中心.

薛静静, 周扬, 史军, 等. 2018. 基于 DEA-BCC 模型的湖南省煤炭利用生态效率评价[J]. 中国矿业, 27(11): 65-70.

亚里士多德. 1983. 政治学[M]. 吴寿彭, 译. 北京: 商务印书馆.

严岩, 朱捷缘, 吴钢, 等. 2017. 生态系统服务需求、供给和消费研究进展[J]. 生态学报, 37(8): 2489-2496.

燕子. 2012. 基于能值-生态足迹的武汉市生态安全研究[D]. 武汉: 华中师范大学硕士学位论文.

杨灿, 朱玉林. 2016. 基于能值生态足迹改进模型的湖南省生态赤字研究[J]. 中国人口·资源与环境, 26(7): 37-45.

杨晶晶. 2016. 基于能值生态足迹的城市可持续性评价研究——以重庆市为例[D]. 重庆: 重庆大学硕士学位论文.

杨君, 郝晋民, 匡远配, 等. 2008. 基于和谐思想的人地关系研究述评[J]. 生态经济, (1): 186-190.

杨青山. 2002. 对人地关系地域系统协调发展的概念性认识[J]. 经济地理, 22(3): 289-292.

杨青山, 梅林. 2001. 人地关系、人地关系系统与人地关系地域系统[J]. 经济地理, 21(5): 532-537.

杨盛, 陈志辉. 1997. 论产业结构合理化与高度化[J]. 经贸世界, (3): 17-19.

杨屹, 朱彦臻, 张景乾. 2017. 关中-天水经济区生态足迹变化驱动因素[J]. 生态学报, 37(21): 7061-7067.

杨振, 丁启燕, 王念, 等. 2018. 中国人口健康脆弱性地区差异与影响因素分析[J]. 地理科学, 38(1): 135-142.

杨正先, 张志锋, 韩建波, 等. 2017. 海洋资源环境承载能力超载阈值确定方法探讨[J]. 地理科学进展, 36(3): 313-319.

姚静, 张二勋. 2000. 中国产业结构优化探讨[J]. 地理学与国土研究, (4): 19-24.

姚振兴. 2018. 近六十年来崇明岛东部盐沼发育对长江入海水沙的响应[D]. 上海: 华东师范大学硕士学位论文.

姚治华, 王红旗, 郝旭光. 2010. 基于集对分析的地质环境承载力研究——以大庆市为例[J]. 环境科学与技术, 33(10): 183-189.

叶岱夫. 2001. 人地关系地域系统与可持续发展的相互作用机理初探[J]. 地理研究, 20(3): 307-314.

叶祖超, 孙燕, 高劲松, 等. 2018. 无居民海岛开发利用适宜性评价——以防城港市六墩岛为例[J]. 海洋环境科学, 37(6): 843-848, 856.

游珍. 2017. 基于人地关系视角的中国边境城市协调发展路径研究[D]. 北京: 中国地质大学(北京)博士学位论文.

袁翠萍. 2018. 大连长兴岛经济区规划发展动力机制研究[D]. 长春: 吉林建筑大学硕士学位论文.

苑晶晶, 吕永龙, 贺桂珍. 2017. 海洋可持续发展目标和滨海生态系统管理[J]. 生态学报, 37(24): 8139-8147.

张芳怡, 濮励杰, 张健. 2006. 基于能值分析理论的生态足迹模型及应用——以江苏省为例[J]. 自然资源学报, 21(4): 653-660.

张复明. 1993. 人地关系的危机和性质及协调思维[J]. 中国人口·资源与环境, 3(1): 9-14.

张红, 陈嘉伟, 周鹏. 2016. 基于改进生态足迹模型的海岛城市土地承载力评价——以舟山市为例[J]. 经济地理, 36(6): 155-160, 167.

张洁, 李同升, 王武科. 2010. 渭河流域人地关系地域系统耦合状态分析[J]. 地理科学进展, 29(6): 733-739.

张婧, 沈玉芳, 殷为华. 2010. 海岛产业发展定位及布局研究——以长岛县为例[J]. 国土与自然资源研究, (5): 4-6.

张磊, 鞠美庭, 刘沁哲, 等. 2011. 天津市能源消费的能值生态足迹与能源管理[J]. 安全与环境学报, 11(03): 142-147.

张丽娟, 李文亮, 张冬有. 2009. 基于信息扩散理论的气象灾害风险评估方法[J]. 地理科学, 29(2): 250-254.

张连波, 刘锡财. 2013. 海洋经济发展战略研究[M]. 北京: 中国言实出版社.

张然. 2016. 中国县域海岛综合承载力与经济发展研究[D]. 青岛: 青岛大学博士学位论文.

张耀光. 1988. 渤海湾菊花岛乡村地理研究[J]. 地理学与国土研究, 4(4): 59-63.

张耀光. 1996. 我国海陆经济带的可持续发展[J]. 海洋开发与管理, (2): 75-80.

张耀光. 1998. 中国北方海岛县经济区及其划分的初步研究[J]. 地理研究, 17(3): 279-288.

张耀光. 1999. 中国海岛县经济类型划分的研究[J]. 地理科学, 19(1): 55-62.

张耀光. 2004. 长山群岛资源利用与经济可持续发展对策[J]. 辽宁师范大学学报(社会科学

版), 27(1): 35-38.

张耀光. 2009. 海岛(县)产业结构优化调整研究: 大连长海案例[J]. 中国海洋经济评论, 3(1): 131-150.

张耀光. 2011. 中国海岛县产业结构新演进与发展模式[J]. 海洋经济, 1(5): 1-7.

张耀光. 2012a. 中国海岛开发与保护: 地理学视角[M]. 北京: 海洋出版社.

张耀光. 2012b. 中国海岛县经济测度与综合实力演变[J]. 海洋经济, 2(1): 34-41.

张耀光, 胡宜鸣. 1997. 辽宁海岛资源开发与海洋产业布局[M]. 大连: 辽宁师范大学出版社.

张耀光, 胡宜鸣, 高辛苹. 2000. 海岛人口容量与承载力的初步研究——以辽宁长山群岛为例[J]. 辽宁师范大学学报(自然科学版), 23 (3) : 322-327.

张耀光, 刘锴, 王圣云. 2006. 关于我国海洋经济地域系统时空特征研究[J]. 地理科学进展, 25 (5): 47-56, 133.

张耀光, 刘锴, 郭建科, 等. 2013. 中国海岛港口现状特征与类型划分[J]. 地理研究, 32(6): 1095-1102.

张耀光, 刘锴, 王圣云, 等. 2017. 中国与世界多国海洋经济与产业综合实力对比分析[J]. 经济地理, 37(12): 103-111.

张耀光, 张云端. 1997. 长山群岛经济社会系统分析——辽宁省长海县综合发展战略研究[M]. 大连: 辽宁师范大学出版社.

张玉泽. 2017. 供需要素视角下人地系统可持续性评估与空间均衡研究[D]. 济南: 山东师范大学博士学位论文.

张智群. 2018. 长兴岛砂质沉积物沉积特征[D]. 大连: 辽宁师范大学硕士学位论文.

赵晨, 王远, 谷学明, 等. 2013. 基于数据包络分析的江苏省水资源利用效率[J]. 生态学报, 33(5): 1636-1644.

赵江, 沈刚, 严力蛟, 等. 2016. 海岛生态系统服务价值评估及其时空变化——以浙江舟山金塘岛为例[J]. 生态学报, 36(23): 7768-7777.

赵荣, 王恩涌, 张小林, 等. 2006. 人文地理学[M]. 北京: 高等教育出版社.

赵素芳, 袁仲杰, 钟慧颖, 等. 2018. 基于 PSR 模型的生态保育海岛评估框架研究——以大连西蚂蚁岛为例[J]. 海洋环境科学, 37(5): 728-734.

赵先贵, 马彩虹, 高利峰, 等. 2007. 基于生态压力指数的不同尺度区域生态安全评价[J]. 中国生态农业学报, 15(6): 135-138.

赵治中. 2011. 青海藏区生态经济可持续发展评价[J]. 生产力研究, (10): 127-128.

郑度. 2002. 21 世纪人地关系研究前瞻[J]. 地理研究, 21(1): 9-13.

郑盛涛. 2015. 上海崇明岛南岸某剖面长江水—地下水相互作用定量化研究[D]. 北京: 中国地质大学(北京)硕士学位论文.

郑世开. 2017. 崇明岛耕地多功能规划设计研究[D]. 北京: 中国地质大学(北京)硕士学位论文.

《中国海岛志》编纂委员会. 2013. 中国海岛志: 辽宁卷第一册(辽宁长山群岛) [M]. 北京: 海洋出版社.

中国技术经济研究会. 1986. 技术经济手册·农业卷[M]. 沈阳: 辽宁人民出版社.

周乐萍, 韩立民. 2014. 我国海洋渔业产业安全影响因素解析[J]. 中国渔业经济, 32(2): 69-75.

周尚意, 孔翔, 朱竑. 2004. 文化地理学[M]. 北京: 高等教育出版社.

朱兴珊, 徐凤银. 1994. 论构造应力场及其演化对煤和瓦斯突出的主控作用[J]. 煤炭学报, (3): 304-314.

朱玉林. 2010. 基于能值的湖南农业生态系统可持续发展研究[D]. 长沙: 中南林业科技大学

博士学位论文.

诸大建, 朱远. 2005. 从生态效率的角度深入认识循环经济[J]. 中国发展, (1): 10-15.

《庄河县志》编纂委员会办公室. 1996. 庄河县志[M]. 北京: 新华出版社.

自然资源部. 2018. 2017 年海岛统计调查公报[Z]. 北京: 自然资源部.

邹璇. 2004. 资本要素流动机理分析[J]. 重庆工商大学学报(社会科学版), (1): 31-37.

Abdi H, Williams L J. 2010. Principal component analysis[J]. Wiley Interdisciplinary Reviews: Computational Statistics, 2(4): 433-459.

Adger W N, Kelly P M. 1999. Social vulnerability to climate change and the architecture of entitlements[J]. Mitigation & Adaptation Strategies for Global Change, 4(3-4): 253-266.

Adrianto L, Matsuda Y. 2002. Developing economic vulnerability indices of environmental disasters in small island regions[J]. Environmental Impact Assessment Review, 22(4): 393-414.

Andersen P, Petersen N C. 1993. A procedure for ranking efficient units in data envelopment analysis[J]. Management Science, 39(10): 1261-1264.

Anderson J. 1998. An island economy: Exploring the long-term economic and social consequences of peace and reconciliation in the island of Ireland[J]. Regional Studies, 32(2): 201.

Apergis N, Ozturk I. 2015. Testing environmental Kuznets curve hypothesis in asian countries[J]. Ecological Indicators, 52: 16-22.

Arrow K, Bolin B, Costanza R, et al. 1995. Economic growth, carrying capacity, and the environment[J]. Science, 268(5210): 520-521.

Baker R. 1990. Foreign assistance and development in a small island economy: the case of Fiji[J]. Public Administration and Development, 10(4): 405-412.

Ballance L T, Whitty T. 2010. Ecosystem-based management for the oceans[J]. Restoration Ecology, 18(5): 780-781.

Barange M, Cheung W W, Merino G, et al. 2010. Modelling the potential impacts of climate change and human activities on the sustainability of marine resources[J]. Current Opinion in Environmental Sustainability, 2(5/6): 326-333.

Barbier E B. 1994. Economics and Ecology: New Frontiers and Sustainable Development[M]. Dordrecht: Springer Science, Business Media.

Barnett J. 2001. Adapting to climate change in Pacific Island countries: the problem of uncertainty[J]. World Development, 29(6): 977-993.

Bartz S, Kelly D L. 2006. Economic growth and the environment: theory and facts[J]. Resource & Energy Economics, 30(2): 115-149.

Beddington J R, Agnew D J, Clark C W. 2007. Current problems in the management of marine fisheries[J]. Science, 316(5832): 1713-1716.

Brown L R. 1982. Building a sustainable society[J]. Society, 19(2): 75-85.

Brown L R. 1996. We can build sustainable economy[J]. The Futurist, 30(4): 8-12.

Brush S B. 1975. The concept of carrying capacity for systems of shifting cultivation[J]. American Anthropologist, 77(4): 799-811.

Cao J K, Ma S Q. 2014. The analysis of water resource ecological carrying capacity of Hainan international island[J]. Ecosystem Assessment and Fuzzy Systems Management, (254): 63-71.

Cermakian J, Metton A, Ravebeau J. 1970. Saint-Pierre-et-Miquelon Les mutations d'une économie insulaire[J]. Annales de géographie, 79(436): 657- 661.

Chardon C E. 1949. The caribbean island economy[J]. The Scientific Monthly, 69(3): 169-172.

Chen J D, Wang Y, Song M L, et al. 2017. Analyzing the decoupling relationship between marine economic growth and marine pollution in China[J]. Ocean Engineering, 137: 1-12.

Chidumayo E N. 1987. A shifting cultivation land use system under population pressure in Zambia[J]. Agroforestry Systems, 5(1): 15-25.

Cohen J E. 1995. How Many People Can the Earth Support?[M]. New York: W. W. Norton & Co.

Colgan C S. 2013. The ocean economy of the United States: measurement, distribution, & trends[J]. Ocean & Coastal Management, 71(71): 334-343.

Crowder L, Norse E. 2008. Essential ecological insights for marine ecosystem-based management and marine spatial planning[J]. Marine policy, 32(5): 772-778.

Dahlstrom K, Ekins P. 2005. Eco-efficiency trends in the UK steel and aluminum industries: differences between resource efficiency and resource productivity[J]. Journal of Industrial Ecology, 9: 171-188.

Daily G C. 1997. Nature's Services: Societal Dependence on Natural Ecosystems[M]. Washington D C: Island Press.

David G S, Carvalho E D, Lemos D, et al. 2015. Ecological carrying capacity for intensive tilapia (Oreochromisniloticus) cage aquaculture in a large hydro electrical reservoir in Southeastern Brazil[J]. Aquacultural Engineering, 66: 30-40.

Demetriades P, Al-Jebory A, Kamperis G. 1993. Manufacturing exports, economic growth and the current account in a small island economy: simulation results from an econometric model for Cyprus[J]. World Development, 21(2): 259-268.

Douvere F. 2008. The importance of marine spatial planning in advancing ecosystem-based sea use management[J]. Marine policy, 32(5): 762-771.

Elahee K. 2010. Energy management challenges in a small island economy: the case of Mauritius[J]. Energy & Environment, 21(7): 803-813.

Ewing B R, Hawkins T R, Wiedmann T O, et al. 2012. Integrating ecological and water footprint accounting in a multi-regional input-output framework[J]. Ecological Indicators, 23(4): 1-8.

FAO. 1982. Potential Population Supporting Capacities of Lands in Developing World[R]. Rome: Food and Agriculture Organization of the United Nations.

Fernández-Caliani J C. 2012. Risk-based assessment of multimetallic soil pollution in the industrialized peri-urban area of Huelva, Spain[J]. Environmental Geochemistry and Health, 34(1): 123-139.

Garrad A. 2012. The lessons learned from the development of the wind energy industry that might be applied to marine industry renewables[J]. Philosophical Transactions, 370(1959): 451.

Georges N M. 2006. Solid waste as an indicator of sustainable development in Tortola, British Virgin Islands[J]. Sustainable Development, 14(2): 126-138.

Gimblett R, Daniel T, Cherry S, et al. 2001. The simulation and visualization of complex human-environment interactions[J]. Landscape and Urban Planning, 54(1-4): 63-79.

Gogoberidze G. 2012. Tools for comprehensive estimate of coastal region marine economy potential and its use for coastal planning[J]. Journal of Coastal Conservation, 16(3): 251-260.

Goldberg E D. 1979. Assimilative Capacity of US Coastal Waters for Pollutants: Overview and

Summary[R]. Washington: NOAA Working Paper.

Gong L, Jin C L. 2009. Fuzzy comprehensive evaluation for carrying capacity of regional water resources[J]. Water Resources Management, 23(12): 2505-2513.

Graymore M. 2005. Journey to sustainability: small regions, sustainable carrying capacity and sustainability assessment methods[D]. Brisbane: Griffith University.

Hadwen S, Palmer L J. 1922. Reindeer in Alaska[R]. Washington: Government Printing Office.

Halpern B, Longo C, Hardy D, et al. 2012. An index to assess the health and benefits of the global ocean[J]. Nature, 488: 615-620.

Halpern B, Walbridge S, Selkoe K, et al. 2008. A global map of human impact on marine ecosystems[J]. Science, 319(5865): 948-952.

Harden C P. 2012. Framing and reframing questions of human-environment interactions[J]. Annals of the association of American Geographers, 102(4): 737-747.

Hawkins J P, O'Leary B C, Bassett N, et al. 2016. Public awareness and attitudes towards marine protection in the United Kingdom[J]. Marine Pollution Bulletin, 111(1-2): 231-236.

Herendeen R A. 2000. Ecological footprint is a vivid indicator of indirect effects[J]. Ecological Economics, 32(3): 357-358.

Huang X, Bai H. 2018. Risk prediction of rural public security environmental carrying capacity based on the risk entropy[J]. Natural Hazards, 90(1): 157-171.

Hunt C. 2003. Economic globalization impacts on Pacific marine resources[J]. Marine Policy, 27(1): 79-85.

Janssen M A, Schoon M L, Ke W, et al. 2006. Scholarly networks on resilience, vulnerability and adaptation within the human dimensions of global environmental change[J]. Global Environmental Change, 16(3): 240-252.

Jiang H, Ma Y H, Wang Q, et al. 2016. Reviews on soil environmental capacity and carrying capacity[J]. Agricultural Science & Technology, 17(1): 217-222.

Judkins G, Smith M, Keys E. 2008. Determinism within human-environment research and the rediscovery of environmental causation[J]. The Geographical Journal, 174(1): 17-29.

Kakderi C, Tasopoulou A. 2017. Regional economic resilience: the role of national and regional policies[J]. European Planning Studies, 25(2): 1-19.

Kantamaneni K, Phillips M, Thomas T, et al. 2017. Assessing coastal vulnerability: development of a combined physical and economic index[J]. Ocean & Coastal Management, 158: 164-175.

Kildow J T, Mcllgorm A. 2010. The importance of estimating the contribution of the oceans to national economies[J]. Marine Policy, (34): 367-374.

Knap A, Dewailly E, Furgal C, et al. 2002. Indicators of ocean health and human health: developing a research and monitoring framework[J]. Environmental Health Perspectives, 110(9): 839-845.

Korhonen P J, Luptacik M. 2004. Eco-efficiency analysis of power plants: an extension of data envelopment analysis[J]. European Journal of Operational Research, 154(2): 437-446.

Lagabrielle E, Allibert A, Kiszka J J, et al. 2018. Environmental and anthropogenic factors affecting the increasing occurrence of shark-human interactions around a fast-developing Indian Ocean island[J]. Scientific Reports, 8(1): 3676.

Leopold A. 1933. Game Management[M]. New York: Charles Scribner's Sons.

Leopold A. 1941. The River of the Mother of God: and other Essays by Aldo Leopold[M]. Madison: University of Wisconsin Press.

Leopold A. 1943. Wildlife in American culture[J]. The Journal of Wildlife Management, 7(1): 1-6.

Limburg K E, Jansson A M, Zucchetto J. 1982. A coastal ecosystem fisheries mini model for the island of Gotland, Sweden[J]. Ecological Modelling, 17(3-4): 271-295.

Lin L, Liu Y, Chen J N, et al. 2011. Comparative analysis of environmental carrying capacity of the Bohai Sea Rim area in China[J]. Journal of Environmental Monitoring, 13(11): 3178-3184.

Liu B X, Shao M A. 2015. Modeling soil-water dynamics and soil-water carrying capacity for vegetation on the Loess Plateau, China[J]. Agricultural Water Management, 159: 176-184.

Long A H, Zhang Z Q, Su Z Y. 2004. Review of progress in research on ecological footprint[J]. Advances in Earth Science, 19(6): 971-981.

Makita K, Fèvre E M, Waiswa C, et al. 2010. Population-dynamics focused rapid rural mapping and characterization of the peri-urban interface of Kampala, Uganda[J]. Land Use Policy, 27(3): 888-897.

Malthus T R. 1798. An Essay on the Principle of Population[M]. London: Pickering.

Martin C S, Tolley M J, Farmer E, et al. 2015. A global map to aid the identification and screening of critical habitat for marine industries[J]. Marine Policy, (53): 45-53.

Meadows D H, Meadows D L, Randers J, et al. 1972. The Limits to Growth: A Report for the Club of Rome's Project on the Predicament of Mankind[M]. New York: Universe Books.

Michelsen O, Fet A M, Dahlsrud A. 2006. Eco-efficiency in extended supply chains: a case study of furniture production[J]. Journal of Environmental Management, 79(3): 290-297.

Mu Y T, Yu H G, Chen J, et al. 2007. A qualitative appraisal of China's efforts in fishing capacity management[J]. Journal of Ocean University of China, 6(1): 1-11.

Nam J, Chang W, Kang D. 2010. Carrying capacity of an uninhabited island off the southwestern coast of Korea[J]. Ecological Modelling, 221(17): 2102-2107.

Newton K, Côté I M, Pilling G M, et al. 2007. Current and future sustainability of island coral reef fisheries[J]. Current Biology, 17(7): 655-658.

Nunn P D. 1990. Recent environmental changes on pacific islands[J]. Geographical Journal, 156(2): 125-140.

Odum H T, Brown M, Brandt-Williams S L. 2000. Handbook of Emergy Evaluation Folio 1: Introduction and Global Budget[M]. Florida: Center for Environmental Policy, University of Florida.

OECD. 2002. Indicators to Measure Decoupling of Environmental Pressure from Economic Growth[R]. Paris: Organization for Economic Cooperation and Development.

OECD. 2008. Eco-Efficiency[M]. Paris: Organization for Economic Cooperation and Development.

Orton J D, Weick K J. 1990. Loosely coupled systems: a reconcept ualization[J]. Academy of Management Review, (15): 203-223.

Park R E, Burgess E W. 1921. Introduction to the Science of Sociology[M]. Chicago: The University of Chicago Progress.

Parsons J J. 1981. Human influences on the pine and laurel forests of the Canary Islands[J]. Geographical Review, 71(3): 253.

Pearson K. 1901. On lines and planes of closest fit to systems of points in space[J]. The London, Edinburgh, and Dublin Philosophical Magazine and Journal of Science, 2(11): 559-572.

Peng J, Du Y Y, Liu Y X, et al. 2016. How to assess urban development potential in mountain areas: an approach of ecological carrying capacity in the view of coupled human and natural systems[J]. Ecological Indicators, 60: 1017- 1030.

Peterson A, Mcalpine C A, Ward D, et al. 2007. New regionalism and nature conservation: lessons from South East Queensland, Australia[J]. Landscape & Urban Planning, 82(3): 132-144.

Pryor R J. 1967. Problems of rural land development, Flinders Island, Tasmania[J]. Australian Geographer, 10(3): 188-196.

Qin X H, Sun C Z, Zou W. 2015. Quantitative models for assessing the human-ocean system's sustainable development in coastal cities: the perspective of metabolic-recycling in the Bohai Sea Ring Area, China[J]. Ocean & Coastal Management, 107: 46-58.

Rees W E. 1992. Ecological footprints and appropriated carrying capacity: what urban economics leaves out[J]. Focus, 6(2) : 121-130.

Rees W E. 1996. Revisiting carrying capacity: area-based indicators of sustainability[J]. Population and Environment, 17(3) : 195-215.

Rees W E, Wackernagel M. 1996. Urban ecological footprints: why cites cannot be sustainable and why they arc a key to sustainability[J]. Environmental Impact Assessment Review, 16: 224-248.

Rickels W, Quaas M F, Visbeck M. 2014. How healthy is the human-ocean system?[J]. Environmental Research Letters, 9(4): 44013-44027.

Ríos-Jara E, Galván-Villa C M, Rodríguez-Zaragoza F A, et al. 2013. The tourism carrying capacity of underwater trails in Isabel Island National Park, Mexico[J]. Environmental Management, 52(2): 335-347.

Robertson I M L. 1973. Population trends of great Cumbrae Island[J]. Scottish Geographical Magazine, 89(1): 53-62.

Romadhon A, Yulianda F, Bengen D, et al. 2014. Sustainable tourism based on carrying capacity and ecological footprint at Sapeken Archipelago, Indonesia[J]. International Journal of Ecosystem, 4(4): 190-196.

Rostow W. 1990. The Stages of Economic Growth: A Non-Communist Manifesto[M]. Cambridge: Cambridge University Press.

Schaltegger S, Sturm A. 1990. Okologische rationalitat[J]. Die Unternehmung, 4: 273-290.

Schernewski G, Schönwald S, Kataržytė M. 2014. Application and evaluation of an indicator set to measure and promote sustainable development in coastal areas[J]. Ocean & Coastal Management, 101: 2-13.

Schweinfurth R B U. 1965. Man's place in the island ecosystem by F. R. Fosberg[J]. Erdkunde, 19(2): 174-175.

Seidl I, Tisdell C A. 1999. Carrying capacity reconsidered: from Malthus' population theory to cultural carrying capacity[J]. Ecological Economics, 31(3): 395-408.

Senapati S, Gupta V. 2017. Socio-economic vulnerability due to climate change: deriving indicators for fishing communities in Mumbai[J]. Marine Policy, 76: 90-97.

Shahbaz M, Solarin S A, Mahmood H, et al. 2012. Does financial development reduce CO_2

emissions in Malaysian economy? A time series analysis[J]. Economic Modelling, 35(5): 145-152.

Siegel P B, Johnson T G, Alwang J. 1995. Regional economic diversity and diversification: seeking a framework f or analysis[J]. Growth Change, 26(2), 261-284.

Simon C J, Nardinelli C. 1992. Does industrial diversity always reduce unemployment? Evidence from the great depression and after[J]. Economic Inquiry, 30(2): 384-397.

Söderbaum F, Shaw T M. 2003. Theories of New Regionalism[M]. New York: Palgrave Macmillan.

Sowman M, Raemaekers S. 2018. Socio-ecological vulnerability assessment in coastal communities in the BCLME region[J]. Journal of Marine Systems, 188: 160-171.

Stevens B H, Moore C L. 1980. A critical review of the literature on shift-share as a forecasting technique[J]. Journal of Regional Science, 20(4): 419-437.

Sun C Z, Zhang K L, Zou W, et al. 2015. Assessment and evolution of the sustainable development ability of Human-Ocean systems in coastal regions of China[J]. Sustainability, 7(8): 10399-10427.

Tapio P. 2005. Towards a theory of decoupling: degrees of in the EU and the ease of road traffic in Finland between 1970 and 2001[J]. Transport Policy, 12(2): 137-151.

Tilman D. 1996. Biodiversity: population versus ecosystem stability[J]. Ecology, 77(2): 350-363.

Turner II B L, Lambin E F, Reenberg A. 2007. The emergence of land change science for global environmental change and sustainability[J]. Proceedings of the National Academy of Sciences, 104(52): 666-671.

Tyson F L, Rice D L, Dearry A. 2004. Connecting the oceans and human health[J]. Environmental Health Perspectives, 112(8): 455-456.

UNESCO, FAO. 1986. Carrying Capacity Assessment with a Pilot Study of Kenya: A Resource Accounting Methodology for Exploring National Options for Sustainable Development[R]. Rome: Food and Agriculture Organization of the United Nations.

Wackernagel M. 1999. National natural capital accounting with the ecological footprint concept[J]. Ecological Economics, 29 (3): 375 -390.

Wang L Y, Li F X, Gong Y, et al. 2016. A quality assessment of national territory use at the city level: a planning review perspective [J]. Sustainability, 8(2): 145.

WBCSD. 1996. Eco-efficiency: Leadership for Improved Economic and Environmental Performance[M]. Geneva: WBCSD.

Weick K E. 1976. Educational organizations as loosely coupled systems[J]. Administrative Science Quarterly, (21): 1-19.

Wilkinson P F. 1989. Strategies for tourism in island microstates[J]. Annals of Tourism Research, 16(2): 153-177.

Wolcott E L, Conrad J M. 2011. Agroecology of an island economy[J]. Land Economics, 87(3): 403-411.

Yount J D. 1998. Human carrying capacity as an indicator of regional sustainability[J]. Environmental Monitoring and Assessment, 51(1-2): 507-509.

Zhao S, Li Z, Li W. 2005. A modified method of ecological footprint calculation and its application[J]. Ecological Modelling, 185: 65-75.